BASTEI
LÜBBE

Über die Autoren:

Francis Bok ist dreiundzwanzig Jahre alt und Mitarbeiter bei der in Boston ansässigen Amerikanischen Anti-Sklaverei-Liga (AASL). Im Jahr 2000 war er der erste entflohene Sklave, der bei Anhörungen zum Sudan vor dem Senatsausschuss für Auswärtige Angelegenheiten aussagte. In den gesamten Vereinigten Staaten hält er Vorträge. Es erschienen Artikel über ihn in *The Boston Globe*, *The Christian Science Monitor*, *The Wall Street Journal* und in der Zeitschrift *Essence*. Er ist im Fernsehsender *Black Entertainment Television* aufgetreten und hatte Gelegenheit, im Weißen Haus Präsident George W. Bush kennen zu lernen. Francis Bok lebt in Boston. Weitere Informationen sind auf der Website der AASL (www.iAbolish.com) nachzulesen.

Edward Tivnan ist Autor beziehungsweise Co-Autor mehrerer Bücher. Er war Journalist und Redakteur beim *Time Magazine* und einer der Schöpfer der Fernsehsendung *20/20* auf dem Sender *ABC*. Er ist in zahlreichen Radio- und Fernsehsendungen aufgetreten, darunter auch bei *Black Entertainment Television*. Edward Tivnan lebt in Chatham, New York.

Francis Bok

Flucht aus der Sklaverei

Francis, sieben Jahre alt,

Sklave, …

Aus dem Englischen übertragen von
Isabell Lorenz

BASTEI LÜBBE

BASTEI LÜBBE TASCHENBUCH
Band 61 540

1. Auflage: März 2004

Bastei Lübbe Taschenbücher ist ein Imprint
der Verlagsgruppe Lübbe

Deutsche Erstveröffentlichung
Titel der amerikanischen Originalausgabe:
ESCAPE FROM SLAVERY

Dieses Werk wurde im Auftrage von St. Martin's Press,
L.L.C., durch die Literarische Agentur
Thomas Schlück GmbH, D-30827 Garbsen, vermittelt.

Lektorat: Sylvia Gredig
Titelbild: ZEFA/Peisl
Einbandgestaltung: Gisela Kullowatz
Satz: hanseatenSatz-bremen, Bremen
Druck und Verarbeitung: Ebner & Spiegel, Ulm
Printed in Germany
ISBN 3-404-61540-2

Sie finden uns im Internet unter
www.luebbe.de

Für meine Mutter, meine beiden Schwestern und meinen Bruder – aber vor allem für meinen Vater, der mir immer gesagt hatte, ich würde eines Tages etwas Bedeutendes leisten. Außerdem für alle, die sich noch heute in Sklaverei befinden, und alle, die im Sudan für die Freiheit kämpfen.

SUDAN

UND DIE BENACHBARTEN REGIONEN

INHALT

KAPITEL 1

DER ÜBERFALL

Mehrfach schon habe ich die Geschichte über jenen Tag des Jahres 1986 erzählt, als meine Mutter mich zum Markt schickte, um Eier und Erdnüsse zu verkaufen, den Tag, an dem ich in die Sklaverei geriet. Doch während ich mich anschicke, alles noch einmal zu erzählen, fällt mir auf, dass ich nie erwähnt habe, wie glücklich mein Leben gewesen war, noch wenige Stunden bevor es sich für immer veränderte. Die vielen schlimmen Erinnerungen haben keinen Raum für die schönen gelassen. Vor all dem Elend, der Einsamkeit und der ständigen Furcht, die meine Kindheit und Jugend ausmachen sollten, vor jenen zehn Jahren, in denen meine einzigen Freunde Giemma Abdullahs Ziegen und Kühe waren, lebte ich auf dem Hof meines Vaters im Süden des Sudan, wo jeder einzelne Tag erfüllt war vom Zusammensein mit der Familie und den Freunden – und von Liebe.

Im Jahr 1986 war ich sieben Jahre alt. Heute, mit Mitte zwanzig, stellen sich mir viele Fragen über jene Zeit, auf die der kleine Junge im entlegenen Afrika keine Antworten weiß. Als ich sieben war, lebte ich in der Gewissheit, dass mein Leben gut war und noch besser werden könnte.

Dieser Zuversicht konnten sich aber nicht alle in unserem Dorf erfreuen. Es gab sehr arme Menschen. Manchmal kamen sie auf unseren Hof und bettelten um Milch und Käse. Von beidem hatten wir reichlich; wir besaßen Hühner, Ziegen, Schafe und Kühe. Auf unserem Landstück wuchsen auch saftig grüne Mangobäume, deren reife gelbe Früchte wir nach Belieben pflücken und essen konnten, und es gab Kokosnüsse so groß wie die Köpfe von uns Kindern. Meine Familie pflanzte Erdnüsse und Bohnen an, und um unsere Häuser herum erstreckten sich weite grüne Getreidefelder mit Sorghumhirse, auf denen ich häufig mit meinen beiden Schwestern spielte, der zwölfjährigen Amin und der kleinen Achol, die damals gerade laufen lernte. Meine Familie und ich wohnten in zwei großen Häusern – in dem einen die Männer, in dem anderen die Frauen. Die Häuser waren aus Lehm gebaut und mit Stroh bedeckt. Ihre spitze Form erinnerte an umgedrehte Eistüten. Das Vieh war im Winter in Stallungen, ebenfalls mit Strohdächern, untergebracht, damit die Tiere es warm hatten und vor dem Regen geschützt standen. Unser Hof war mit all den Familienmitgliedern und Tieren stets voller Leben, und ich konnte damals tun und lassen, was ich wollte – jedenfalls beinahe.

Zur Schule ging ich nicht. In unserer Familie war nie jemand zur Schule gegangen; ich glaube, ich wusste damals nicht einmal, was eine Schule war und was dort passierte. Das Wort »Schule« hatte ich durchaus schon gehört, aber für mich bedeutete es weiter nichts als einen Ort, an den einige Kinder aus dem Dorf geschickt wurden, und zwar einen Ort in Juba, der Hauptstadt des Südsudan, unweit der Grenze zu Zaire und Uganda. In Gourion, meinem Dorf, gab es keine Schule. Wie die meisten kleinen Jungen vom Dinka-Stamm lief ich den ganzen Tag draußen herum, barfuß und mit nichts weiter bekleidet als kurzen Hosen, und spielte mit meinen Schwestern und Freunden.

Wir spielten *Alweth*, das Versteckspiel der Dinka-Kinder: Wir versteckten uns auf den Feldern, während ein Kind zunächst zurückblieb und uns dann suchen kam. Entdeckte es das Versteck eines Spielkameraden, jagte es diesem so lange nach, bis es ihn gefangen hatte.

Manchmal spielten wir auch eine Art Baseball oder Kricket. Dieses Spiel hieß *Madallah*: Wir brauchten dazu einen Stock und einen Spielball aus Gummi so groß wie ein Hockey-Puck, der meist von der Sohle eines alten Schuhs oder von einem alten Autoreifen stammte. Dann bildeten wir vier Mannschaften. Ein Spieler warf den Puck zu Beginn in die Luft, und ein anderer schlug ihn weg. Es kam nun darauf an, den Gummipuck immer in der Luft zu halten. Deshalb mussten die Spieler so kräftig wie möglich gegen den Puck schlagen. Wer ihn verfehlte und zu Boden fallen ließ, hatte verloren. Beim *Madallah* ging es um Kraft und Stärke; ich spielte dieses Spiel damals leidenschaftlich gern.

Wenn ich Glück hatte, ließ mich mein achtzehnjähriger Bruder John – ich nannte ihn bei seinem Dinka-Namen Buk – ihm und seinen Freunden beim *Jeddi*-Spielen zusehen. Abends, wenn es kühler war, spielten die größeren Kinder dieses Spiel, bei dem sich zehn Jungen in zwei Mannschaften gegenüberstellten. Alle Jungen zogen ein Bein an, umfassten mit der Hand das Fußgelenk und sprangen auf einem Bein. Das Ziel des Spiels war, einen Jungen an der gegnerischen Mannschaft vorbei auf die andere Seite zu bringen. Dies tat man, indem man blockte und die anderen daran hinderte, den Betreffenden zu Fall zu bringen. Auch meine kleinen Freunde und ich spielten *Jeddi*. Wenn wir gut spielten, kamen weitere Kinder dazu, die mitspielen wollten. Das erhöhte den Reiz des Spiels, und wir gaben uns alle große Mühe, die Zuschauer zu beeindrucken.

Eine meiner Lieblingsbeschäftigungen war es, aus Lehm kleine Kühe zu kneten. Die Sudanesen messen Wohlstand an der Anzahl der Kühe, die eine Familie besitzt. Kleine Jungen wie ich schaffen sich im Spiel ihre eigenen Herden aus Lehm. Mein Bruder war besonders geschickt im Kneten, und er brachte mir früh bei, wie man aus einer Hand voll Lehm eine Kuh gestaltete. Stundenlang saßen meine

Freunde und ich unter einem Baum im Dorf und formten Tiere, manchmal Ziegen und Schafe, aber meistens Kühe. Auch Unterstände kneteten wir für unser Vieh. So konnte ein ganzer Tag im Fluge vergehen; frühmorgens begannen wir, den Lehm zu bearbeiten, und plötzlich war es Zeit, zum Abendessen nach Hause zu laufen. Unsere Arbeiten durften wir an einem uns zugewiesenen Platz im Dorf bis zur nächsten Bildhauersitzung stehen lassen.

Am liebsten begleitete ich meinen Vater, wenn er auf die Felder ging. Sobald er in der Erde grub, begann auch ich zu graben. Zog er die Stängel der Sorghumhirse aus dem Boden, versuchte auch ich, die Stängel zu ziehen.

»Geh und spiel mit deinen Freunden«, sagte mein Vater dann immer. Aber ich wollte ihm helfen, und ihm schien es ebenfalls zu gefallen, dass ich gern an seiner Seite war. Jeden Tag aufs Neue spürte ich die Liebe meines Vaters. Acht Kinder hatte er, vier davon waren älter als ich.

Ich folgte meinem Vater auf Schritt und Tritt. Er sprach viel mit mir und munterte mich immer auf. Oft nahm er mich hoch, hob mich auf seine Schultern und ließ mich da sitzen, sogar wenn er seine Freunde im Dorf besuchte. »Was möchtest du, Piol?«, fragte er mich jeden Abend. »Was brauchst du, Piol?«, fragte er jeden Morgen. Dass er mich *Piol* nannte, war eine Ehre. Es war ein beliebter Name in der Familie meines Vaters und bedeutete in der Sprache der Dinka »Regen«. Mein erster Vorname war Francis, aber für die Menschen in unserem Dorf war ich Piol Bol Buk – Bol hieß mein Vater, Buk war der Name meines Großvaters väterlicherseits.

Eines Tages nannte mich mein Vater *Muycharko*. Das bedeutet »zwölf Männer«.

Ich fragte: »Weshalb nennst du mich *Muycharko*?«

Die Frage brachte meinen Vater zum Lachen. Dann erklärte er mir, dass ich von all seinen Kindern derjenige war, der bereit war, am härtesten zu arbeiten, der immer bekam, was er wollte, und der niemals aufgab.

»Du bist wie zwölf Männer«, sagte er. »Ich glaube, du wirst ein erfolgreicher Mann werden. Du wirst einmal etwas Bedeutendes vollbringen, wenn du erwachsen bist.«

Ich spürte, wie mich die Worte meines Vaters durchdrangen und mich mit Freude erfüllten. Noch nie hatte er so etwas zu einem seiner anderen Kinder gesagt, da war ich mir sicher. Mein Vater war überzeugt, dass ich ein bedeutender Mann werden könne, und so träumte ich davon, ein bedeutender Mann mit einem großen Hof und Stallungen sowie viel Vieh zu sein.

Ich hatte gehört, wie die Leute im Dorf meinen Vater als *ajak* bezeichnet hatten, was in der Dinka-Sprache »reicher Mann« bedeutet. Wir besaßen mehrere hundert Kühe, Schafe und Ziegen. Es hieß, dass er, um meine Mutter heiraten zu dürfen, achtzig Stück Vieh als Brautpreis an ihre Familie gezahlt hatte. Für seine zweite Ehefrau Marial soll er sogar über hundert Stück Vieh gezahlt haben.

Einhundertundfünfzig Stück Vieh hielten wir in der großen Hütte in der Nähe der Wohnhäuser, und weitere eintausend grasten auf dem Weideland, das einen tüchtigen Fußmarsch vom Grundstück der Familie entfernt lag.

Marial und ihre vier Kinder wohnten in der Nähe unseres Hofes und hüteten eine weitere Herde meines Vaters. Ich besuchte sie oft, und Marial wurde mir eine zweite Mutter.

Häufig ging mein Vater nach Juba, um dort Vieh zu kaufen und zu verkaufen. Er hatte auch andere Länder Afrikas bereist, Länder mit ungewöhnlichen und schönen Namen wie Kenia und Uganda, in denen die Menschen nicht die Sprache der Dinka sprachen. Auch ich träumte davon, in diese und andere Länder zu reisen. Ich wünschte mir ein *ajak* zu sein wie mein Vater Bol Buk, der einen großen Hof besaß, den ich für den schönsten in ganz Gourion hielt.

Gourion war ein Dorf des Dinka-Volkes in der Nähe des Lol-Flusses, in der Provinz Aweil. Es lag im Gebiet Bahr el Ghazal im Südwesten des Sudan, etwa einhundert Kilometer südlich des Flusses, der auf den Landkarten als Bahr el-Arab bezeichnet ist und den die Dinka Kiir nennen. Dieser Fluss bildet die Grenze zwischen dem Norden und dem Süden des Sudan.

Als mir meine Mutter sagte, sie habe die anderen Dorfkinder angewiesen, mich auf den Markt des nahe gelegenen Ortes Nyamlell mitzunehmen, erschien mir das der erste Schritt zu sein auf dem Weg, ein bedeutender Mann zu werden, wie mein Vater es mir vorausgesagt hatte.

Es war nicht mein erster Ausflug nach Nyamlell. Meinen Vater hatte ich schon einmal auf den Markt von Nyamlell begleiten dürfen, auf dem er Vieh und Sorghumhirse verkaufte. Und auch meine Mutter nahm mich hin und wieder mit nach Nyamlell, wenn sie überschüssige Milch und Käse verkaufen und dafür andere Dinge für die Familie erwerben wollte. An Markttagen zog meine Mutter oft mit riesigen Behältern mit Milch oder Käse auf dem Kopf los.

Meine Familie besuchte auch die katholische Kirche in Nyamlell, die Kirche, in der ich getauft wurde. Ich weiß nicht, seit wann mein Vater Christ war, aus welchem Grund er den christlichen Glauben angenommen hatte oder ob seine Familie schon vor Generationen der katholischen Kirche beigetreten war. Möglicherweise geschah dies während der britischen Kolonialzeit im Sudan, denn damals hatte man christliche Missionare bestärkt, den Süden des Sudan zu besuchen und den Menschen dort zu helfen. Vertreter der verschiedenen Konfessionen bauten schließlich Kirchen und Schulen und predigten dem Dinka-Volk die Lehren des Evangeliums. Inzwischen bezeichnen sich etwa zwanzig Prozent der Bewohner des Südsudan als Christen. Die meisten haben die Konfession angenommen, die die Missionare predigten, die zufällig in ihre Gegend kamen. Vielleicht sind meine Eltern römisch-katholisch getauft worden, weil von unserem Dorf aus gesehen das nächstgelegene Gotteshaus die katholische Kirche in Nyamlell war. Auch weshalb meine Eltern den Namen *Francis* für mich wählten, weiß ich nicht. Mittlerweile ist mir natürlich bewusst, dass es mehrere berühmte Heilige mit diesem Namen gibt.

Meine Familie ging nicht regelmäßig jede Woche zum Gottesdienst. Und ich muss gestehen, dass der Besuch der Messe nicht unbedingt zu meinen Lieblingsbeschäftigungen zählte, als ich sieben war. Die Zeremonie langweilte mich meist bereits nach kurzer Zeit, sodass mir mein Vater erlaubte, draußen mit den anderen Kindern zu spielen.

An Markttagen besuchten Nyamlell viele Menschen; es war ein Gemisch aus Geräuschen und Gerüchen, die es auf unserem Hof nicht gab. In Nyamlell wurde ich immer ganz kribbelig vor Aufregung. Und nun sollte ich also auf mich gestellt und ohne meine Eltern dorthin. Ich wusste, dass meine Mutter mir eine große Ehre erwies, und ich wollte beweisen, dass sie mir zu Recht vertraute, dass ich es schaffte, ihre hart gekochten Eier und die Erdnüsse zu verkaufen. Ich würde ihr – und meinem Vater – zeigen, dass in mir ein bedeutender künftiger Händler steckte.

Endlich erschienen die anderen Kinder, etwa zehn an der Zahl, darunter mein elfjähriger Freund Piol Kwol und zwei zwölfjährige Mädchen namens Nyabol und Abuk, die auf mich aufpassen sollten. Ich trug an diesem Tag sogar mein einziges Hemd, das sollte die Verantwortung widerspiegeln. Meine Mutter reichte Kwol die Stange zum Tragen der Ware, an deren Enden jeweils eine Büchse hing, die eine mit Eiern, die andere mit Erdnüssen gefüllt; und dann gab sie mir noch einige Anweisungen.

»Wenn du etwas verkaufst«, schärfte sie mir ein, »gib

das Geld den älteren Kindern, damit du es nicht verlierst.« Außerdem legte sie folgende Regeln fest: Der Ausflug nach Nyamlell war rein geschäftlicher Art, also war kein Herumtrödeln mit neuen Spielgefährten auf dem Markt erlaubt. Und ich sollte auf Nyabol und Abuk, die beiden großen Mädchen, hören.

»Ja, ja«, antwortete ich und nahm Kwol die Stange aus der Hand. Schließlich sollte ich die Sachen verkaufen, und wenn ich alt genug war, um ohne meine Eltern auf den Markt zu gehen, dann war ich auch stark genug, um die zwei Büchsen Eier und Erdnüsse zu tragen. Ich richtete die Stange auf meinen Schultern aus, um das Gleichgewicht zu finden, und dann machten wir uns auf den Weg in unser Abenteuer, die Kinder von Gourion marschierten in offizieller geschäftlicher Angelegenheit nach Nyamlell.

Auf einer staubigen Straße gingen wir der Sonne entgegen, immer am Fluss entlang, und bald schon sahen wir von einem Hügel aus die Häuser und Bäume der Stadt. Für das letzte Stück Weg bis zum Markt richtete ich noch einmal meine Stange aus. Ich nahm mir vor, für die Eier und die Erdnüsse meiner Mutter einen guten Preis zu erzielen. Schließlich war ich Piol Bol Buk, auch bekannt unter dem Namen *Muycharko* – »zwölf Männer«.

Als wir auf dem Marktplatz eintrafen, hatten sich bereits etliche Menschen mit ihren Waren im Schatten der Bäume niedergelassen, andere hatten sich aus Sackleinen und Stöcken einen Sonnenschutz gebaut. Es war ein Tag während der Trockenzeit, in der die Sonne in meinem Land gnadenlos heiß scheint. Der Marktplatz war erfüllt von verschiedensten Gerüchen, rohes Fleisch hing an den Marktständen, frischer Fisch, Obst, Gemüse und duftende Tabakblätter standen zum Verkauf, und all diese Aromen mischten sich mit dem Geruch der schwitzenden Menschen. Noch heute, wenn ich Tabak rieche, fühle ich mich zurückversetzt auf den Marktplatz von Nyamlell. Fliegen umschwärmten das Fleisch und die Fische, und sie ärgerten die Kinder, deren Körper meist nur dürftig bedeckt waren und die lachend im Getümmel umherliefen. Doch ich durfte nicht spielen, ich hatte die Ware meiner Mutter zu verkaufen. Die Aufregung war entsprechend groß, ich wollte so schnell wie möglich meine Karriere als Händler beginnen.

Die Großen wählten einen Platz unter einem Baum für uns aus. Es war später Nachmittag. Im Sudan kümmert man sich nicht um die genaue Uhrzeit. Eine Armbanduhr trug keiner von uns. Wenn die Sonne unterging, war es Zeit, nach Hause zu gehen. Das wusste sogar ein Siebenjähriger. Doch noch war es hell genug, und mir blieben mehrere Stunden, um unter den schattigen Bäumen von Nyamlell die Eier und die Erdnüsse zu verkaufen. Interessierte prüften die Waren von uns Kindern aus Gourion. Sie fragten nach den Preisen, und wenn wir sie nannten, versuchten die meisten, sie runterzuhandeln.

»Wieso sind diese Eier so teuer?«, beschwerten sich einige. Ich wusste es nicht. Kwol und Nyabol hatten Anweisungen, zu welchen Preisen wir unsere Lebensmittel verkaufen sollten, und sie halfen mir dabei aufzupassen, dass unsere Kunden kein allzu vorteilhaftes Geschäft machten.

Die Sonne am Himmel senkte sich allmählich. Ich verkaufte einiges und gab das Geld an Kwol weiter, wie meine Mutter es mir gesagt hatte. Ich verkaufte allerdings mehr Eier als Erdnüsse. Doch es strömten immer neue Besucher auf den Marktplatz, hunderte von Menschen, und ich war überzeugt, dass sie mir meine gesamte Ware abkaufen würden. Vielleicht blieb sogar noch Zeit, mit den Kindern aus den anderen Dörfern zu spielen, die zwischen den Marktständen herumliefen.

Plötzlich veränderte sich etwas. Die Menschen gingen schneller an uns vorüber, sie unterhielten sich, ohne die Ware auch nur eines Blickes zu würdigen. Sie schienen aufgeregt zu sein; einige deuteten zum Fluss. Ich verkaufte noch ein paar Eier und Erdnüsse, doch irgendetwas störte das geschäftige Treiben. Ich horchte, was die Leute sagten.

Sie sprachen von Rauch. Irgendetwas musste in den Dörfern außerhalb der Stadt passiert sein.

Die Bäume auf dem Marktplatz versperrten uns die Sicht, den Fluss und die Ebenen jenseits von Nyamlell konnten wir nicht sehen. Nach einer Weile trafen Bewohner aus dem Teil der Stadt auf dem Markt ein, von dem aus man eine gute Sicht über das Land im Westen hatte. Was sie gesehen hatten, beängstigte sie.

»Ich habe viel Rauch gesehen«, hörte ich einen sagen.

Immer mehr Leute kamen mit Neuigkeiten auf den Marktplatz gelaufen.

»Das ist so viel Rauch«, sagte jemand, »das kann kein einzelnes brennendes Haus sein.«

»Aus einem Dorf kam eine wahre Flut von Rauch!«, rief ein anderer.

Eine Flut von Rauch? Ich fragte mich, was das wohl heißen sollte.

»Vielleicht sind die *murahaliin* gekommen«, hörte ich jemanden sagen. »Sie sind gekommen und haben die Häuser niedergebrannt.«

Ich hatte schon mal in meinem Dorf von dieser Miliz aus dem Norden gehört, wusste aber nicht genau, wer die *murahaliin* waren. Nur dass es sich um gefährliche Männer mit Gewehren handelte, die Menschen umbrachten und ihnen das Vieh stahlen. Aber ich hatte nie einen dieser *murahaliin* zu Gesicht bekommen. Das waren Fremde, die ich nicht kannte. Außerdem hatte ich ganz andere Dinge im Kopf, schließlich war ich erst sieben Jahre alt. Ich genoss den ersten Ausflug auf den Markt, den ich ohne meine Eltern machte, und ich wollte die hart gekochten Eier und die Erdnüsse meiner Mutter verkaufen.

Aber es kaufte niemand mehr etwas, es schaute sich auch niemand mehr die Ware an, die wir anboten. Die Erwachsenen auf dem Markt schienen begriffen zu haben, wovon die anderen redeten, sie ahnten wahrscheinlich, was es bedeutete, wenn eine Flut von Rauch aus der Richtung heranzog, aus der wir zuvor auf dem Markt eingetroffen waren, aus dem Dorf Gourion, meinem Dorf, in dem meine Eltern, mein Bruder und meine beiden Schwestern waren.

In Scharen verließen die Menschen den Marktplatz. Die anderen Verkäufer hatten begonnen, ihre Sachen zusammenzupacken. Doch bevor wir Kinder aus Gourion überlegen konnten, was zu tun sei, drang ein ungewöhnlicher Lärm in unsere Ohren, explosionsartige Geräusche waren zu hören.

Auf einmal stoben alle in verschiedene Richtungen davon. »Die *murahaliin* kommen!«, schrien die Menschen.

Wohin sie auch immer rannten, sie liefen Männern, die den Marktplatz stürmten, vor die Gewehre. Erst kamen Reiter. Sie erschossen die Menschen unter donnernden Explosionen von Feuer und Rauch aus ihren Gewehren. Kurz darauf kamen weitere Männer angelaufen, die ebenfalls um sich schossen oder die Menschen mit ihren langen Messern niederstachen oder durch ihre Schwerter hinrichteten. Es waren nicht zehn Männer, nicht zwanzig, sondern wesentlich mehr, mehr als ich zählen konnte, vielleicht hunderte von Männern, die auf den Marktplatz geritten oder gelaufen kamen.

Es waren keine Dinka, sondern Männer, die mein Vater *jur* nannte, Araber. Ich hatte sie schon einmal auf dem Markt gesehen, schwarze Männer, deren Haut jedoch heller war als die der Dinka. Sie trugen turbanähnliche Kopfbedeckungen und lange Gewänder, sie kamen auf Kamelen aus dem Norden und brachten wichtige Lebensmittel, die es im Süden des Sudan sonst nicht gab – Salz, Zucker, Tee. Ich wusste, dass man diese Männer – eine arabische Frau hatte ich nie vorher gesehen – *dschellabahs* nannte, nach den *dschellabahs*, den langen Gewändern mit Kapuze, die sie trugen.

»Wer sind diese Männer?«, hatte ich meinen Vater einmal gefragt.

Er erklärte mir, dass sie auch in unserem Land lebten, aber anders wären als wir; sie hätten eine andere Religion. »Das sind Moslems, keine Christen.« Meinem Vater zufolge gab es im Norden des Sudan viele Araber. Bis zur Grenze, die ihr Gebiet vom Süden trennte, waren es von unserem Dorf aus mehrere Stunden zu Pferde. An diesem Tag brachten uns die Araber jedoch keinen Tee und keinen Zucker; sie waren mit Gewehren und Schwertern gekommen und erschossen die Männer der Dinka, rammten die Schwerter in ihre Leiber, trennten Köpfe mit einem einzigen Hieb vom Rumpf. Solche Gewalt hatte ich noch nie zuvor gesehen. Auch solche Gewehre, die viele Kugeln auf einmal verschossen, kannte ich nicht. Mein Vater hatte zum Schutz des Viehs ein paar alte Gewehre, aus denen eine Kugel pro Schuss abgefeuert wurde.

Niemals zuvor hatte ich Menschen so schreien hören.

»Lauf!«, rief Nyabol mir zu. »Lass die Sachen liegen und lauf!«

Ich rannte los – aber nach einigen Metern versperrte mir ein riesiges Pferd den Weg, auf dem ein Mann von der Miliz saß, der sein Gewehr auf mich richtete. Ich blieb stehen; ich konnte mich nicht mehr rühren. Das, wovor ich im Leben am meisten Angst hatte, waren große Pferde, und das hier war das größte Pferd, das ich je gesehen hatte. Es baute sich vor mir auf wie eine Mauer. Der Reiter mit dem Gewehr brüllte mich in einer Sprache an, die ich nicht verstand.

Mein Herz schlug wie noch nie.

Plötzlich griff jemand von hinten nach mir. Noch ein *jur*, ein Araber, der mich anschrie und mit seinem Gewehr bedrohte. Was sagte er? Ich verstand kein Wort. Ich war überzeugt, er würde mich umbringen. Überall um mich herum sah ich Menschen schreiend zu Boden fallen und nicht mehr aufstehen.

Der Araber stieß mich zurück zu den anderen Kindern. Die Kinder weinten, Jungen und Mädchen, kleine und größere, manche von den kleineren konnten noch gar nicht richtig laufen. Die größeren waren etwa zwischen sieben und zehn Jahren alt. Alle schrien sie nach ihren Eltern.

Was ging hier bloß vor? Dann wurden die größeren Kinder, darunter Kwol, Nyabol und Abuk, von den anderen getrennt. Sie standen in einer zweiten Gruppe dicht gedrängt. Die Frauen wurden zu einer dritten Gruppe zusammengetrieben. Alle weinten. Auch ich weinte.

Die Dinka-Männer lagen tot auf dem Marktplatz.

Ich hatte Angst. Meine Eltern waren zu Hause, viel zu weit weg. Ich wollte zu Nyabol und Abuk, den größeren Kindern aus Gourion. Die beiden sollten doch auf mich aufpassen. Aber sie standen in einer anderen Gruppe, und vor lauter Angst traute ich mich nicht, zu ihnen hinzugehen. Hilfe suchend sah ich mich auf dem Marktplatz um, aber ich sah überall bloß die Leichen der Männer, kein einziger Körper regte sich mehr; das Blut strömte aus den Wunden und versickerte im Sand.

Bis zu diesem Tag hatte ich noch nie eine Leiche gesehen. Wenn alte Leute in unserem Dorf starben, durften wir die toten Körper nicht betrachten. Jetzt sah ich mehr Leichen, als ich zählen konnte – manche ohne Kopf, manche sahen aus, als hätten sie im Moment beschlossen, sich in den Staub zu legen und zu schlafen.

Was empfand ich wohl dabei? Die Leute fragen mich immer, was ich in dem Augenblick gefühlt habe. Ich kann dann nur antworten, dass ich niemals zuvor ein solches Entsetzen, solche Verwirrung und solche Hilflosigkeit empfunden hatte – niemals zuvor und auch niemals danach.

Ich sehnte mich nach meiner Mutter; ich wollte, dass mich mein Vater auf seine Schultern hob und mich fort von hier trug. Ich fühlte so vieles auf einmal, dass ich plötzlich gar nichts mehr fühlte. Mein ganzer Körper war wie betäubt, und ich wartete nur darauf, dass man mich umbrachte.

Doch als kein Dinka-Mann mehr auf den Beinen stand, schien das Töten beendet zu sein. Während einige *murahaliin* uns bewachten, machten sich die anderen daran, die Lebensmittel aufzusammeln, die auf dem Marktplatz herumlagen. Sie verluden alles auf Esel, die große Körbe zu beiden Seiten trugen. Auch mich nahm ein Araber hoch und setzte mich in einen dieser Körbe. So machten sie es mit allen kleineren Kindern. Ein paar Frauen wollten zu ihren Kindern, aber die Männer von der Miliz hielten sie davon ab. Sie schlugen und verjagten die Frauen und brüllten Worte in einer Sprache, die mir fremd war. Sie drohten mit ihren Gewehren, und die schreienden, weinenden Frauen wurden still.

Als das Aufladen der Waren beendet war, verließen wir Nyamlell. Hinter den berittenen Männern, den Soldaten und unseren Eseln gingen die älteren Dinka-Kinder und die Dinka-Frauen, die viel von dem tragen mussten, was kurze Zeit davor noch zum Verkauf angeboten worden war.

Ich dachte an meine Mutter. Sie hatte mir die Aufgabe

anvertraut, auf den Markt zu gehen und die Eier und Erdnüsse für sie zu verkaufen. Nun ging bereits die Sonne unter. Bald würde mich meine Familie zu Hause erwarten.

KAPITEL 2

»ABEED«

Wir ritten in die Dunkelheit, und mein Herzschlag ging schneller als die Hufe des Esels. Mir schwirrten die Fragen nur so durch den Kopf: Wieso hatten diese Männer das getan? Wohin brachten sie uns? Suchten mich meine Eltern? Würde es ihnen gelingen, mich zu finden? Wie ging es ihnen überhaupt?

Die Menschen auf dem Markt hatten den Rauch erwähnt, der von den Dörfern herübergezogen kam; sie hatten in die Richtung von Gourion gedeutet und von brennenden Häusern geredet. Stammte diese Flut von Rauch von unseren Häusern mit den Strohdächern? Die wachsende Angst, dass meiner Familie etwas passiert sein könnte, schnürte mir allmählich die Kehle zu.

Doch ich hatte in meinem bis dahin kurzen Leben nur wenig Erfahrung damit, mich zu sorgen. Ich tauschte die Angst um meine Eltern gegen die Zuversicht, dass sie mich retten würden. Ich war sicher, dass irgendjemand mich retten käme.

Mehrere Stunden waren seit dem Überfall vergangen. Ich war müde. Aber die Gedanken ließen mich nicht schlafen. Als wir in der Nacht einen Wald durchquerten, hielten die fremden Männer auf einem freien Gelände plötzlich an. Sie hoben uns Kinder aus den Körben und setzten uns auf den Boden. Wieder schrien sie uns in ihrer merkwürdigen Sprache an. Ich sah meinen Freund Kwol und die beiden Mädchen Abuk und Nyabol, aber wir verständigten uns nur durch Blicke, in denen große Angst lag. Ich sagte nichts.

Auch die anderen waren ruhig – alle, mit Ausnahme von zwei Schwestern, die eine etwa elf, die andere jünger. Unter Tränen erzählten sie, dass sie mit angesehen hatten, wie ihr Vater und ihre Mutter erschossen worden waren.

Einer der Männer packte die Ältere der beiden Mädchen, brüllte sie an und versuchte, sie durch Schütteln zur Ruhe zu bringen. Aber sie konnte nicht aufhören zu weinen. Da zog er sie auf die Seite, hielt ihr das Gewehr an den Kopf und drückte ab. Der Schuss hallte durch den nahen Wald. Als das Geräusch endlich verklang, war auch das Weinen des Mädchens nicht mehr zu hören. Der Mann ließ die Kleine los, und sie glitt zu Boden wie ein leerer Sack.

Ich wollte nichts anderes als fort von diesem Ort, fort von diesem furchtbaren Geschehen, aber ich konnte mich nicht rühren. Mein Magen verkrampfte sich angesichts dessen, was meine Augen hatten erblicken müssen.

Die kleine Schwester des Mädchens weinte noch lauter als vorher, ihr zusammengekrümmter Körper hob und senkte sich mit den Schluchzern. Sie hatte mit angesehen, wie ihre Mutter und ihr Vater getötet wurden, und soeben war direkt vor ihren Augen ihre Schwester erschossen worden. Verzweifelt heulte sie laut auf, und unser Schweigen ließ ihr Weinen laut über den Platz schallen. Im nächsten Moment lief einer der *murahaliin* zu ihr hinüber und stieß sein Schwert mit voller Wucht in ihr Bein. Wir alle sahen fassungslos, was kein Mensch jemals mit ansehen sollte: Mit einem riesigen Schwert war einem kleinen Mädchen das Bein am Oberschenkel abgetrennt worden, beinahe so, als sei es weiter nichts als der Zweig eines schmächtigen Baums.

Das Mädchen war über und über voller Blut. Das weiß ich noch genau, aber ich weiß nicht mehr, ob sie aufgehört hatte zu weinen.

Der Mann von der Miliz deutete auf die beiden Mädchen

und sagte etwas. Ich verstand die Worte nicht, die Botschaft jedoch war klar: Wenn du weinst, kriegst du eine Kugel in den Kopf oder das Bein abgehackt. Ich biss mit aller Kraft die Zähne zusammen, um meine Gefühle daran zu hindern, aus mir hervorzubrechen. Ich hatte Angst, dass meine Stimme losschreien könnte und man mich dann erschießen würde. Die anderen Dinka-Kinder starrten ebenso verzweifelt die beiden kleinen Mädchen an, die nichts weiter getan hatten, als um ihre Eltern zu trauern. Unsere Furcht wuchs so unermesslich, dass keiner von uns auch nur einen einzigen Laut hervorbrachte.

Die *murahaliin* begannen, uns unter sich aufzuteilen. Einer der Männer kam auf mich zu und zog mich von den anderen Kindern weg. Ich riss mich los, um wieder zu meinen Freunden zu kommen. Doch er packte mich noch fester. Er war ein starker Mann, nicht so groß wie mein Vater, aber bestimmt über ein Meter achtzig groß, er hatte lockiges Haar, einen Bart, und über der Schulter trug er ein Gewehr. Nun begann ich doch zu weinen. Der Mann stieß mich zu seinem Pferd. Ich hörte Abuks Stimme:

»Piol! Wohin gehst du, Piol?«

Ich drehte mich zu ihr um. Abuk versuchte, zu mir herüberzulaufen, aber die Männer hielten sie auf.

»Was soll das?«, rief sie den Männern in unserer Sprache zu. »Ich muss ihn doch nach Hause bringen! Das hat mir seine Mutter aufgetragen!«

Ein Mann brachte sie weg, aber sie schrie und weinte weiter. Auch die anderen Kinder schrien und weinten nun wieder. »Ich will nach Hause!«, brüllten welche. »Ich will zu meinen Eltern!«, klagten andere.

Die Frauen flehten verzweifelt um ihre Kinder. »Nein, nein, bitte nehmt sie nicht mit!«, riefen sie. »Bitte, nicht. Gott steh uns bei. Bitte, das ist mein Junge, ich will meinen Jungen!«

Alle weinten. Auch ich weinte. Ich wollte zu meiner Mutter und zu meinem Vater. Aber der Mann führte mich wortlos zu seinem Pferd. Er hob mich hoch und setzte mich auf einen Sitz hinter seinem Sattel. Wohin brachte mich dieser Mann?

Ich schaute mich unter Tränen nach den anderen um und sah, wie Abuk, Kwol, Nyabol und die übrigen Kinder aus dem Dorf von anderen Männern in andere Richtungen weggeführt wurden. Ich zitterte vor Furcht am ganzen Körper. Ich hatte Angst vor dem, was kommen würde. Ich hatte Angst davor, mit diesem Mann zu gehen, den ich nicht kannte. Ich hatte Angst vor diesem Pferd. In meinem ganzen Leben hatte ich noch nicht auf einem Pferd gesessen. Der Mann zeigte auf etwas, woran ich mich festhalten konnte, und legte mir die Hände darauf. Dann band er mir einen Lederriemen um die Taille und schwang sich selbst in den Sattel.

Als sich das Pferd in Bewegung setzte, packte ich den Knauf und gab mir alle Mühe, nicht herunterzufallen. Der Mann ließ das Pferd schnell traben, und ich wurde durchgerüttelt. Ich brüllte, er solle das Pferd zum Stehen bringen und mich runterlassen. Ganz bestimmt würde ich fallen. Da ließ er das Pferd langsamer gehen und blickte sich zu mir um; er überzeugte sich davon, dass der Riemen fest genug saß. Ich bettelte den Mann abermals an, mich runterzulassen, mich zu meinen Freunden, zu meinen Eltern zu lassen.

Er sagte etwas, das ich nicht verstand.

Wir ritten weiter; die Stille der Nacht durchbrachen nur meine Schluchzer. Bald begriff ich, dass das Weinen mir nichts nutzte, und ich hörte auf. Ein Mann, den ich nicht kannte, brachte mich irgendwohin. Aber wohin? Und was war mit meinen Freunden? Würde ich sie je wiedersehen?

Ich hielt mich am Sattel eines Mannes fest, der zu den Fremden gehörte, die in unserem Land lebten, ein *jur*, der mein Volk angegriffen hatte und dessen Freunde ein Mädchen eiskalt getötet und ein anderes brutal misshandelt hatten.

Als die Sonne aufging, stellte ich fest, dass sich die Landschaft verändert hatte. Die Bäume waren klein und sahen anders aus als die großen Bäume um unser Dorf herum. Die Häuser bestanden wie die Häuser der Dinka aus Lehm und Stroh, aber sie waren anders geformt. Auch Menschen sah ich. Es waren Schwarze, aber sie hatten eine hellere Haut als die Leute in meinem Volk. Sie trugen *dschellabahs* und sprachen dieselbe Sprache wie der Mann, der mich hierher gebracht hatte.

Ich war überzeugt, dass wir inzwischen die Grenze zum Nordsudan überschritten hatten und uns in dem Gebiet des Landes befanden, in dem keine Dinka lebten, sondern nur Araber, wie mir mein Vater erzählt hatte.

Wir ritten durch ein Dorf, in dem man den Mann auf dem Pferd zu kennen schien. Kurz darauf erreichten wir einen Hof. Er war anders als der Hof meines Vaters – nicht so schön. Das Haus war wie die Gebäude, die ich auf dem Weg durch das Dorf gesehen hatte. Es barg Platz genug für eine ganze Familie.

Der Mann stieg vom Pferd, löste den Riemen, hob mich aus dem Sattel und setzte mich wie ein Paket, das er nach Hause mitgebracht hatte, auf dem Boden ab. Kinder kamen aus dem Haus nach draußen gelaufen – drei Kinder, das älteste war etwa zwölf. Hinter ihnen erschien auch die Mutter, die Frau des Mannes. Es überraschte mich, zu einer Familie zu kommen. Ich hatte in dem Fremden nur einen *murahaliin* gesehen, einen Araber auf einem Pferd mit einem Gewehr bewaffnet, der die Menschen meines Volks umbrachte. Es war mir nicht in den Sinn gekommen, dass dieser Mann Frau und Kinder haben könnte.

Als ich die Kinder sah, fühlte ich mich plötzlich besser. Sie riefen ihm etwas zu, und er antwortete ihnen. Die Kinder freuten sich, ihren Vater zu sehen, liefen auf ihn zu und umarmten ihn, genauso wie meine Schwestern und ich unsere Eltern umarmten. Der Mann begrüßte seine Frau. Aber sie schien sich nicht zu freuen, jedenfalls nicht, als sie mich erblickte. Sie sprach zu ihrem Mann; dann sagte er etwas zu ihr, danach zu den Kindern. Am Gesichtsausdruck der Frau konnte ich ablesen, dass sie mich nicht mochte.

Plötzlich liefen die Kinder lachend und rufend auf mich zu. Bisher hatte ich kein arabisches Kind zu Gesicht bekommen, aber mir fiel auf, dass der kleinere Junge ungefähr in meinem Alter war. Vielleicht würde er mein Freund werden.

Ich wischte mir den Schweiß, die Tränen und den Schmutz aus den Augen. Ich wollte zeigen, was für ein guter Junge ich war. Dann holte ich tief Luft. Die Kinder lachten und riefen Worte, die ich nicht verstand. Sie schienen sich zu freuen. Dann begannen sie zu singen. Ein Wort sangen sie wie einen Refrain mehrere Male hintereinander: *»Abeed, abeed, abeed ... abeed, abeed, abeed ...«*

Ich hörte aufmerksam zu und gab mir Mühe, etwas von dem Lied zu verstehen. Ich bemerkte nicht die Stöcke in den Händen der Kinder – bis sie begannen, auf mich einzuschlagen. Die Kinder dieses Mannes, darunter der Junge in meinem Alter, von dem ich eben noch gedacht hatte, er könne mein Freund werden, sangen und lachten und hieben von allen Seiten auf mich ein. Ich versuchte vergeblich, die Schläge abzuwehren; sie brannten auf meinen Armen, als ständen die Stöcke unter Feuer.

Wieso schlugen die Kinder mich? Nannten sie *mich »abeed«*? Was bedeutete das Wort? Womöglich etwas Böses? Aber ich war doch kein böser Junge. Ich hatte ihnen doch nichts getan.

»Aufhören!«, brüllte ich.

Die Kinder hörten nicht auf.

Ich hatte gedacht, ich könnte nichts Schlimmeres mehr erleben als das Blutbad auf dem Marktplatz von Nyamlell, der doch eigentlich mein Lieblingsort gewesen war und der nun in der Erinnerung vom Blut der Dinka-Männer troff.

Die Kinder lachten mich aus und schlugen mich, und dabei sangen sie dieses Lied, als sei das Ganze nur ein Spiel. Merkten sie nicht, wie sehr sie mich quälten?

Ich wandte mich an ihre Eltern. »Helft mir!«, brüllte ich. »Wieso schlagen mich eure Kinder?«

Der Mann und die Frau reagierten nicht, und die Kinder schlugen immer noch heftig auf mich ein. »Helft mir!«, brüllte ich abermals. »Helft mir! Bitte helft mir!«

Der Mann und die Frau sahen einfach nur zu. Mein Körper dröhnte von den Schlägen. Schrammen und Flecken zeigten sich auf meiner Haut, es sah aus, als bauten Ameisen auf meinem Arm ihre Hügel.

Schließlich ermahnte der Mann die Kinder. Aber er schimpfte nicht mit ihnen; auch er lachte. Als die Kinder und deren Mutter zurück ins Haus gingen, gab er mir mit Zeichen zu verstehen, dass ich vom Boden aufstehen solle, dann führte er mich zu einem *efrik*, einem kleinen Unterstand aus Lehm mit einem Strohdach ganz in der Nähe der Einfriedungen für die Ziegen und Schafe.

Er deutete noch auf eine Decke auf dem Boden, dann ließ er mich allein.

Ich lag einfach nur da. Fliegen umschwirrten mein Gesicht. Nach und nach ließen sie sich auf meinen Armen und Beinen nieder. Aber ich war zu erschöpft, um sie zu verjagen.

Nie zuvor in meinem Leben war ich so erschöpft gewesen. Zwei Tage und eine Nacht hatte ich kein Auge zugetan.

Ich wollte, immer noch schluchzend, endlich schlafen. Aber ich fand keine Ruhe. Die Gedanken und die Gefühle hielten mich wach, sie wirbelten durcheinander. Auf dem Hof war es still, nur das Summen der Fliegen drang an meine Ohren.

Ich war so aufgeregt gewesen, als meine Mutter mir sagte, ich dürfe mit den anderen Kindern auf den Markt. Das hatte ich doch immer schon gewollt. Das war einer meiner Träume gewesen. Diesen Traum hatte ich verwirklichen können, aber dann hatte sich innerhalb weniger Stunden alles verändert, mein ganzes Leben: Ich hatte meine Freunde, meine Familie, mein Dorf verloren. Ich war bei einer anderen Familie, in einer anderen Welt und einem Leben, das ich mir nie hätte vorstellen können.

Ich strich vorsichtig über die Schrammen auf Armen und Beinen. Die Haut brannte noch von den Stockhieben. Doch etwas anderes nagte noch weit mehr an mir. Da der bärtige Mann und seine Frau nicht einmal den Versuch gemacht hatten, mir zu helfen, konnte ich ihnen nur gleichgültig sein. Bei mir zu Hause gab es das nicht: Wenn ich meine Schwester schlug, griffen meine Eltern ein. Wenn Kinder im Dorf aufeinander losgingen, beendeten deren Eltern oder andere Erwachsene den Kampf. Ich wusste, dass man Kinder vor der Grausamkeit anderer Kinder beschützen musste, weil Kinder zwischen Gut und Böse nicht immer unterscheiden können. So hatten meine Eltern mir das erklärt. Noch nie im Leben war ich unter Menschen gewesen, denen es gleichgültig war, ob jemand mir wehtat.

Einmal hatte ich gesehen, wie ein Mann seinen Hund schlug, und das arme Tier hatte mir Leid getan. Vielleicht war das hier ja ein verrücktes Spiel, das diese Araberkinder spielten? Ihr Vater und dessen Freunde töten die Männer der Dinka auf dem Markt, rauben deren Kinder, und wenn sie sie zu sich nach Hause bringen, dürfen ihre Kinder sie prügeln wie einen unartigen Hund. Ob sie mich immer wieder schlagen würden?

Plötzlich hörte ich ein Geräusch. Mein Körper wurde steif vor Angst. Der Mann näherte sich dem Unterstand. Er brachte eine Schüssel, und mit Gesten gab er mir zu verstehen, dass in der Schüssel etwas zu essen war. Ich wischte mir die Tränen aus den Augen und starrte ihn an. Er stellte die Schüssel auf den Boden, schob sie zu mir hin und ging zurück ins Haus.

Misstrauisch begutachtete ich, was in der Schüssel war. Es stank erbärmlich. Es war ein warmes Essen, aber ich konnte nicht erkennen, was genau. Beinahe zwei Tage hatte ich schon nichts mehr gegessen, dennoch hatte ich keinen Hunger. Ich war zu traurig, ich konnte nichts essen und schob die Schüssel weg. Die Fliegen fielen über sie her, schienen sich aber ebenfalls nicht lange für die Mahlzeit zu interessieren. Wund geschlagen und müde streckte ich mich auf der Decke aus und versuchte, endlich zu schlafen. Aber die Gedanken in meinem Kopf wollten mich immer noch nicht einschlafen lassen. Ich sagte mir, ich müsse stark sein. Mein Vater würde wollen, dass ich stark war. Es fiel mir schwer. Ich malte mir immer wieder aus, wie ich meine Mutter und meinen Vater, meinen Bruder und meine Schwestern bald wiedersehen würde. Aber kaum dachte ich an sie, da wusste ich auch schon, dass sie sich Sorgen um mich machen würden. Ein paar Stunden hätte ich auf dem Markt verbringen sollen, und jetzt war ich schon über einen Tag von zu Hause weg. Sie wussten nicht, wer mich weggeholt hatte und wo ich war.

Ich blickte über den Hof. Es schien mich keiner zu beobachten. Ich beschloss, wegzulaufen von diesem Ort, an dem Kinder mich auslachten und mich mit Stöcken schlugen, während sie *»abeed«* sangen. Ich stand auf, hatte aber keine Ahnung, wohin ich gehen sollte. In welche Richtung? Was sollte ich tun, wenn die Nacht anbrach? Ich konnte den Wald erkennen. Bestimmt lauerten dort im Dunkeln große Tiere, die einen kleinen Jungen töten konnten. Meine Eltern hatten mich vor Leoparden und Löwen gewarnt, die schneller laufen als ein ausgewachsener Mann, von einem kleinen Dinka-Jungen, der zwei Tage lang nichts gegessen hatte, ganz zu schweigen. Ich hatte keine Ahnung, wie ich wieder nach Hause finden sollte. Ich wusste bloß, dass ich an einem ganz und gar verkehrten Ort gelandet war. Aber jetzt konnte ich nicht weg von hier. Ich war zu müde, zu verwirrt, zu traurig. Vielleicht schaffte ich es am nächsten Tag.

Ich setzte mich wieder auf die Decke. Beim Anblick des dreckigen Lochs, in dem ich saß, nahe bei den Tieren, vermisste ich meine Eltern nur umso mehr, und wieder liefen mir die Tränen die Wangen hinunter. Ich weinte, bis ich so heiser war, dass ich nicht mehr weinen konnte. Meine Familie würde kommen und mich retten. Ja, so würde es sein. Mein Vater und mein großer Bruder Buk würden kommen und mich retten.

Endlich schlief ich ein.

KAPITEL 3

SO ERGEHT ES DIR, WENN DU UNGEHORSAM BIST

Das Sonnenlicht weckte mich. Im ersten Moment wusste ich nicht, wo ich war. Aber dann spürte ich meinen schmerzenden Körper und hörte die Tiere und begriff, dass ich immer noch an diesem fremden Ort war. Vor meinem inneren Auge spielte sich noch einmal ab, was ich an den vergangenen anderthalb Tagen erlebt hatte: der Angriff auf Nyamlell, das auf mich gerichtete Gewehr, die Kleine, die man mit einem Kopfschuss getötet hatte, das abgehackte Bein ihrer Schwester, mein Ritt mit dem Mann in den Norden, der hasserfüllte Blick seiner Frau, seine Kinder, die mich auslachten und schlugen, während sie ihr Lied sangen. Und nun lag ich wie ein Stück Vieh in diesem Unterstand.

Erneut kam mir der Gedanke wegzulaufen. Aber wohin sollte ich laufen? Der Weg hierher hatte lange gedauert. Wie sollte ein kleiner Junge wie ich den weiten Weg nach Hause finden?

Kurz darauf wurde ich aus meinen Gedanken gerissen. Der Mann, seine Frau und die Kinder kamen aus dem Haus. Sie starrten mich an. Auf meiner Decke vor ihnen sitzend kam ich mir vor wie ein Hundejunges. Die Kinder stimmten wieder dieses Lied an, *»abeed«* sangen sie, lachten und deuteten auf mich. Der Mann stellte mir eine neue Schüssel mit Essen hin, eine Art Fleisch. Das Essen roch anders als das, was meine Mutter kochte. Schließlich gingen die Frau und die kleineren Kinder ins Haus zurück, während der Mann und sein ältester Sohn die Ziegen,

Schafe, Rinder und Kamele aus den nahe gelegenen Einfriedungen zusammentrieben und sie auf die Weide führten.

Dass ich weinte, machte ihnen anscheinend nichts aus, auch nicht, dass ich allein an diesem fremden Ort vor einer Schüssel mit übel riechendem Fleisch saß, das die Fliegen umschwärmten. Ich verscheuchte sie und probierte das Essen. Es schmeckte entsetzlich. Aber ich aß es trotzdem. Mein Hunger war einfach zu groß.

Den übrigen Tag saß ich in dem Unterstand und dachte nach. Und dabei ging mir ständig diese eine Frage durch den Kopf: Wann durfte ich endlich nach Hause und zu meinen Eltern zurück? Das war das Einzige, woran ich denken konnte. Ich wünschte mir so sehr, dass meine Mutter mich an sich zog, mich umarmte.

Tagelang wartete ich darauf, dass jemand auf dieses Stück Land kommen, mich in der Hütte finden und dann sagen würde: »Da ist ein Fehler passiert. Ich bringe dich wieder zurück zu deinen Eltern.« Aber es kam keiner, nur der Mann mit seinen Söhnen.

Ich hörte den Familienmitgliedern zu, wenn sie miteinander sprachen. Bald fand ich heraus, dass der Mann Giemma hieß – Giemma Abdullah. Den ältesten Sohn nannte er Hamid, den jüngeren Jeju und das Mädchen Haweh. Ich verbrachte die Tage und die Nächte in dem kleinen Unterstand, und vor lauter Angst, dass mich die Kinder wieder schlagen würden, traute ich mich nicht, mich zu rühren. Jeden Morgen weckten mich das Sonnenlicht und die Geräusche der Tiere, und dann kam auch schon bald Hamid auf dem Pferd angeritten und führte die Ziegen und Schafe aus den Einfriedungen heraus.

Manchmal sagte Hamid etwas zu mir, aber ich verstand seine Worte nicht.

Während der nächsten zwei Wochen bewegte ich mich nie weit von meiner Decke weg, war also immer nur einen Steinwurf von den Ziegen und Schafen der Familie entfernt. Auch die Pferde, Kamele und Rinder der Familie sah ich in dem nahe gelegenen Pferch. Ich konnte damals nur bis zehn zählen, und zählte viele Male zehn Rinder. Es waren gewiss mehr, als mein Vater gehabt hatte; manche Rinder sahen aus wie die bei uns im Dorf, das Fell der meisten aber war anders. So viele Tiere an einem Ort hatte ich bisher nicht gesehen.

Bei uns hatte es geheißen, mein Vater sei ein *ajak*, ein reicher Mann. Aber dieser Mann von der Miliz, dieser Giemma – das war ein wirklicher *ajak*. Seine *dschellabah* war strahlend weiß, und er trug wunderschöne Schuhe, an dem einen Tag Schuhe aus braunweißem Kuhleder, an einem anderen Tag Schuhe aus Leopardenfell. Es war das erste Mal, dass ich solche Schuhe sah. Auch die Kleider der Frau waren weiß, sie schienen neu zu sein.

Eines Morgens wagte ich mich näher an das Haus heran und beobachtete die Frau. Als sie mich entdeckte, schrie sie mich an und scheuchte mich weg. Immer wenn sie mich sah, wandte sie den Kopf ab, als ob sie es nicht ertragen könne, mich anzublicken. Nach jenem Morgen tat ich alles, um ihr aus dem Weg zu gehen. Ich hatte Angst, sie könne mir wehtun.

Aber auch noch aus einem anderen Grund hielt ich Abstand zu ihr: Denn immer, wenn ich diese wütende Frau sah, musste ich an meine wunderschöne, lächelnde Mutter denken, die mir jeden Morgen noch vor den anderen Kindern eine Schale Kuhmilch brachte und mir sagte, was ich doch für ein guter Junge sei. Meine Mutter umarmte mich, meine Mutter liebte mich. Wenn ich an sie dachte, erstanden vor meinem geistigen Auge Bilder von meiner Familie und von meinen Freunden, und wenn ich an meine Freunde dachte, dann fiel mir wieder ein, welch große Freude es mir gemacht hatte, mit ihnen auf den Markt zu gehen. Und im nächsten Moment war mein Kopf wieder erfüllt von all dem Schießen und Schreien, das ich erlebt hatte, und ich erinnerte mich an jene Nacht, in der mich Giemma entführt und Abuk geschrien hatte: »Ich muss ihn doch nach Hause bringen!«

Dass jemand kommen und mich retten würde, daran dachte ich nicht mehr. Aber die Fragen beschäftigten mich immer noch: Was würde mit mir geschehen? Wieso war ich bei dieser Familie? Jeden Tag und jede Nacht musste ich immer nur daran denken. Ich kam mir so verlassen vor, umgeben von Leuten, die lächelten, wenn sie mich schlugen. Es kam mir so vor, als sei ich der einzige Dinka-Junge auf der ganzen weiten Welt.

Als Hamid eines Abends mit den Ziegen und Schafen von der Weide zurückkam, trat Giemma auf mich zu und deutete auf die Tiere, dann auf seinen Sohn und erneut auf mich. Mir war klar, was er sagen wollte: Morgen würde ich mit Hamid und den Tieren gehen.

Am nächsten Morgen erschienen wie üblich Giemma und Hamid, nickten mir zu und ließen die Tiere aus ihrer Einfriedung. Ich sah ihnen zu. Giemma reichte mir eine kleine Peitsche und sagte etwas, das ich nicht verstand. Aber als sie die Tiere aus dem Pferch hinaus und in Richtung Busch führten, wusste ich, dass ich mit ihnen gehen sollte. Vor zwei Wochen war ich noch ein siebenjähriger Dinka-Junge gewesen, der seine Tage damit verbracht hatte, mit Kühen aus Lehm zu spielen. Jetzt arbeitete ich mit lebendigen Tieren. Ich hatte Angst vor ihnen, aber noch mehr Angst hatte ich davor, wieder geschlagen zu werden. Wenn ich mich weigerte mitzugehen, würde Giemma mich mit seiner Peitsche strafen, das war mir klar.

Nicht klar war mir die Tatsache, dass dies mein erster Tag in der Sklaverei war – ohne Bezahlung arbeiten zu müssen, und als Lohn dafür nur die Essensabfälle vom Tisch der Familie und gelegentlich eine Tracht Prügel mit Giemmas großem Ochsenziemer zu erhalten.

Wir trieben die Ziegen zum Buschland. Wann immer sich ein Tier von der Herde entfernte, ließ Giemma mich hinterherlaufen. Das, so begriff ich schnell, war meine Hauptaufgabe, ungebärdige Tiere am Weglaufen zu hindern, und die meisten Ziegen schienen ungebärdig zu sein. Hamid und Giemma zeigten mir, wie ich die Peitsche einsetzen musste, um die Tiere in Reih und Glied zu halten.

In der heißen Sonne mal hierhin und mal dorthin zu rennen war anstrengend. Mit den Schafen gab es wenigstens keine Probleme; sie trotteten brav vorwärts, eines folgte dem anderen. Nach einer Weile schickte Giemma Hamid und mich allein weiter. Ich war so beschäftigt damit, hinter den Ziegen herzurennen, dass ich gar nicht begriff, dass ich meine erste Bewährungsprobe als Sklave bestanden hatte. Giemma machte sich auf den Nachhauseweg, und Hamid und ich trieben die Tiere zum Busch.

Als wir an den Rand des Buschlandes kamen, blieb ich stehen. Hamid gab mir ein Zeichen, dass ich ihm folgen sollte, aber ich hatte Angst. Meine Eltern hatten mir beigebracht, dass der Busch ein gefährlicher Ort voller Löwen und Leoparden, Schlangen und Insekten war, die einem kleinen Jungen wehtun oder ihn sogar töten konnten. Und nun verlangte man von mir, mich in diese Gefahr zu begeben. Hamid brüllte mir etwas zu und winkte mich voran. Ich gehorchte. Ich sagte mir, dass mir hier im Busch nichts passieren könne, wenn ich mit diesem Araberjungen ging, der schließlich jeden Tag hierher kam.

Während wir tiefer in den Busch eindrangen, hielt ich meine Augen auf und blickte mich immer wieder vorsichtig um. Plötzlich sah ich zwischen den Bäumen einen anderen schwarzen Jungen. Und kurze Zeit später noch einen. Sie waren vielleicht zwölf oder dreizehn Jahre alt und hüteten Kühe. Ob das Dinka wie ich waren? Ich wollte zu ihnen laufen, aber auch Hamid hatte sie gesehen, und er ahnte wohl, was ich dachte, deshalb rief er mir etwas zu und schüttelte den Kopf. Ich durfte nicht zu den anderen Jungen.

Es machte mir nichts aus. Denn ich war bloß froh zu wissen, dass ich nicht der einzige Dinka-Junge war. Auch Giemmas Nachbarn schienen reich zu sein und viel Vieh – Ziegen, Schafe, Kühe, Kamele und Pferde – zu besitzen, sie alle hatten schwarze Jungen, die sich um die Tiere kümmerten. Ich war mir sicher, dass es Dinka waren. Sie sahen aus wie die Kinder aus meinem Dorf. Vielleicht sprachen sie meine Sprache und könnten mir helfen. Das war mein erster glücklicher Augenblick, seit ich auf den Markt nach Nyamlell gegangen war. Ich hatte das Gefühl, zu fliegen.

Nach einiger Zeit gelangten wir zu einem Stück Grasland, auf dem die Ziegen zu fressen begannen. Ein paar Tiere sonderten sich von der Herde ab, und Hamid und ich trieben sie wieder zu den anderen zurück. Bald machte ich diese Arbeit allein. Nach einigen Stunden trieb Hamid die Ziegen und Schafe zusammen. Als wir die Tiere noch tiefer in den Busch zu einem anderen Stück Grasland führten, versuchte ich mit Hilfe der Peitsche, die ich auf den Boden knallte, die Ziegen bei der übrigen Herde zu halten. Hamid achtete darauf, dass ich die Ausreißer wieder einfing.

Später hatten die Tiere genug gefressen und lagen nur noch kauend im Gras. Mit Handzeichen gab mir Hamid zu verstehen, dass ich ihm folgen sollte, als er sie erneut zusammentrieb. Wir machten uns diesmal in eine andere Richtung auf.

Ich hatte keine Ahnung, wohin wir kommen würden, bis ich vor uns irgendwann viel Lärm hörte. Kurz darauf sah ich hunderte von Tieren, die aus einem Fluss tranken, und viele hunderte mehr – nicht nur Ziegen und Schafe, sondern auch Rinder, Kamele und Pferde – die darauf warteten, bis sie an der Reihe waren. Es waren auch einige andere schwarze Jungen dort, einige in meinem Alter, viele älter, wie die beiden Kinder, die ich im Busch gesehen hatte. Ich brannte darauf, mit ihnen zu sprechen, und das war Hamid nicht entgangen.

Er rief mir mehrere Male etwas zu. Ich verstand. Er wollte nicht, dass ich zu den anderen Jungen ging, und machte mir deutlich, dass ich bei den Ziegen bleiben sollte.

Auch diesmal war die Freude darüber, dass ich nicht der einzige Dinka in der Gegend war, größer als die Enttäuschung, nicht zu ihnen zu dürfen. Es würde sich bestimmt ein anderes Mal eine Gelegenheit ergeben, mit den anderen Jungen zu reden, und ich schwor mir, dass ich diese Gelegenheit ergreifen würde. So vieles wollte ich fragen: Weshalb geschah das mit uns? Wie lange würden wir für diese Leute arbeiten müssen? Wann würden wir wieder nach Hause dürfen?

Ganz bestimmt würden die älteren Jungen mir das beantworten können. Als ich näher an die anderen Dinka-Jungen am Fluss herankam, hielt ich fassungslos inne, denn sie sprachen in der Sprache der Fremden miteinander. Sie sprachen arabisch. Ob sie mich überhaupt verstehen würden?

Ich verstand noch nicht viel von der fremden Sprache, aber die Bedeutung *eines* Wortes sollte sich mir bald erschließen. Vom ersten Tag an hatte ich mich gefragt, was *abeed* hieß. Als Hamid auf die anderen Jungen zeigte, nannte er sie *»abeed«*. Mich nannten die Kinder von Giemma ebenfalls *»abeed«*. *Abeed* war das Wort, mit dem die

Nordsudanesen die schwarzen Sudanesen aus dem Süden bezeichneten. Wie ich erst später erfahren sollte, hieß *abeed* aber nicht nur »Schwarzer«, sondern auch »Sklave«.

Jeden Morgen zog ich mit Hamid los und wurde zum Ziegenhirten herangebildet. Wir trieben die Tiere durch den Busch zu einer Weidefläche, und Hamid zeigte mir, was zu tun war. Dabei bediente er sich einer Mischung aus Worten und Zeichensprache. Es fiel mir nicht schwer, zu begreifen, was er meinte. Zuerst mussten die Ziegen fressen, bis sie Durst bekamen. Dass sie Durst hatten, erkannte man daran, dass sie mit dem Fressen aufhörten und sich hinlegten. Wenn alle Ziegen genug gefressen hatten, war es Zeit, sie zur Wasserstelle zu führen.

Die schwierigste Aufgabe war, die Tiere an der Wasserstelle zusammenzuhalten. Es warteten nämlich immer mehrere Herden gleichzeitig dort aufs Tränken, und die Ziegen konnten leicht mit denen einer anderen Herde verwechselt werden. Während wir warteten, brannte die Sonne auf uns herab, und es fühlte sich an, als sitze man zu nahe an einem Feuer. An manchen Tagen mussten wir stundenlang warten, bis wir unsere Tiere endlich zur Tränke führen konnten. Hatten sie genug getrunken, führten wir sie zur Weide zurück. Immer wenn eine Weide abgegrast war, zogen wir weiter.

Da meine Hauptaufgabe darin bestand, keine Ziegen zu verlieren, verbrachte ich die meisten Stunden des Tages damit, Ziegen zur Herde zurückzutreiben. Hamid sah mir bei meiner Arbeit meist nur zu.

Abgesehen davon, dass er mir Anweisungen gab, hatte Hamid mir, dem kleinen und heimwehkranken Dinka-Jungen, der sieben Jahre jünger war als er, nicht viel zu sagen. Gespräche wären aber auch deshalb nicht in Gang gekommen, weil ich ihn nicht gut genug verstand. Nur allmählich erkannte ich gewisse Wörter in dem Wirrwarr der gesprochenen fremden Laute wieder. Ich hörte immer aufmerksamer zu, als wenn diese neue Sprache mir allein durchs Zuhören schon verständlicher würde.

Kurze Zeit, nachdem ich angefangen hatte, mit ihm zu arbeiten, holte mich Hamid eines Morgens vor meinem Unterstand auf einem Pferd sitzend ab. Wie ein *murahaliin* ritt er mit wehender *dschellabah* in den Busch, und ich folgte ihm mit meiner kleinen Peitsche zu Fuß, trieb die Ziegen und Schafe vorwärts und zwang eigensinnige Ziegen mit Schlägen wieder zur Herde zurück. Später am Tag ritt Hamid mit seinem Pferd weg, ohne ein Wort zu mir zu sagen. Als ich Stunden später die Sonne untergehen sah, machte ich mir Sorgen darüber, wie ich die Tiere ganz allein in den Pferch zurückbringen sollte. Hamid war sonst immer vorausgegangen. Er war mein junger Herr. Aber nun hatte er mich im Stich gelassen. Ich wünschte, ich hätte am Morgen besser darauf geachtet, welchen Weg wir zu dem Stück Grasland genommen hatten. Meine Furcht, von großen Tieren angegriffen zu werden, machte sich wieder bemerkbar. Ich fühlte mich verloren und hatte Angst.

Doch endlich hörte ich Hamids Pferd. Er war zurückgekommen. Auch Hamids Ausflüge wurden Teil unserer täglichen Routine. Seine Aufgabe war es, den Tag mit den Tieren und mit mir zu verbringen, aber immer mal wieder ritt er weg, wahrscheinlich um sich mit seinen Freunden zu treffen. Ich wusste nie, wann er gehen oder wann er zurückkommen würde. Die Freiheit, die er sich nahm, zeigte mir deutlich, wie unfrei ich selbst war.

Inzwischen hatte ich ein Bett, einen Holzrahmen, ordentlich gezimmert und mit eingespannten geflochtenen Palmblättern. Ich erhielt eine dünne Decke, die ich auf das Bett legen sollte, und eine weitere, mit der ich mich zudecken konnte. Das war natürlich besser, als auf dem Boden zu schlafen.

Dennoch verabscheute ich mein Leben bei Giemma. Ich verabscheute es, mich um Giemmas Tiere kümmern zu müssen, ich verabscheute die Art, wie ich behandelt wurde, ich verabscheute auch das Essen, das sie mir gaben – gekochtes Fleisch ohne Gewürze und ohne Sauce, manchmal roch es bereits verdorben. Ich gab mir alle Mühe, meine Gefühle zu verbergen, aber das wollte mir nicht immer gelingen. So manchen Morgen wollte ich einfach nicht mit den Ziegen gehen. Um eine Antwort auf meine Klagen war Giemma nicht verlegen, und die Gesten, die seine Worte begleiteten, machten deutlich, was er meinte.

Er zog die Decke von meinen Beinen. Dann gestikulierte er wild. Vielleicht rief er dabei: Du willst nicht auf deinen beiden Beinen laufen? Dann brauchst du vielleicht gar keine zwei Beine. Ich kann dir auch ein Bein abhacken. Mit der Hand führte er eine entsprechende Bewegung aus. Schließlich wandte er sich ab und wartete darauf, dass ich aufstand.

Viele Male war ich geschlagen worden, und lieber arbeitete ich als geschlagen zu werden, also unterdrückte ich meine Klagen. Wann immer ich Widerstand leistete, drohte Giemma mir. Mit der Zeit verstand ich sogar die Worte, die er mir an den Kopf warf.

»Du willst, dass ich dir ein Bein abhacke? Na schön, dann mach nur weiter so!«, schrie er einmal.

Giemma drohte mir oft, sodass ich es schließlich für seine Art hielt, einem kleinen Jungen Angst zu machen. Es war eine grausame Drohung, aber nur leere Worte, dachte ich – bis Giemma und ich eines Tages am Grundstück eines Nachbarn vorbeikamen und ich einen Dinka-Jungen sah. Ich wunderte mich darüber, dass ich diesen Jungen vorher noch nicht an der Wasserstelle gesehen hatte. Plötzlich erkannte ich den Grund dafür. Ich war entsetzt: Dem Jungen fehlte ein Bein. Einen Jungen in meinem Alter, dem ein Bein fehlte, hatte ich noch nie gesehen. In unserem Dorf gab es einen Mann mit nur einem Bein. Das andere habe er, so hatte mir mein Vater erklärt, in einem Krieg verloren.

Ich sah Giemma fragend an.

Er schaute zu dem Jungen hinüber, dann zurück zu mir und lächelte. Ich wusste, was er mir damit sagen wollte. So ergeht es bösen Jungen. Vielleicht hatte er sich einem Befehl widersetzt, vielleicht hatte er auch versucht zu fliehen, aber sie haben ihn eingefangen und ...

Giemma zuckte mit den Schultern, als wollte er mir deutlich machen, dass es keine andere Möglichkeit gäbe, mit Kindern zu verfahren, die ihrem Herrn nicht gehorchten.

Ich starrte den einbeinigen Jungen an, und Giemma redete auf mich ein. Ich verstand einige seiner Worte.

»Diese Kinder beklagen sich zu viel, sie versuchen zu fliehen. So ergeht es dir, wenn du ungehorsam bist. Willst du, dass dir das Gleiche passiert?« Das oder etwas Ähnliches sagte Giemma zu mir.

Ich schüttelte den Kopf. Aber damit beantwortete ich weniger Giemmas Frage; vielmehr schüttelte ich den Schrecken des fehlenden Beins von mir ab. Auch mein Traum war es zu fliehen. Es war mir nie in den Sinn gekommen, dass ich fliehen und dann eingefangen und das Bein abgehackt bekommen würde. Wenn ich in meinen Träumen weglief, fing mich niemand wieder ein.

KAPITEL 4

WIESO BEHANDELT IHR MICH WIE EIN TIER?

A*buja*«, sagte Giemma, »nenn mich *abuja.*« Ich wusste nicht, was Giemma von mir wollte. Er wiederholte den Satz mehrere Male. Was bedeutete *abuja* bloß? Giemma erklärte mir, dass er der *ab* von Hamid und Jeju sei. Nach einer Weile begriff ich: Giemma war ihr Vater, und er wollte, dass ich ihn ebenfalls mit den Worten »mein Vater« anredete – das bedeutet *abuja* auf Arabisch.

Ich nannte Giemma nie *abuja*. Ich hatte einen Vater – meinen *wawa*, das war das Dinka-Wort für Vater, – und mein Vater liebte mich, und ich liebte meinen Vater. Oft musste ich an ihn denken. Ob er nach mir suchte? Ob er mich vermisste? Mir fehlte er sehr. Aber wenn ich an ihn dachte, kam es mir so vor, als sei er hier bei mir, sitze auf meiner Decke und beobachte Giemmas Ziegen.

War mein Vater in der Nähe, sah ich kaum etwas anderes. Er war über zwei Meter zehn groß, ein Baum von einem Mann und gut aussehend. Jeden Tag hatte ich mich in seiner Liebe sonnen können, was ich jedoch erst begriff, als ich meine Tage bei Giemma und seiner Familie ohne auch nur ein einziges freundliches Wort hinter mich brachte.

Ich vermisste die täglichen Gespräche mit meinem Vater. An manchen Tagen hatte er über besonders wichtige Dinge mit mir geredet. »Ich weiß, du bist noch klein, aber du musst mir gut zuhören und dir merken, was ich dir jetzt sage ...« So hatte er manches Gespräch eingeleitet. Er warnte mich immer vor, dass er überprüfen würde, ob ich noch wusste, was er gesagt hatte. Also musste ich gut zuhören. Und ich hörte so aufmerksam zu, wie ich konnte.

»Wenn du groß bist, wirst du so sein wie dein Vater«, hatte er einmal zu mir gesagt. Ein paar Wochen später fragte er dann: »Weißt du noch, was ich dir beim letzten Mal gesagt habe?«

Ich bejahte seine Frage. »Wenn ich groß bin, werde ich genauso sein wie du«, gab ich wieder.

»Und was bedeutet das?«

»Das bedeutet, dass ich so reich sein werde wie du und dass die Leute zu mir kommen und um Milch betteln werden. Außerdem werde ich viele Kühe besitzen und sie an andere Leute ausleihen, und diese Leute werden mich mit noch mehr Kühen dafür bezahlen – so wie dich.«

Da lächelte mich mein Vater an. »Ich wünsche mir, dass du ein guter Mensch wirst, ein nützliches Mitglied der Gemeinschaft. Du sollst ein schönes Leben haben.«

Giemma lagen seine Ziegen mehr am Herzen als ich.

Mein Vater hatte mich immer ermutigt, mich behandelt, als sei ich etwas Besonderes. Im Süden des Sudan versammelten sich die Männer abends oft um einen Baum. Ich durfte einige Male mit meinem Vater zu diesen Treffen. Meine Eltern brachten auch schon mal Essen zum Haus eines Nachbarn, und die Männer aßen mit den anderen Männern, die Frauen mit den Frauen. Die Kinder blieben im Allgemeinen zu Hause. Aber manchmal nahm mein Vater mich mit.

»Er kann doch nicht mitgehen«, sagte meine Mutter dann immer. Aber mein Vater bestand darauf. Er hievte mich auf seine Schultern, und auf dem Weg erklärte er mir, dass sein Vater ihn, als er noch ein kleiner Junge gewesen war, auch immer mitgenommen habe, wenn er seine Freunde besucht hatte.

»Ich will dich so behandeln, wie er mich behandelt hat«,

sagte er. »Ich will, dass du stark wirst. Deshalb verbringe ich so viel Zeit mit dir und rede mit dir, bringe dir etwas bei und prüfe dich, indem ich dich auffordere zu wiederholen, was ich dir gesagt habe.«

»Das ist mein ganz besonderer Sohn«, kündigte er mich seinen Freunden an. »Eines Tages wird er bedeutende Dinge leisten.«

Die Worte meines Vaters – »Eines Tages wirst du bedeutende Dinge leisten« – hallten in meinem Kopf wider, und ich sah zu Giemma Abdullahs Ziegen hinüber. Ich beschloss, dass dies nicht meine Zukunft sein könne. Giemma hatte keine Ahnung, dass sein kleiner Ziegenhirt nach seinem Vater schlug.

Wie mein Vater hatte auch ich Träume und ehrgeizige Vorstellungen. Ich wollte der bedeutende Mensch werden, den er in mir gesehen hatte. Ich schwor mir, dass ich eines Tages die Flucht wagen würde. Ich würde einen Plan machen. Noch wusste ich nicht genau, was das für ein Plan sein würde, aber ich wusste, dass ich von Giemma Abdullah fortkommen musste, um das zu erfüllen, was sich mein Vater für mich erträumt hatte.

Da ich von meinem Vater getrennt war, konnte ich mir nur vorstellen, was er sich für mich erträumt hatte. Aber ich war entschlossen, die Träume zu verwirklichen. Doch bis dahin musste ich für Giemma und seinen Sohn arbeiten.

Während der ersten Wochen als Ziegenhirt bei Giemma war der tägliche Ablauf immer gleich. Hamid und ich führten das Vieh zum Grasland. Ich lernte schnell, wie man zu den Weideflächen kam, auf denen gutes Gras wuchs. Hamid sah mir immer nur dabei zu, wie ich den Ausreißern hinterherrannte. Später ging es zum Fluss, dann wieder zurück zum Grasland. Wenn die Sonne allmählich unterging, machten wir uns auf den Weg zu den Pferchen zurück, in deren Nähe ich allein zu Abend aß. Es war mir bald zuwider, die ganze Zeit mit den Ziegen zu verbringen. Die Tage waren lang, und ich konnte die heiße Sonne nicht leiden und auch nicht das Chaos an der Tränke. Aber am meisten hasste ich, dass ich nicht tun und lassen konnte, was ich wollte. Noch einige Wochen zuvor hatte ich Tag für Tag mit meinen Freunden verbracht oder war meinem Vater bei seinem Gang über die Felder gefolgt und hatte ihm bei der Arbeit geholfen. Ich musste ihm nicht helfen. »Geh und spiel mit deinen Freunden«, hatte er immer gesagt. Aber ich wollte unbedingt an seiner Seite sein.

Mein Bruder kümmerte sich um das Vieh, und meine Schwester hütete die Ziegen und half meiner Mutter beim Zubereiten der Mahlzeiten. Sie haben gearbeitet. Erst jetzt begriff ich, dass ich Arbeiten immer nur gespielt hatte, wenn ich meinem Vater hinterhergelaufen war. Sobald ich keine Lust mehr gehabt hatte, war ich gegangen. Jetzt hatte ich keine Wahl mehr. Ich durfte nicht einmal mit den anderen Dinka-Jungen reden, vom Spielen ganz zu schweigen. Wenn ich nicht gehorchte, würden Giemma oder sein Sohn mich schlagen, das wusste ich.

Ich war ein Arbeiter, ein siebenjähriger Arbeiter. Ich schuftete den ganzen Tag, jeden Tag. Ich hatte keine andere Wahl. Meine Kindheit lag hinter mir.

In meinem alten Leben war alles Spiel und Spaß gewesen. An diesem neuen Ort gab es wenig Angenehmes. Sogar wenn ich einmal über etwas lachen konnte, gab es doch keinen, mit dem ich meine Freude hätte teilen können. Komisch fand ich zum Beispiel die Tatsache, dass es Hamid offenbar genauso wenig Spaß machte, die Ziegen zu hüten, wie mir. Er schien so zu tun, als könne er seine Zeit mit Sachen verbringen, die weit mehr Freude machten, wenn nur ich nicht wäre. Aber wenn ich mich denn schon elend fühlen musste, hatte es doch etwas Tröstliches zu wissen, dass

Hamid, Giemmas Ältester und sein Lieblingssohn, seine Zeit auch mit dem Ziegenhüten verbrachte – und das in Gesellschaft eines siebenjährigen Dinka-Jungen, der nicht einmal seine Sprache konnte.

Diese neue Welt, in der ich lebte, war mir unverständlich: Die Menschen waren mir fremd, es roch alles anders, das Essen schmeckte nicht wie gewohnt, die Sprache war nicht zu verstehen. Ich hatte jedoch schnell bemerkt, dass ich mit den Menschen irgendwie zurechtkam, auch das Essen überlebte ich, war mir eine Mahlzeit allzu widerlich, ersetzte ich sie durch Beeren und Früchte, die ich im Busch pflückte. Diese Veränderungen im meinem Leben zu bewältigen fiel mir nicht schwer.

Doch es gab etwas, das für mich nicht einfach zu überwinden war: die Unfähigkeit zu verstehen, was die Menschen um mich herum redeten. Ich war ein kleiner Junge, der ein angenehmes Leben in einer Gemeinschaft geführt hatte; aber nun wusste ich nicht einmal, was meine Herren – zu mir – oder über mich – sagten. Ich wäre gern in der Lage gewesen, ihnen begreiflich zu machen, was ich dachte und empfand. Vielleicht würden sie mich besser behandeln, wenn sie hörten, wie einsam und verletzt ich mich fühlte. Sie schienen nicht zu begreifen, wie schlecht sie mich behandelten. In meinem Dorf wurde kein kleiner Junge so behandelt. Meine Mutter nahm mich häufig in den Arm. Mein Vater hievte mich wie einen Sack Bohnen auf seine Schultern – und brachte mich damit zum Lachen. Wenn ich ihnen die Unterschiede zwischen ihrem und unserem Leben erklären könnte, vielleicht wäre es dann leichter mit ihnen; vielleicht würden sie mich sogar zurück in mein Dorf schicken. Vielleicht ... vielleicht ... vielleicht ...

Ich sah ein, dass es von entscheidender Wichtigkeit für mich war, die Sprache dieser Menschen zu verstehen. Sie waren reich und mächtig. Diese *murahaliin* töteten die Männer der Dinka und ließen die Frauen und die Kinder der Dinka für sich arbeiten. Sie waren ganz oben und wir ganz unten. Als kleines Kind hatte ich oft genug solche Spiele gespielt, die mir den Unterschied zwischen Gewinnern und Verlierern klar gemacht haben. Meine Freunde und ich warfen mit unseren Kinderspeeren, wir ahmten Dinka-Krieger nach, die durch den Busch liefen und dabei zehn große Speere tragen konnten. Aber die Waffen der gut zwei Meter zehn großen Dinka-Krieger konnten es mit den Maschinengewehren von Giemma und den anderen *murahaliin* nicht aufnehmen. Wie schnell man auch laufen mochte, sie ritten einen mit ihren Pferden und Kamelen einfach über den Haufen. Was war an ihnen und ihrer Art zu leben so Besonderes, dass sie es sich erlauben konnten, über mein Volk zu herrschen? Das Geheimnis ihrer Macht und ihres Reichtums lag in ihren Köpfen verborgen, und ich war überzeugt, dass ich, wenn ich dort hineinkriechen und ihnen ihr Geheimnis stehlen wollte, ihre Sprache lernen musste.

Vor allem wollte ich mit den Dinka-Jungen reden, die jenseits vom Busch die Tiere hüteten und am Fluss standen, mit den Jungen, die untereinander nur arabisch sprachen. Ich wollte diese Sprache, die mir wie eine Mauer aus fremdartigen Lauten vorkam, die für mich genauso unverständlich waren wie das Meckern der Ziegen, unbedingt lernen. Ich begann von nun an, besonders aufmerksam zuzuhören, wenn Giemma und seine Söhne sich unterhielten und wenn sie mir zeigten, wie ich meine Arbeit zu verrichten hatte. Schon nach Tagen und Wochen erkannte ich in gewissen Lauten allmählich einzelne Wörter und begriff, wofür diese Wörter gebräuchlich waren, manche konnte ich sie leicht mit Giemmas und Hamids Gesten und mit meiner eigenen Arbeit in Verbindung bringen.

Nur wenn ich mit Giemma und seinem Sohn redete, hatte ich Gelegenheit, arabisch zu sprechen. Doch meist redeten sie nicht viel, sondern erteilten mir nur Befehle. Giemma hatte nicht die Absicht, seine Zeit mit Unterhaltungen mit einem siebenjährigen Dinka zu verschwenden. Immer wenn ich versuchte, mit ihm zu reden und ein paar Wörter auszuprobieren, schrie er mich an und schlug mich. Und Hamid ritt tagsüber weg und traf sich mit seinen Freunden. Da waren nur die Ziegen, mit denen ich reden konnte – und ich selbst. Aber wenn ich schon Selbstgespräche führte, dann in der Sprache der Dinka.

Ich holte mir meine Arabisch-Lektionen, wann immer ich konnte, meist morgens, wenn Giemma oder Hamid mir sagten, wohin wir an diesem Tag die Tiere bringen würden. Dabei fiel immer wieder das Wort *ghanem*. Ich erkannte, dass es das Wort für »Ziegen« sein musste. Ich zeigte auf meine Ziegen und fragte »*ghanem*«? Giemma nickte. Ich hatte die Ziegen an Stellen zu bringen, wo sie Gras fressen konnten, und dann weiter an Orte, an denen es Wasser für sie gab. *Sahl* bedeutet »Gras«, und »Wasser« heißt *maa*. *Halib* ist das arabische Wort für »Milch«. Allmählich schnappte ich Grundkenntnisse der arabischen Sprache auf, Wort für Wort. Ich lernte schnell, *na'am* bedeutet »ja« und *la* »nein«. Wenn ich ein Wort nicht wieder und wieder hörte, war es auch nicht schlimm, wenn ich es vergaß, sagte ich mir.

Giemma und Hamid gaben jedoch Tag für Tag dieselben Befehle. Sie wollten aus mir, einem Siebenjährigen, einen guten Hirten für ihre Ziegen machen. Sie sagten: »Achte darauf, dass du die Ziegen zu frischem Gras führst, Gras, das sie mögen. Sorge dafür, dass sie ihr Wasser bekommen. Und bring ja wieder alle Tiere zurück. Du darfst kein Tier verlieren.«

Wenn ich abends zurückkam, zählte Giemma immer die

Ziegen und fragte, wie es den Tieren ergangen sei. Häufig fiel dabei das Wort *hob*. Es war das Wort für »mögen« oder »lieben«, wie ich bald herausfand. »Haben die Ziegen das Gras heute gemocht?«, fragte Giemma zum Beispiel.

Schnell lernte ich dieses wichtige Wort.

Giemma sagte: »Diese Ziege scheint das Zicklein nicht zu *mögen*«, oder: »Mein Sohn *mag* sein Pferd«, oder Hamid sagte: »Mit den Kamelen zu arbeiten, das *mag* ich nicht.«

Mit dem Erlernen des Wortes *hob* verstand ich, was Giemma und Hamid mochten und was nicht.

Ganz offensichtlich liebte Giemma seine Tiere. Um ihr Wohlergehen schienen sich die meisten seiner Unterhaltungen zu drehen, die ich mit anhörte. Es interessierte ihn, wie viel sie fraßen, wie ihnen das Wasser bekam, wie sie sich verhielten. Es war nicht immer einfach, eine geeignete Weidefläche zu finden, auf der die Ziegen grasen konnten. Es gab auch gewisse Grassorten, die sie nicht mochten. Das alles musste ich erst lernen. Giemma wollte, dass seine Ziegen zufrieden waren, und es war meine Aufgabe, das sicherzustellen. Seine Tiere waren sein Wohlstand, und sein Wohlstand lag ihm am Herzen.

Wenn ich zum Fluss kam, um das Vieh zu tränken, und näher an die anderen Dinka-Hirten herandurfte, hörte ich aus ihren Unterhaltungen schon bald Worte heraus, die ich inzwischen verstand – Ziege und Wasser und Gras, was die Tiere mochten und was nicht, was die anderen Jungen mochten. Ein paar arabische Wendungen überprüfte ich, indem ich sie zu Hamid sagte. Er schien mich zu verstehen. Aber ein Lob dafür, dass ich seine Sprache sprach, bekam ich von ihm nicht zu hören.

Das Erlernen der neuen Sprache war ein langwieriger Prozess, aber es war eine der wenigen Beschäftigungen, die mir Freude machten. Es lenkte mich nicht nur von meiner Einsamkeit und meinem Elend ab, sondern es verschaffte mir auch den einen oder anderen Triumph. So erlebte ich zum Beispiel, dass ich die Menschen verstand und dass die Menschen mich verstanden. Wort für Wort, Satz für Satz durchbrach ich die Mauer dieser fremden Laute. Es war harte Arbeit, und es kam mir unmöglich vor, dass ich jemals alles, was die Menschen des Nordsudan sprachen, verstehen würde, ganz zu schweigen davon, dass ich mit ihnen womöglich so reden konnte, dass sie all die Gedanken und die Fragen verstanden, die sich in meinem Kopf anhäuften.

Ich hatte mich in meine Aufgabe als Hamids Gehilfe hineingefunden. Wir hatten etwa zweihundert Schafe und Ziegen, um die wir uns kümmern mussten, aber die Verantwortung lag bei Hamid.

Eines Morgens, als ich auf Hamid wartete, kam Giemma allein zu mir. Er gab mir zu verstehen, dass ich heute auf mich gestellt sein würde. Ich sollte die Ziegen ohne Hamid zu einem Stück Grasland führen.

Als ich das hörte, wurde ich nervös und bekam große Angst. Was wäre, wenn ich einige Ziegen verlor, wenn mir welche wegliefen? Dann würde er mich sicher schlagen. Also wollte ich die Arbeit nicht allein machen. Aber wenn ich mich weigerte, würde er mich ebenfalls schlagen.

Ich führte die Ziegen und Schafe aus der Einfriedung und lenkte sie in die Richtung des Stücks Grasland, auf dem wir schon am Vortag gewesen waren. Ein paar Ziegen entfernten sich von der Herde, und ich scheuchte sie zurück. Aber die ganze Zeit konnte ich nur daran denken, dass ich die Tiere gut füttern musste, andernfalls würde mich Giemma schlagen. Wenn ich Ziegen verlor, würde Giemma noch wütender sein. Und dann fielen mir die vielen Gefahren ein, die im Busch auf mich lauerten. Ich befürchtete, dass mich irgendein wildes Tier anfallen oder eine Schlange beißen würde. Plötzlich vermisste ich Hamid mit seinem Pferd und seinem Gewehr und der obersten Verantwortung dafür, alle Ziegen zurückzubringen. Angst und Aufregung dieser neuen Bürde machten sich in meinem Magen bemerkbar.

Ohne Schwierigkeiten brachte ich die Tiere zu dem Stück Grasland. Ich weiß es noch genau; als ich diese erste Hürde allein gemeistert hatte, dachte ich: »Vielleicht ist es ja ganz gut, dass Hamid nicht hier ist und mich ständig herumkommandiert. Vielleicht bin ich dann nicht die ganze Zeit so nervös.«

Aber ehe ich mich noch an den Gedanken gewöhnen konnte, ganz auf mich gestellt zu arbeiten, entdeckte ich, dass ich durchaus nicht allein war. Ich hörte ein Geräusch, ein Pferd schnaufte in der Nähe. Am Rand des Buschlandes saß Hamid auf seinem Pferd und beobachtete mich. Er war hier, um mich zu kontrollieren.

So kam es, dass die eine Angst verschwand und durch eine andere ersetzt wurde. Als Hamid sich überzeugt hatte, dass ich die Tiere zum nächsten Stück Grasland getrieben hatte, ritt er fort. Bald machte ich mir Sorgen wegen des Flusses. Schaf- und Ziegenherden aus der gesamten Gegend kamen oft zur selben Zeit an den Fluss. Und nicht nur die Schafe sahen alle gleich aus. Auch die Ziegen hatten dieselbe Größe und ähnlich braungraues Fell wie die Ziegen der anderen Hirten, und ich hatte Angst, dass sie durcheinander geraten könnten. Die größte Herausforderung an meinem ersten Tag allein wäre es, an der Wasserstelle keine Tiere zu verlieren.

Ich gab mir besonders viel Mühe, dafür zu sorgen, dass meine Ziegen nicht zu den Ziegen einer anderen Herde liefen. Es gelang mir, die Wasserstelle ohne besondere Vorkommnisse mit meinen Tieren wieder zu verlassen. Aber den ganzen Tag über war mir unbehaglich zu Mute. Ich hatte das Gefühl, dass mir irgendetwas Schlimmes passieren würde.

Als die Sonne unterging, trieb ich die Tiere zusammen und machte mich auf den Heimweg. Giemma erwartete mich schon. Im Grunde spürte ich etwas, das ich schon länger vermisst hatte – ein Glücksgefühl. Ich war froh und glücklich, dass ich den Tag überstanden hatte.

Aber mein Herr lächelte nicht; er schaute sich die Ziegen an.

»Es fehlen Ziegen«, sagte er.

»Nein«, erwiderte ich. Das konnte ich einfach nicht glauben. Ich hatte mir solche Mühe gegeben. Als Giemma sich daranmachte, sie noch einmal zu zählen, sah ich mir all die Ziegen und Schafe an und begriff, dass ich gar nicht genau gewusst hatte, wie viele Tiere es eigentlich waren. Es war mir überhaupt nicht in den Sinn gekommen, sie zu zählen. Ich konnte auch nicht weiter als bis zehn zählen.

Was war bloß mit den Ziegen passiert?

Giemma zählte – und versetzte mir anschließend einen harten Schlag mit seiner Peitsche. Er brüllte mich an, und ich schüttelte einfach nur den Kopf, so als würde ich nicht verstehen, was er sagte. Aber ich verstand genug Arabisch.

»Es ist deine Aufgabe, dafür zu sorgen, dass sie alle zurückkommen«, hatte er gesagt.

»Hast du im Gras nachgesehen?«, fragte er nun.

Plötzlich ahnte ich, wohin die Ziegen gelaufen sein konnten. Ich hatte nicht im hohen Gras nachgesehen. Ziegen springen in alle Richtungen davon, und an manchen Stellen war das Gras so hoch, dass man ein Tier rasch aus den Augen verlor. Noch bevor Giemma Hamid herrufen konnte, um sich mit ihm auf die Suche zu machen, kam ein Nachbar und brachte die beiden fehlenden Ziegen zurück.

Giemmas Wut hatte die gewünschte Wirkung erzielt. Ich hatte solche Angst davor, erneut eine Ziege zu verlieren, dass ich von nun an besonders umsichtig war, denn noch konnte ich die Tiere nicht durchzählen. Ich beobachtete sie daher ständig, und nie erlaubte ich einem, sich allzu weit von den anderen zu entfernen. Wurde es Zeit für den Nachhauseweg, durchstreifte ich zuvor noch das hohe Gras, um zu gewährleisten, dass sich keine Ziege vor mir versteckte. Doch ganz sicher war ich mir nie, dass ich alle Tiere eingefangen hatte.

Wenn ich zu den Pferchen zurückkehrte, wartete Giemma immer schon auf mich, um die Ziegen zu zählen.

»Bitte, Gott«, betete ich. »Lass sie alle da sein.« Schließlich nickte Giemma und sagte: »Die Ziegen sind alle da.«

In den nächsten Tagen lernte ich zählen. Und nachdem ich mich über eine Woche lang allein um die Tiere gekümmert hatte, zählte ich die Ziegen das erste Mal durch, bevor ich das Weideland verließ: Die Herde war vollzählig.

Als ich die Tiere zum Pferch trieb, wo Giemma schon auf mich wartete, wurde mir der Mund trocken und der Magen brannte mir vor lauter Angst. Auch ohne die Tiere nochmal zu zählen, war mir klar, dass eine Ziege fehlte, und ich wusste auch, welche es war. Ein Tier war den ganzen Tag schon sehr langsam gewesen und hatte ein Bein nachgezogen. Als wir uns auf den Rückweg machten, hatte ich bemerkt, dass es nicht gut den Anschluss hielt. Was war ich doch für ein Idiot gewesen, dass ich auf dieses eine Tier nicht besonders geachtet hatte! Die Ziege musste hinter den anderen zurückgeblieben sein und sich verirrt haben. Wenn Giemma das herausfand, würde er mich schlagen.

So schnell wie möglich versuchte ich, die Tiere in den Pferch zu treiben, bevor Giemma mit dem Zählen begann. Es gelang mir nicht. Giemma kam auf den Pferch zu und zählte noch im Gehen die Ziegen. Ich versuchte, so zu tun, als sei alles in Ordnung, aber er sah sofort die Angst in meinen Augen.

In Zukunft wollte ich darauf achten, meine Gefühle besser zu verbergen und glaubhafter zu lügen.

Ich wartete auf den Wutausbruch. Ich wusste, ich würde Schläge beziehen, und ich würde nichts dagegen tun können.

Ich bezog Schläge. Zuerst schlug mich Giemma mit der Hand, dann packte er seinen Stock und schlug mich damit. »Solange du meine Ziegen verlierst, werde ich dich schlagen!«, brüllte er.

Wir machten uns auf die Suche nach der fehlenden Ziege, fanden sie aber nicht. Ich war überzeugt, Giemma würde mich abermals schlagen. Aber er brüllte mich nur an: »Pass bloß auf, dass du in Zukunft alle Ziegen zurückbringst!« Am nächsten Tag fand Hamid die verirrte Ziege im hohen Gras. Das Tier schien krank zu sein, und tatsächlich starb es noch in derselben Woche.

Allmählich war ich besessen davon, abends nur ja alle Ziegen bei mir zu haben, wenn ich mich auf den Rückweg zu Giemma machte. Ich hatte Angst davor, Ziegen zu verlieren, ich hatte Angst davor, sie in eine unbekannte Gegend zu bringen. Mit der Zeit lernte ich, wohin ich gehen musste und wie ich wieder zurückkam. Ich gab mir Mühe, besser zu werden, verantwortungsvoller. Mit der Zeit wurde ich tatsächlich immer geschickter und umsichtiger und verlor nie wieder ein Tier.

Doch die Angst, dass etwas schief gehen und ich dafür bestraft würde, blieb.

Wenn ich zurückschaue auf den siebenjährigen Jungen, der sich tagtäglich um zweihundert Schafe und Ziegen kümmern musste, bin ich erstaunt über seinen Einfallsreichtum – sowohl was die Arbeit betraf als auch den Umgang mit den

Ängsten. Ständig wog ich die Angst, bei der Arbeit angegriffen und verletzt zu werden, ab gegen die Aussicht, geschlagen zu werden, wenn ich mit den Tieren zurückkam. In dem Maß, in dem ich meine Risiken bei der Arbeit verringerte, vergrößerte ich die Wahrscheinlichkeit, den Stock zu spüren.

Dennoch musste ich hin und wieder das eine oder andere Risiko eingehen. Um den besten Platz für die Tiere zum Grasen zu finden etwa, hatte ich mich immer mal wieder tiefer in das gefährliche Buschland zu begeben. Ich versuchte jedoch, dieser Gefahr aus dem Weg zu gehen. Wenn ich die Wahl hatte zwischen dem besten Gras für die Ziegen und dem sichersten Platz für den Ziegenhirten, entschied ich mich eher für mich als für die Tiere.

Das war, wie mir jetzt klar wird, mein gelegentlicher Akt der Rebellion.

Ein paarmal erwischte mich Hamid beim Schummeln. »Du musst tun, was wir dir aufgetragen haben!«, schrie er, und dann stürzte er sich mit einem Stock auf mich und schlug mich so lange und so viel, wie er wollte.

Hamid war leichter zu täuschen als Giemma. Giemma brauchte die Tiere nur anzusehen, um zu wissen, dass sie nicht genug gefressen hatten. Und wenn er entdeckte, dass ich mich nicht genug um sie gekümmert hatte, schlug er mich.

Als ich eines Abends die Schafe und Ziegen nach Hause trieb, beschloss ich, es sei nun an der Zeit, von Giemma ein paar Antworten auf meine Fragen zu erhalten. Über einen Monat lebte ich nun schon bei ihm und seiner Familie. So viele Fragen hatten sich in meinem Kopf angesammelt. Ich war überzeugt, ich beherrschte seine Sprache gut genug, um meine Fragen zu stellen.

Ich übte, was ich sagen wollte. Aber als ich Giemma sah, wurde ich nervös. Ich hatte Angst, er würde mir nicht zuhören. Du musst mit ihm reden, sagte eine Stimme in mir. Du musst es unbedingt tun.

Ich ging auf Giemma zu, und zum ersten Mal sprach ich mit meinem Herrn in seiner Sprache.

»Wieso liebt mich niemand?«, fragte ich ihn und benutzte das Wort, das ich ihn und Hamid so oft hatte sagen hören – *hob*.

Giemma starrte mich an, als hätte plötzlich eine der Ziegen zu ihm gesprochen. Aber vielleicht hatte ich es auch falsch gesagt, und er verstand mich einfach nicht. Ich versuchte es mit einer anderen Frage, die mir vom ersten Tag an durch den Kopf ging, nachdem Giemma mir die schmutzige Decke in dem Unterstand nahe den Tierpferchen gezeigt hatte.

»Wieso lässt du mich bei den Tieren schlafen?«, fragte ich nun.

»Wo hast du das gelernt?«, brüllte Giemma und schlug mich heftig.

Da sagte ich nichts mehr.

Giemma hörte auf, starrte mich aber immer noch an. Sein Gesicht war vor Wut rot angelaufen. Dann wandte er sich ab.

Ich hatte meine Fragen gestellt, und es tat mir gut, dass man mich verstanden hatte – auch wenn Schläge die einzige Antwort waren, die ich bekam. Ich empfand es jedoch als Genugtuung, Giemma verärgert zu haben. Damals war mir das noch nicht klar, aber inzwischen glaube ich, dass dieser Moment deshalb für mich wohltuend gewesen war, weil ich Widerstand demonstriert hatte. Wie bei der Arbeit, wenn ich schummelte, indem ich die Ziegen an einem bestimmten Tag zu so wenig Weideplätzen wie möglich führte. Die Tatsache, dass ich Giemma wütend gemacht hatte, war ein Akt der Rebellion – ein kleiner natürlich nur, aber deshalb doch nicht weniger befriedigend.

Am nächsten Morgen, als ich mich bereitmachte, mit den Tieren zum Grasland zu gehen, konnte ich Giemma nirgends sehen. Auch als ich am Abend zurückkam, erwartete er mich nicht. Ebenso verhielt es sich am darauf folgenden Morgen. Erst am Abend des nächsten Tages, als ich die Tiere gerade in den Pferch getrieben hatte, kam Giemma auf mich zu. Ich rechnete mit weiteren Prügeln. Stattdessen sah er mich an und sagte: »Du willst wissen, wieso dich keiner liebt und wieso du bei den Tieren schlafen musst?«

Völlig überrascht darüber, dass er hergekommen war, um meine Fragen zu beantworten, konnte ich nur stumm nicken.

»Ich lasse dich bei den Tieren schlafen«, verkündete mir Giemma, »weil du ein Tier bist!«

Diese Worte hallten in meinen Ohren nach, Worte, von denen er wusste, dass ich sie verstand: *»Enta hayawan.«* Zufrieden mit seiner Antwort und in der Gewissheit, dass er den kleinen *abeed* auf seinen Platz verwiesen hatte, marschierte er davon.

Für mich war das Ganze ein Schock. Dass Giemma es für nötig befunden hatte, mir zu antworten, kam für mich sehr überraschend. Auch dass er zwei Tage gewartet hatte, verwunderte mich. Hatte er zwei Tage lang über seiner Antwort gebrütet? Aber wie ich da so beim Tierpferch stand, war ich so richtig erschüttert angesichts der Tatsache, dass dieser Mann, der Macht über mein Leben hatte, in mir nichts anderes sah als in den hunderten von blökenden und meckernden Tieren um mich herum, die schon ganz unruhig waren, weil sie auf ihre morgendliche Ration Gras warteten.

Auf jeden Fall erklärte Giemmas Antwort weit gehend meine Situation: Er erlaubte seinen Kindern, mich mit Stöcken zu schlagen, so wie sie es auch mit einem störrischen Esel tun würden. Essensreste waren gut genug für mich.

Und ich musste allein in einem Unterstand schlafen, der keine Spur besser war als ein Tierpferch.

Sogar für einen siebenjährigen Jungen ohne Schulbildung hätten die Schlussfolgerungen aus Giemmas Ankündigung nicht deutlicher sein können. Ich wusste jetzt, dass das Leben für mich bei dieser Familie nie besser werden würde. Ich musste eine Möglichkeit finden, hier wegzukommen.

Das war der Augenblick, in dem ich begann, meine Flucht zu planen.

KAPITEL 5

ABDUL RAHMAN – DER GUTE SKLAVE

Am späten Nachmittag, wenn die Ziegen genug Gras und genug Wasser gehabt hatten und sich ausruhten, konnte auch ich im Schatten eines Baumes liegen und Fluchtpläne schmieden.

Morgen laufe ich weg, schwor ich mir.

Doch wenn ich abends wieder bei Giemma war und auf meinem Bett lag, wenn die Nacht draußen so schwarz war, dass ich nur noch die Sterne sehen konnte, änderte ich meine Meinung meist wieder. Wohin hätte ich auch gehen sollen? Ich wusste, dass ich zu klein und zu schwach war, um weit zu kommen. Ich müsste mich im Busch versteckt halten, wo es Tiere gab, die mich töten konnten. Bevor ich weglaufen konnte, hatte ich noch vieles zu lernen.

So lernte ich die Sprache Giemmas mit der Zeit immer besser. Das würde mir sicher helfen, unter den arabisch sprechenden Menschen Hilfe zu finden. Aber ich musste auch die Gegend kennen lernen. So beschloss ich, jeden Tag, wenn ich mit den Tieren unterwegs war, in alle Richtungen ein Stückchen weiter zu gehen. Ich wollte mich umsehen, die Straßen prüfen, herausfinden, wer wo lebte, mir einprägen, an welchen Orten Männer zu Pferde ihre Sklaven beaufsichtigten. Wenn ich fliehen wollte, musste ich das alles wissen. Und vorrangiges Ziel in meinem Leben war es fortan, vor Giemma Abdullah und seiner Familie zu flüchten. Beinahe jeden Tag und jede Nacht lebte ich nur in meiner Fantasie und in meinen Gedanken. In meinen Erinnerungen an meine Familie und meinen Träumen von der

Flucht entdeckte ich die verlorene Freiheit. Giemma und seine Familie mochten mich schlagen; sie hatten die Macht über das, was ich Tag für Tag tat. Aber meine Gedanken und meine Träume konnten sie nicht bestimmen. In meinem Denken war ich frei, und in diesen Momenten der Freiheit plante ich meine Flucht.

So sicher ich auch war, dass ich eines Tages fliehen würde, so begriff ich doch auch, dass dieser eine Tag in ferner Zukunft lag. Ich hatte erst so wenige Regen- und Trockenzeiten in meinem noch jungen Leben erlebt, und mein Zeitgefühl war nicht sehr ausgeprägt. Den Tag maß ich am Auf- und Untergehen der Sonne, und jeder Tag kam mir endlos lange vor. Das erste halbe Jahr bei Giemma erschien mir wie eine unendlich lange Zeit.

Mein Elend und meine Einsamkeit wurden dadurch noch verschlimmert, dass ich so vieles aus meinem früheren Leben vermisste. Manchmal gab Giemma mir morgens etwas Milch. Diese Milch führte mich in Gedanken jedes Mal zurück zu den Tagen, an denen mir meine Mutter morgens Milch brachte. Es war eine reichhaltige Kuhmilch, viel cremiger als die wässrige Milch, die Giemma mir gab.

Ich vermisste meine Mutter.

Sie war wunderschön. Und das sage ich nicht einfach, weil sie meine Mutter war. Wenn ich sie mit den anderen Frauen im Dorf vergleiche, komme ich zu dem Schluss, dass sie die schönste war. Ihre Haut war heller als meine, und das Haar trug sie etwas länger als die anderen Frauen im Dorf. Außerdem hatte sie einen wunderschönen Körper, und ihre Bewegungen waren anmutig, sogar wenn sie eine schwere Last auf dem Kopf trug. Sie war nicht groß, jedenfalls nicht für eine Dinka. Bei uns habe ich Frauen gesehen, die ein Meter achtundneunzig maßen. Meine Mutter war nur etwa ein Meter vierundsiebzig oder ein Meter fünfundsiebzig groß. Ihr Name lautete Adut Al Akok. Al war der

Name ihres Vaters und Akok der Name ihres Großvaters. Dinka-Frauen behielten den Namen ihrer Familie.

Die Familie meiner Mutter besaß viele Kühe, sie galt als reich. Meine Großeltern hatten zehn Kinder – vier Jungen, sechs Mädchen. Meine Mutter war die Jüngste, und als Nesthäkchen das Lieblingskind. Mein Vater kannte ihre Familie gut. Sie gehörte zum selben Dinka-Clan wie die Familie meines Vaters. Die Schwestern meiner Mutter waren mit Männern verheiratet, die mein Vater ebenfalls kannte, und viele davon hießen wie ich *Piol*.

Eine Frau aus einer wohlhabenden Familie hatte ein Mitspracherecht bei der Wahl des Mannes, den sie heiratete, und so wählte meine Mutter meinen Vater. Aber als erfolgreicher Mann hatte auch er die Wahl unter vielen Frauen. Familien ermutigten natürlich ihre Töchter, einen Mann zu heiraten, der so viel Vieh besaß wie mein Vater.

Frühmorgens, wenn ich zu Hause aufgewacht war, gab meine Mutter mir immer zuerst Milch. »Du arbeitest gern«, sagte sie zu mir. »Wenn du deinem Vater und mir auf den Feldern hinterherläufst, versuchst du immer zu helfen. Deshalb gebe ich dir zuerst Milch, selbst wenn es dann nicht mehr für alle reicht.«

Jedes Jahr achtete sie darauf, dass die Familie meinen Geburtstag feierte, und dazu lud sie meine Freunde ein. Auch aus diesem besonderen Anlass bekamen wir alle ein Glas Milch. Ich sehe noch ihr Lächeln, und nie werde ich vergessen, wie sehr mich das in diesem ersten Jahr bei Giemma tröstete.

Giemmas Frau lächelte mich nie an. Diese Frau schien sich überhaupt selten über etwas zu freuen, jedenfalls nicht, wenn ich in der Nähe war. Das spürte ich von dem Augenblick an, als ich sie zum ersten Mal gesehen hatte. Anfangs schien sie mir aus dem Weg zu gehen. Ein paarmal brüllte sie mich an, aber ich verstand die Worte nicht. Ihr Gesichtsausdruck jedoch war eindeutig: Sie mochte mich, diesen neuen Dinka-Jungen, nicht.

Erst als ich mir einen gewissen arabischen Grundwortschatz angeeignet hatte, wurde mir klar, wie gefährlich Giemmas Frau war. Zum ersten Mal seit meiner Ankunft verließ Giemma den Hof, vielleicht wollte er ins nahe gelegene Mutari auf den Markt, um etwas zu kaufen oder um zu handeln. Damals hatte ich eine Begegnung mit seiner Frau, die ich nicht vergessen habe. Mit demselben Hass, den ich schon so gut kannte, hatte sie mich angesehen; sie hatte mit dem Finger auf mich gezeigt und mir ihre Worte entgegengespien. Diesmal verstand ich, was sie sagte.

»Ich werde dich umbringen!«

Jedes Mal, wenn ich Giemmas Frau sah, zeigte sie auf mich und stieß eine ähnliche Drohung aus. Manchmal wurde sie noch deutlicher.

»Wenn ich ein Gewehr hätte, dann würde ich dich umbringen.«

Sogar Giemma gab später zu, dass seine Frau mich hasste. Vor mir hätte er seine Frau jedoch nie kritisiert. Er sprach über ihren Hass wie über eine Naturgegebenheit, die für mein Leben genau wie für seins entscheidend war. Mir war bewusst, dass Giemmas Frau, wenn er nur damit einverstanden wäre, mich umbringen würde. Unter Umständen würde er es womöglich sogar für sie tun.

Doch Giemma brauchte mich. Sein älterer Sohn wollte keine Sklavenarbeit verrichten. Das hielt seine Frau jedoch nicht davon ab, mich zu hassen. Ich gab mir alle Mühe, ihr aus dem Weg zu gehen, aber manchmal lief ich ihr genau vor die Füße. Dann blieb ich stehen und sagte nichts. »Sieh mich nicht an«, drohte sie mir dann. »Komm ja nicht in meine Nähe.« Einmal sagte sie: »Ich wünschte, wir hätten mehr Ziegen an deiner Stelle.«

Giemma brachte mir immer mein Essen. Wenn er weg

war, schickte seine Frau eines der Kinder. Vergaßen sie mich, blieb mir nichts anderes übrig, als das Risiko einzugehen, im Haus nach meinem Essen zu fragen. Giemmas Frau behandelte mich, als hätte ich eine ansteckende Krankheit. Da sie mich schon nicht töten konnte, wollte sie mir wenigstens nicht nahe kommen.

Wenn Giemma den Hof verließ, gab ich mir allergrößte Mühe, dieser Frau aus dem Weg zu gehen.

Als ich eines Tages im Schatten eines Baumes saß, auf den Sonnenuntergang wartete und überlegte, ob ich je wieder so etwas wie Glück empfinden würde, entdeckte ich in der Nähe Lehm. Ich nahm mir eine Hand voll davon. Eine Ziege meckerte. Doch es tat sich nichts, die Tiere grasten weiter. Ich beobachtete sie noch eine Weile, während meine Hände wie selbstverständlich den Lehm kneteten und formten. Es war jetzt viele Wochen, vielleicht sogar einige Monate her, dass ich in den Norden gebracht worden war, um bei Giemma zu leben. Meine glückliche Kindheit hatte ich blutgetränkt auf dem Marktplatz von Nyamlell hinter mir gelassen. Und wenn auch nur wenige Tage vergingen, ohne dass ich an meine Familie dachte, hatte ich die Spiele meiner Kinderzeit völlig vergessen. Ich hatte lange nicht mehr daran gedacht, wie wir *Madallah* gespielt hatten, unser Ballspiel mit den Stöcken, oder *Alweth*, das Versteckspiel. Nicht einmal an meine Miniatur-Viehherde hatte ich mich erinnert. Standen die kleinen Tiere noch auf meinem Regal in Gourion? Oder hatten die *murahaliin* auch mein Vieh aus Lehm gestohlen?

Meine Hände jedoch hatten nichts vergessen. Sie formten wieder eine kleine Kuh, als gehörten sie gar nicht zu diesem unglücklichen Sklavenjungen, der die Ziegen seines Herrn hütete. Ich ließ meinen Händen freien Lauf und versuchte, das Vergnügen an dieser Beschäftigung wiederzubeleben. Ich lebte hier auf mich allein gestellt. Niemand schien sich um mich zu kümmern – außer ich verlor eine Ziege. Die Freude, die ich beim Berühren der Hand meiner Mutter empfunden hatte, das Vergnügen, das ich verspürt hatte, wenn mich mein Vater auf seine Schultern hievte und ich gut zweieinhalb Meter über dem Erdboden schwebte, keines dieser schönen Gefühle war mehr erreichbar für mich als Ziegenhirte von Giemma. Ich hatte keinen glücklichen Tag mehr gehabt, seit sich mein Leben verändert hatte. Aber vielleicht konnte ich wieder ein kleines Glücksgefühl erleben, wenn ich aus diesem Stück Lehm eine Kuh formte.

Ich bearbeitete den Lehm mit den Händen, formte den Körper einer Kuh. Ich machte mich daran, ihren Kopf zu gestalten – und dann hielt ich inne. Ich empfand nichts außer Traurigkeit. Denn während meine Hände kneteten, erinnerte ich mich plötzlich an die Freunde, mit denen ich im Dorf gemeinsam die Spielzeug-Kuhherden geschaffen hatte. Was war mit meinem Freund Kwol geschehen? Saß auch er auf einem Stück Grasland gar nicht weit weg von hier und dachte an glücklichere Tage? Kochten Abuk und Nyabol für die *murahaliin*?

Die Gedanken an meine Freunde wichen nach einer Weile Bildern meiner Eltern, die ich noch einmal vor mir sah – doch ihre lächelnden Gesichter wurden bald von den Gedanken an Giemma und seine Familie verdrängt. Ich wurde von ihnen geschlagen und getreten, und sie erlaubten mir nicht, auch nur mit einem einzigen Menschen zusammen zu sein oder zu sprechen, mit dem ich hätte lachen können.

So gern ich auch mal wieder lachen wollte, ich konnte mich nicht dazu zwingen, denn ich war nicht glücklich. Auch wenn etwas passierte, das ich früher lustig gefunden hätte, eine hüpfende Ziege zum Beispiel, die aus dem hohen Gras hochspringt und im nächsten Moment wieder im Gras verschwindet, mehrere Male schnell hintereinander, selbst in solchen Momenten konnte ich nicht lachen.

Allerdings konnte ich auch nicht mehr weinen. Während der ersten Wochen hatte ich jeden Tag geweint, so als hätte ich gehofft, das Weinen allein würde irgendeine Änderung bewirken. Aber bald begriff ich, dass sich dadurch nichts ändern würde. Auf mein Weinen hin kam keiner von ihnen angelaufen, um mir zu helfen. Ich beschloss daher, nicht mehr zu weinen. Ich wollte versuchen, die Fassung zu bewahren. Mochte mich Giemmas Familie auch bedrohen und mich schlagen und mir entsetzliches Zeug zu essen geben, mochten sie auch in mir nur eines der Tiere auf ihrem Hof sehen, ich wollte gefasst bleiben. Ich würde meine Arbeit machen, ihren Befehlen gehorchen und mit dem Weinen aufhören.

Oft träumte ich von meiner Familie. In diesen Träumen wachte ich morgens immer auf, und dann war meine Mutter bei mir. In anderen Träumen sah ich meine gesamte Familie, und in wieder anderen Träumen spürte ich das Glücksgefühl des Tages, an dem wir Kinder das Dorf verlassen und uns auf den Weg zum Markt gemacht hatten.

Aber ich träumte auch von schlimmen Dingen, zum Beispiel von dem Tag, als Nyabol geschrien hatte: »Lauf!«, und dann lief ich in meinem Traum geradewegs in einen Mann hinein, der mit einem Gewehr auf mich zielte und etwas brüllte, das ich nicht verstand. Dieser Albtraum kam immer wieder, denn inzwischen weiß ich, dass er mir zugebrüllt hatte, ich solle stehen bleiben, und wenn ich nicht stehen geblieben wäre, hätte er mich getötet.

Ich hatte auch Träume, in denen ich versuchte wegzulaufen, aber Giemma fing mich ein und tötete mich, so wie er das oft genug geschworen hatte.

»Wenn du versuchst wegzulaufen, bringe ich dich um«, sagte er wieder und immer wieder.

Und nach all diesen Träumen, den glücklichen und den schlimmen, wachte ich jedes Mal auf und konnte doch nicht anders, als um das Leben zu weinen, das ich vermisste, oder aber um das Leben, das ich bei Giemma lebte.

Ich beschloss, von nun an zu beten statt zu weinen. »Bitte, Gott, hilf mir«, flehte ich leise. Meine Vorstellungen von Religion und Gott waren die eines siebenjährigen Dinka-Jungen. Ich wandte mich an meinen Gott, nicht weil ich wusste, dass Er allmächtig oder gerecht oder barmherzig war. Solche Gedanken macht man sich als Siebenjähriger nicht. Ich kannte Geschichten aus der Bibel, allerdings nicht aus dem Neuen Testament. Alles, was ich über Gott wusste, hatten mir meine Eltern gesagt, und wieder einmal erwies mir gute Dienste, was ich von meiner Mutter und meinem Vater gelernt hatte.

»Gott ist immer bei dir«, hatten meine Eltern zu mir gesagt. »Auch wenn du allein bist, ist Er bei dir.« Und daran erinnerte ich mich wieder, wenn ich nachts allein auf meiner Decke saß. Wenn ich die Tiere allein auf mich gestellt durch das gefährliche Buschland trieb und dabei mit einem Auge immer nach Leoparden und Löwen Ausschau hielt, redete ich mir oft gut zu: »Gott ist bei mir.«

Mein Vater hatte einmal zu mir gesagt: »Auch wenn du allein bist, bist du zu zweit. Wenn du zu zweit bist, bist du zu dritt.«

Mir gefiel, wie das klang, und mir gefiel, wie sich das anfühlte. Wie ich da einsam unter einem Baum auf diesem Fleckchen Gras saß, die einzige Menschenseele weit und breit, bezog ich einigen Trost aus dem Wissen, dass Gott auf mich aufpasste.

»Wenn du Gott um etwas bittest, das du brauchst, dann wird Er dir helfen«, hatten meine Eltern gesagt.

Noch nie hatte ich so viel Hilfe gebraucht wie jetzt, also betete ich fast jeden Tag zu Gott: »Bitte hilf mir. Ich liebe meine Eltern, und ich möchte eine Zukunft haben. Ich will nicht sterben.«

Ich sah in Gott den Beschützer von Menschen, die wie ich verloren waren, weit weg von den Menschen, die sie liebten, und gezwungen, bei Fremden zu leben, denen es gleichgültig zu sein schien, ob man tot oder am Leben war. Hatte ich die erste Zeit unter Giemmas Machtbefugnis oft geweint, weil ich ängstlich und einsam war, begann ich nun, so oft wie möglich zu beten. Ich flehte Gott um Hilfe an. Wenn ich durch den Busch ging, sagte ich etwa: »Bitte, Gott, halt mir die gefährlichen Tiere fern.« Wenn ich zwei miteinander kämpfende Tiere trennen musste, bat ich: »Bitte, Gott, hilf mir. Lass die Tiere mir nicht wehtun.«

An Gott zu denken und mit ihm zu reden spendete mir Trost. Ich fühlte mich durch die Gebete gestärkt.

Gott wird mir helfen zu fliehen, dachte ich oft.

Ich würde nur noch warten müssen, bis ich größer und stärker und schlauer war. Dann würde Gott mir beistehen, hier fortzukommen.

»Du musst Moslem werden«, kündigte Giemma an und gab mir auch gleich einen neuen Namen: Ich sollte von diesem Tag an *Abdul Rahman*[1] heißen. Ich trug bereits die übliche Kleidung der Moslems, die *arraga*, einen knielangen Überwurf, ähnlich einer Tunika, den die Nordsudanesen über Hemd und Hose ziehen. Giemma hatte mir sogar ein paar

[1] Jahre später fragte mich ein amerikanischer Freund, der arabisch sprach: »Weißt du, was dieser Name bedeutet?« Ich hatte keine Ahnung. »Diener dessen, der Mitgefühl hat«, sagte er.

Schuhe aus Kuhleder gegeben, wenn auch nicht so schöne wie seine eigenen. Er sagte mir, ich müsse von nun mit der Familie beten, und ich würde noch an diesem Tag damit beginnen.

»Sieh einfach zu, was wir machen, und dann mache es nach!«, befahl er. Ich sah zu, wie sie beteten, und versuchte, ihre Gesten nachzuahmen. Aber ich hatte keine Ahnung, was sie sagten.

»Das lernst du schon noch«, sagte Giemma.

Da ich bei seiner Familie lebte, müsse ich auch Moslem werden, erklärte Giemma mir. Denn wenn ich nicht mit ihnen betete, dann sei ich ein *kafer* – ein Ungläubiger.

Was ich damals nicht wusste, war, dass Moslems Ungläubige nicht berühren durften und auch nicht gemeinsam mit ihnen essen durften. Ungläubige waren für sie unrein.

Ich wollte die Gebete der Familie jedoch nicht sprechen. Aber beklagen wollte ich mich auch nicht. Ich hatte gesehen, was mit Jungen passierte, die sich beklagt hatten. Ich sagte die Gebete, aber im Herzen blieb ich Christ.

Giemma war dazu übergegangen, mich Abdul Rahman zu nennen. Doch mein neuer Status als Moslem hatte keinen Einfluss darauf, wie man mich behandelte. Giemmas Frau gab mir nach wie vor ungenießbares Essen. Niemand kümmerte sich darum, was ich aß. Warum ließ man mich verdorbenes Fleisch essen? Wer so viele Tiere besaß, hatte doch keinen Mangel zu befürchten, außerdem gab es reichlich Getreide auf den Feldern.

Doch selbst nachdem ich einen moslemischen Namen trug und mit der Familie betete, gab Giemma mir nicht von seinem Essen, nicht einmal wenn wir den ganzen Tag mit den Tieren unterwegs waren. Selten brachten mir Giemma oder Hamid das vom Abendessen übrig gebliebene gewürzte Rindfleisch, statt es in den Abfall zu werfen.

Giemma und Hamid redeten mich nicht immer mit meinem neuen Namen an. Meist nannten sie mich *»jedut«. Dut* ist ein gebräuchlicher Name bei den Dinka, und ich dachte, dass sie mich deshalb so nannten, als eine Art besonderer Spitzname für ihren Dinka-Jungen. Ich fand aber heraus, dass *jedut* das arabische Wort für diese wurmförmigen, beinlosen Insektenlarven war, die ich auf einer toten Kuh gesehen hatte. »Made« war ihr Name für mich.

KAPITEL 6

SEI VORSICHTIG

Ich zählte jeden Tag, jeden Monat und vor allem die Jahreszeiten. Im Sudan gibt es zwei Jahreszeiten, die Regenzeit und die Trockenzeit. Zu Giemma kam ich gegen Ende der Trockenzeit, im April oder Mai, in dieser Jahreszeit konnten die *murahaliin* mühelos in den Süden reiten und die Dörfer der Dinka überfallen. Der Hochsommer im Sudan, der Monat Juli, ist viel zu heiß, als dass man sich mittags in der Sonne aufhalten könnte. Die Sonne scheint so unerbittlich, dass Tiere durch die Hitze sterben – und auch die Menschen sind gefährdet, wenn sie zum Beispiel zu lange in der Sonne arbeiten.

Meine Familie im Südsudan stand während der heißesten Zeit des Jahres sehr früh auf, mehrere Stunden bevor die Sonne aufging. Dann erledigten sie die Arbeit auf den Feldern und versorgten die Tiere. Sobald die Sonne hoch am Himmel war, am späten Vormittag etwa, kam meine Mutter zum Hof zurück, um mit den Vorbereitungen für das große Mittagessen zu beginnen. Wenig später suchten auch die Männer auf der Flucht vor der Sonne Schutz im Haus.

Vor Oktober beziehungsweise November kühlt es im Sudan meist nicht ab. Der Dezember und der Januar haben die niedrigsten Temperaturen, dann sind es nachts etwa zehn Grad Celsius, manchmal auch nur knapp fünf.

Mit Beginn der Regenzeit hatte es immer mal wieder durch das Dach meines Unterstandes getropft. Deshalb war ich froh, als die Trockenzeit einsetzte. Ich hatte keine spezielle Kleidung für die beiden Jahreszeiten. Deshalb zog ich, wenn es kühler war, mehrere Kleidungsstücke übereinander, zwei oder drei alte Hemden, die Giemma mir gegeben hatte und meine *arraga*.

Im Februar war das Land im Norden des Sudan so trocken, dass das Gras rar wurde.

Ich war überrascht und verwirrt, als Giemma mir das erste Mal ankündigte: »Wir ziehen weg.« Er erklärte, dass die Tiere ihr Fressen brauchten und dass das Grasland unserer Gegend kahl gefressen sei.

Ich fragte mich, wieso Leute, die so wohlhabend waren und so viel Vieh besaßen wie Giemma, von ihrem Hof wegziehen mussten? Ich begriff erst später, dass gerade der Wohlstand es war, der sie zum Umziehen zwang. Die Tiere, die Kamele, die Pferde, die Schafe und die Ziegen, benötigten jeden Tag ihr Gras, und in der Trockenzeit herrschte in dieser Region des Sudan oftmals Dürre. Giemma lebte nördlich des Bahr-el-Arab-Flusses im Süden von Kordofan.

Mehrmals im Jahr half ich Giemmas Familie dabei, all ihren Besitz zusammenzupacken und den Hof nahe dem Dorf Kerio zu verlassen. Wir verluden alles auf Karren und auf Kamele, von der Kleidung über die Küchenutensilien bis hin zu den transportablen Häusern. Dann zogen wir mit den Tieren in eine Gegend, in der das Gras noch üppiger wuchs. Mehrere Tage dauerte es, bis wir das nächstgelegene Grasland erreichten, das den Tieren eine Zeit lang ausreichend Nahrung bot. Dort trafen immer hunderte von Familien zusammen. Auch deren Kamele und Karren waren voll bepackt, und sie führten ebenfalls ihre sämtlichen Herden mit. Die Sklaven, schwarze Jungen wie ich und Dinka-Mädchen, liefen zu Fuß neben den Karren und den Tieren.

Sobald wir unser Lager aufgeschlagen hatten, ging das Leben weiter wie vorher: Ich brachte die Ziegen hinaus auf die Weide, trieb sie zu einer nahe gelegenen Wasserstelle, und wenn die Sonne unterging, kehrte ich zu den Tierpferchen zurück, die nicht anders aussahen als die in Kerio.

Als wir einmal an der Wasserstelle nahe einem Lager warteten, bis wir an der Reihe waren, wurde Hamid von einem arabischen Jungen begrüßt. Neben Hamids Freund stand ein Dinka-Junge, der etwa dreizehn oder vierzehn Jahre alt war. Er lächelte mir zu und sagte: *»Salam Alikum.«*

Ich stutzte. Ich erwartete anscheinend immer noch, von einem Dinka-Jungen auch in der Sprache der Dinka angeredet zu werden, aber dieser Junge begrüßte mich mit den üblichen arabischen Worten für »Friede sei mit dir«. Ich nickte bloß. Hamids Freund ging weg, und der Dinka-Junge folgte ihm.

Ein paar Tage später näherte er sich mir wieder. Diesmal waren wir beide allein. Hamid war wahrscheinlich mit einem seiner Freunde zusammen. Der Dinka-Junge sah mich nachdenklich und forschend an, so als wolle er versuchen, meine Gedanken zu lesen. Dann begrüßte er mich wieder auf Arabisch.

Diesmal erwiderte ich seinen Gruß mit der im Arabischen üblichen Antwort: *»Alikum el Salam«*, was bedeutete »Und mit dir sei ebenfalls Friede«. Der Junge fragte mich, ob ich für die *Rizeigat* oder die *Walletgei* arbeitete, das waren zwei unterschiedliche Gruppierungen innerhalb der Miliz. Giemma gehörte zu den *Walletgei*, was ich dem Jungen sagte. Sein Herr gehörte den *Rizeigat* an, einer besonders mächtigen Gruppierung. Später sollte ich erfahren, dass viele Überfälle auf die Dörfer der Dinka jenseits der Grenze von Männern der *Rizeigat*-Gruppierung verübt worden waren.

»Ist alles in Ordnung mit dir?«, fragte der Junge. Für eine wahrheitsgemäße Antwort hätte ich einen ganzen Tag gebraucht, aber ich verstand die arabische Sprache besser, als ich sie sprechen konnte. Außerdem war mir klar, dass wir nicht viel Zeit zum Reden haben würden.

»Es ist alles in Ordnung«, sagte ich in der Dinka-Sprache.

Er schien ängstlich zu sein, denn er sah sich ständig um und vergewisserte sich, dass uns niemand belauschte. Und dann fragte er mich in der Dinka-Sprache, woher ich komme. Sein Dialekt unterschied sich ein wenig von unserem, aber trotzdem war ich froh und glücklich, meine eigene Sprache zu hören und sie sprechen zu dürfen.

»Aus Aweil«, antwortete ich. Das war nicht nur der Name der größten Stadt in der Gegend des Sudan, aus der ich stammte. Aweil nannten wir auch die Provinz im Umkreis der Stadt Aweil.

Der Junge lächelte. Auch er stammte aus der Provinz Aweil, aus einem Dorf mit Namen Muchara Dut, was nicht allzu weit entfernt von meinem Dorf war. Sein Name, so sagte er, sei Bejuk.

»Gibt es da, wo du wohnst, noch andere Dinka-Jungen?«, fragte Bejuk.

Ich sagte ihm, dass ich allein sei.

»Sei vorsichtig«, warnte er mich.

Ich sagte, wie sehr ich es verabscheute, für diese Leute zu arbeiten.

»Beklag dich nicht«, riet mir Bejuk. »Du bist zu jung. Aber du solltest wissen, dass dies ein sehr gefährlicher Ort ist. Tu einfach deine Arbeit.«

Er erzählte mir, dass man Kindern, die sich beklagten oder die die Arbeit verweigerten, wehtat.

Daraufhin erwähnte ich, dass mein Herr und seine Kinder mich bereits geschlagen hatten. Er schüttelte den Kopf, so als wäre es das Wenigste, was einem passieren konnte.

»Sie tun dir richtig weh!«, sagte er mit Nachdruck und hielt inne. Es schien ihm schwer zu fallen, das auszusprechen, was er mir kurz darauf zuflüsterte: »Sie hacken den Kindern, die versuchen zu fliehen, ein Bein ab.«

Der Junge erzählte mir, dass man viele Kinder dafür, dass sie weglaufen wollten, so bestraft habe, manche würden auch erschossen. Er blickte sich erneut um, dann sprach er auf Arabisch weiter.

»Sprich nie mit mir in der Dinka-Sprache«, warnte er mich. »Nicht einmal, wenn du nur ›hallo‹ sagen willst. Das bringt mich nur in Schwierigkeiten. Und dich auch. Sie schlagen uns, wenn wir in der Dinka-Sprache reden. Denn sie denken, wir schmieden Pläne und wollen irgendetwas Verbotenes tun, womöglich fliehen.«

Ich versicherte Bejuk, dass ich ihn nur in arabischer Sprache ansprechen würde.

»Jetzt muss ich los und meine Arbeit machen«, sagte Bejuk. »Und du lauf und mach deine Arbeit.«

Ich nickte.

»Sei vorsichtig«, sagte er noch einmal.

Dann ließ er mich mit meinen Gedanken allein. Ich sah noch einmal den einbeinigen Jungen vor mir. Bejuks Worte hallten noch immer in meinem Kopf: Sie hacken den Kindern, die versuchen zu fliehen, ein Bein ab.

Ein paar Wochen später, im Februar, wurde ich acht Jahre alt.

Die Tage, die Monate, die Regenzeiten und die Trockenzeiten vergingen, und ich begann, die Jahre zu zählen. Schon als kleiner Junge zu Hause bei meiner Familie war mir die Vorstellung eines Jahres und dessen Vorübergehen an Hand der Geburtstagsfeiern in der Familie klar geworden. Bauernjungen wie ich erlebten früh den Rhythmus der wechselnden Jahreszeiten. Ich wusste, dass Bohnen in einer bestimmten Jahreszeit gepflanzt wurden, dass danach der Regen kam, dass die Felder allmählich grün wurden und erst die reifen Bohnen gepflückt wurden. Ich wusste auch, dass nach den kälteren Monaten Januar und Februar die wärmende Sonne meinen bevorstehenden Geburtstag ankündigte, den 29. Februar. Auch ohne Armbanduhr oder Wanduhr musste ich nicht erst zur Schule gehen, um zu lernen, dass die Natur ihren eigenen Zeitplan hatte, nach dem die Kühe und Ziegen ihre Jungen bekamen. Als Bauer und Viehhirt lebte auch Giemma entsprechend den Erfordernissen seines Landes und seiner Tiere. Als Moslems fasteten Giemma und seine Familie – einschließlich ihres Sklaven – im heiligen Monat Ramadan von Sonnenaufgang bis Sonnenuntergang. Nachdem ich noch besser Arabisch gelernt hatte, hörte ich Giemma mit seinen Söhnen und seinen Freunden darüber reden, wie das vergangene Jahr verlaufen war und welche Segnungen Allah im neuen Jahr bringen würde. Ich tat meine Arbeit, gab mir Mühe, mich nicht zu beklagen, und zwischen mir und Giemmas Familie entstanden nur wenig Konflikte. Je älter ich wurde, desto seltener erhielt ich Schläge, obwohl Giemma seine Peitsche immer in Reichweite bereithielt. Fünf Jahre vergingen, in denen ich mich als Hirte der Ziegen und Schafe in den Tagesablauf der Familie eingefügt hatte. Wenn es an der Zeit war weiterzuziehen, half ich packen und tat meine Arbeit, gleichgültig an welchen Ort wir zogen. Waren die Tiere gut genährt und die Dürrezeit endete, belud ich die Karren, Esel und Kamele für die Rückkehr nach Kerio.

Es kam auch öfter vor, dass Giemma, Hamid und ich mit den Tieren auf der Suche nach besserem Gras für kürzere Zeit wegzogen – ein paar Wochen, einen Monat etwa. Manchmal zogen wir in langen Dürreperioden weit in den Süden, fast bis an den Bahr-el-Arab-Fluss. Dort gesellten wir uns zu großen Gruppen arabischer Viehhirten, die ebenfalls auf der Suche nach Wasser waren. Meine Aufgabe bestand nach wie vor darin, an den überlaufenen Wasserstellen keine Tiere zu verlieren.

Während all dieser Jahre verringerte sich meine Furcht vor den Gefahren des Buschlandes nicht, obwohl ich bis dahin nicht einem Löwen oder Leoparden gegenübergestanden hatte. Großen Schlangen hingegen mussten wir häufiger aus dem Weg gehen. Und einmal fanden wir die Überreste dreier Ziegen, die so aussahen, als ob sie kurz zuvor einem Löwen als schmackhafte Mahlzeit gedient hätten.

Inzwischen war ich dreizehn Jahre alt. An das letzte Mal, als ich geschlagen worden war, konnte ich mich nicht mehr erinnern.

»Du kümmerst dich gut um meine Tiere«, sagte Giemma eines Tages.

Diese Worte ließen mich den ganzen Tag lang glücklich sein. Doch an den anderen Tagen war ich wie immer traurig. Ich verabscheute meine Arbeit und diese Familie, die mich von sich und den anderen Dinka fern hielt. Noch immer dachte ich oft an meine Eltern.

Ich tröstete mich mit dem Gedanken, wie viel schlimmer es für mich hätte kommen können, und ich glaubte daran, dass Gott sich um mich kümmerte, genau wie meine Eltern es versprochen hatten.

Wahrscheinlich hätten sie mich gar nicht mehr erkannt. Als ich nämlich mein Spiegelbild im Wasser eines Flusses, zu dem ich meine Ziegen geführt hatte, erblickte, sah mich nicht mehr der kleine Junge von damals an. Ich war inzwischen beinahe so groß wie Giemma und schon größer als Hamid. Ich sagte mir, dass meine Eltern stolz auf mich wären. Ich war ein guter Arbeiter; und was noch wichtiger war, ich war schlau genug, um Schwierigkeiten aus dem Weg zu gehen und das Vertrauen meines Herrn zu gewinnen. So sehr ich meine Arbeit auch verabscheute, fiel es mir nach all den Jahren nicht mehr so schwer, mich gut um die Ziegen und die Schafe zu kümmern. Außerdem arbeitete ich ohne Hamid, der jedoch immer mal wieder auf seinem Pferd angeritten kam, um meine Arbeit zu kontrollieren. Es waren viele Reiter unterwegs, die sich überzeugen wollten, dass ihr Vieh von ihren Dinka-Jungen gut versorgt wurde.

Unerwartet machte mir Giemma das Leben erneut schwer.

»Ab morgen arbeitest du mit den Kühen«, kündigte er mir an.

Mir drehte sich bei diesen Worten der Magen um. Ich erhob den Einwand, dass die Rinder für mich zu groß, zu gefährlich wären. Aber Giemma war anderer Meinung. Ich sei jetzt alt genug, um vom Ziegenhirten zum Rinderhirten aufzusteigen. Giemma begriff nicht, dass es nicht nur die Größe der Kühe und ihre spitzen Hörner waren, die mir Angst machten. Im Sudan bemisst sich der Wohlstand eines Mannes am Vieh, und eine Kuh war so viel wert wie zwei Ziegen – und weit mehr als irgendein *abeed.*

Es war, als wolle Giemma mir ein Kästchen voller Juwelen zur Aufbewahrung anvertrauen. Diese Verantwortung wollte ich keinesfalls übernehmen. Mich um Giemmas Rinder zu kümmern erhöhte meiner Meinung nach nur die Wahrscheinlichkeit, in Schwierigkeiten zu geraten.

Aber Giemma hatte seine Entscheidung längst gefällt. Am nächsten Morgen ging ich mit ihm hinaus und trieb sechshundert Rinder auf die Weide. Die Arbeit war nicht viel anders als das Versorgen der Ziegen und Schafe: Die Rinder brauchten viel gutes Gras, wurden an der Wasserstelle getränkt, grasten weiter, ruhten sich aus und mussten schließlich zurück zu den Pferchen getrieben werden.

Den Unterschied machte die Größe dieser Tiere gegenüber dem kleineren Vieh aus. Wenn eine Ziege sich von der Herde entfernte, brauchte man ihr nur einen Klaps mit der Peitsche zu geben. Wenn zwei Ziegen aufeinander losgingen, konnte man sie auseinander reißen. Aber wenn zwei Stiere sich in einen Kampf stürzten, konnte man ihnen nur noch aus dem Weg gehen. Die Stiere kämpften oft, rammten einander, versuchten, den anderen mit den spitzen Hörnern aufzuspießen. Ich hatte gesehen, wie eine Kuh eine andere töten wollte, und um nichts in der Welt hätte ich ihr vor die Hörner geraten wollen, die einen Erwachsenen auseinander reißen können, von einem Dreizehnjährigen ganz zu schweigen.

Aus Giemmas Sicht war es meine Aufgabe, mich um seine Tiere zu kümmern – die ersten Jahre um die Ziegen und Schafe, von nun an um die Rinder. Aus meiner Sicht war es meine Aufgabe, zu tun, was Giemma verlangte, um so zu vermeiden, dass mir etwas Schlimmeres zustieß. Im Umgang mit den Kühen nahm die Wahrscheinlichkeit, verletzt zu werden, nur noch zu. Giemma gab mir eine Peitsche, um die Rinder anzutreiben; aber trotzdem war mir klar, dass ein magerer Dreizehnjähriger einem Tausend-Pfund-Klotz Rindfleisch nichts entgegenzusetzen hatte.

Wie würde es mit mir weitergehen, wenn ich mir einen Arm oder ein Bein brach? Den Kühen war meine Sicherheit gleichgültig, und ich hatte wenig Grund zu der Annahme, dass Giemma sich um mich kümmern würde, wenn ich eine Verletzung davontrug. Ich musste gesund und unversehrt bleiben. Meine Träume, diese Familie eines Tages zu verlassen und mein eigenes Volk zu finden, hingen davon ab.

Kaum war es mir gelungen, mit Giemmas beachtlicher Rinderherde zurechtzukommen, da kündigte er an, dass er zusätzlich gut einhundert Kamele unter meine Aufsicht stellen wollte. Darüber war ich so wütend, dass ich mit etwas herausplatzte, was ich nie hätte sagen dürfen.

»Ich will die Kühe und die Kamele zusammen nicht nehmen!«

Ich erhob Einwände, erklärte, dass die Kamele für mich nicht nur zu groß, sondern dass sie auch zu langsam und zu träge seien. Mitten auf dem Weg zu einer Weide würde ein Kamel womöglich beschließen, sich hinzulegen und zu schlafen. In der Zwischenzeit trotteten die Rinder weiter, während ich gezwungen war, zurückzulaufen und das Kamel zum Aufstehen zu bewegen, und dann müsste ich den Rindern hinterherlaufen und danach sehen, ob mit ihnen alles in Ordnung sei.

»Ich nehme nur die Kühe«, sagte ich zu Giemma. »Das ist meine Aufgabe, das Hüten der Kühe.«

»Halt den Mund!«, brüllte Giemma. Er war wütend. Meine Aufgabe war es, zu tun, was er verlangte.

»Ich will dir mal einen Rat geben, *dut*. Wenn du nicht arbeiten willst, kann ich dich auch erschießen. Oder vielleicht hacke ich dir auch einfach nur die Beine ab, dann kannst du zu Hause bleiben.«

Ich nahm die Kamele zusammen mit den Kühen, und ich beklagte mich nie wieder – sogar nicht, als ich eines Tages die Ziegen und Schafe noch zu meiner Herde dazunehmen musste, weil Hamid sich nicht um sie kümmern konnte.

Es mag vielleicht gar nicht nach einem allzu harten Leben aussehen, wenn ein Dinka-Junge die Viehherden einer arabischen Familie hütet, denn im Alter von etwa elf Jahren hätte ich unter anderen Umständen die Tiere meines eigenen Vaters gehütet – doch da lag der entscheidende Unterschied: Wenn ich bei der Arbeit für Giemma einen großen Fehler machte, dann wusste ich, dass mir etwas Schreckliches passieren konnte. Immer wenn ich vergaß, wie schlimm es für mich ausgehen konnte, sah ich einen anderen Dinka-Jungen etwa in meinem Alter, dem ein Bein oder ein Arm fehlte.

Deshalb bestand mein Plan darin, meine Arbeit möglichst gut zu machen und so anstellig und hilfsbereit zu sein wie nur möglich. Deshalb mochte mich Giemma, und oft sagte er zu mir: »Du kümmerst dich wirklich gut um meine Tiere.«

Aber was in meinem Herzen vorging, das wusste er nicht. Denn ich hegte insgeheim die Hoffnung, dass ich eines Tages fort von Giemma käme. Ich baute auf Giemmas Vertrauen zu mir; dieses Vertrauen sollte mir so viel Unabhängigkeit wie nur möglich verschaffen, und dann, eines Tages, wenn ich mit den Rindern weit weg von der Familie war, wollte ich fortlaufen.

Die ganze Zeit war ich mir sicher, dass ich irgendwann fliehen würde. Dieser Traum war das Einzige, was Freude in mein Herz brachte. An manchen Tagen tröstete ich mich über meine Einsamkeit hinweg, indem ich an eine Wiedervereinigung mit meiner Familie dachte. Bei dem Gedanken allein lachte ich manchmal laut auf, und mein Tag war heiterer geworden. In Augenblicken, in denen ich zweifelte, meine Familie jemals wiederzusehen, war ich dennoch voller Zuversicht, dass ich von Giemma und seiner Familie wegkommen würde. Auch diese Hoffnung ließ mich lächeln.

Giemma hielt mich für einen braven kleinen *dut*, einen dummen kleinen Wurm, der sich nie beklagte. Er hatte keine Ahnung, dass ich jede Minute, in der ich für ihn arbeitete, an den Tag dachte, an dem er morgens nach mir sehen käme und ich verschwunden wäre.

Ich hatte beschlossen, dass meine Flucht bald stattfinden sollte. Vielleicht in einigen Monaten, in der Trockenzeit, wenn ich wieder ein Jahr älter sein würde – mit vierzehn.

KAPITEL 7

DIE LETZTE NACHT DEINES LEBENS

Der Tagesablauf eines Rinderhirten verlief kaum anders als der eines Ziegenhirten. Wenn sich der Tag seinem Ende näherte, rief ich den Kühen laut zu: *»Yalla ala el-bet!«* – Es ist an der Zeit, nach Hause zu gehen.

Aber mein richtiges Zuhause lag viele Stunden von hier im Süden des Landes, bei meinen Eltern und dem Volk der Dinka. Eines Tages in der Trockenzeit, als ich die Rinder zum Grasland trieb, beschloss ich, es sei nun an der Zeit, den lang ersehnten Schritt zu wagen. Ich war jetzt so groß wie Giemma; in den Busch zu gehen ängstigte mich bei weitem nicht mehr so sehr wie damals, als ich noch ein kleiner Junge war. In den letzten Jahren hatte ich die Gegend um Kerio herum Stück für Stück erkundet. Ich wusste, es gab Straßen nicht weit von den Weiden, auf die ich seit Jahren ging.

Es war mein siebter Sommer bei dieser Familie, und ich hatte viel gelernt. Giemmas Frau hasste mich nach wie vor. Ich bekam immer noch verdorbenes Fleisch oder die Kochabfälle der Mahlzeiten. Giemma und seine Kinder sprachen kaum ein Wort mit mir, und ich wurde von den einzigen anderen Menschen in der Gegend, die mit mir geredet hätten, den übrigen Dinka-Jungen, fern gehalten.

Wenn ich versuchte, mit Giemma zu sprechen, winkte er ab und rief bloß: »Halt den Mund!«

Meine sozialen Kontakte beschränkten sich darauf, dass ich an der Wasserstelle schnell einige Sätze mit einem anderen Sklaven wechselte. Auf Arabisch. Die Sprache meines Herrn beherrschte ich inzwischen fließend. Ich kannte sogar Gebete aus dem Koran, die ich mit der Familie sprechen musste.

Ich verstand so viel. Vor allem verstand ich, dass mein Leben, sogar wenn ich weitere sechs Jahre in Kerio blieb, nicht besser würde. Giemma würde niemals sagen: »Ich werde dich gehen lassen, du bist nun frei und kannst tun und lassen, was du willst.« Er sagte nicht einmal: »Wenn du heute zu müde bist, brauchst du nicht mit den Rindern rauszugehen. Ruh dich heute mal aus.«

Mir war klar, dass ich von den Arabern des Landes nie auch nur ein freundliches Wort zu hören bekäme. Dass sie mich zwangen, ihre Arbeit zu tun, war zu ihrem Vorteil. Die Annehmlichkeiten und die Interessen eines Dinka-Jungen waren ihnen völlig gleichgültig. Obwohl mir der Begriff der Sklaverei nicht viel sagte, war mir doch klar, dass man mich gegen meinen Willen meiner Familie entrissen hatte, dass ich gegen meinen Willen gezwungen war, für Giemma zu arbeiten, dass ich gegen meinen Willen davon abgehalten wurde, die anderen Dinka-Kinder zu besuchen, und dass Giemma und seine Familie mich gegen meinen Willen schlugen. Und wenn ich sah, dass die anderen Dinka-Jungen genauso hart arbeiteten wie ich, dass sie aus lauter Angst, man würde ihnen einen Arm oder ein Bein abhacken, die Dinka-Sprache nicht sprachen, wusste ich, dass Giemma und seine Nachbarn uns missbrauchten. Sie überfielen mein Volk, töteten unsere Männer, raubten die Frauen und Kinder. Ich hatte es gesehen. Ich hatte gesehen, wie Männer auf dem Marktplatz erschossen wurden. Ich hatte gesehen, wie ein kleines Mädchen durch Kopfschuss getötet worden war und man ihrer Schwester ein Bein abgehackt hatte. Hier war ich nun und lebte bei Leuten, die ich hasste und die mich ihrerseits hassten.

Etwas war verkehrt, das spürte ich. Wenn ich auch nicht

wusste, dass ich ein Sklave war, so war mir doch klar, dass ich nicht frei war. Mein Körper verabscheute die Arbeit und die Schläge; mein Verstand verabscheute die Isolation. Meine einzige Freude bestand darin, an die angenehmen Tage zurückzudenken, die ich mit meiner Familie verbracht hatte, und ich sehnte mich danach, diese Art Glück wiederzufinden. Die einzige Möglichkeit aber, mein Leben zum Besseren zu wenden, war die Flucht. Darüber hatte ich jahrelang nachgedacht, und nun war es an der Zeit zu handeln.

Morgen, so schwor ich mir. Morgen werde ich es wagen.

In der Nacht war ich so aufgeregt, dass ich kein Auge zutat. Ich konnte immer nur denken: Ich gehe weg von ihnen. Das wissen sie nicht. Morgen in aller Frühe gehe ich wie gewohnt mit den Kühen fort, aber ich werde nicht zurückkommen. Ich war aber auch nervös und ängstlich. Schließlich ahnte ich, was passieren würde, wenn sie mich wieder einfingen. Dann konnte das Schlimmste passieren.

Noch vor Sonnenaufgang führte ich die Kühe tief in den Busch hinein. Um diese frühe Morgenstunde waren nur andere Sklaven unterwegs. Um diese Zeit, so schätzte ich, war es weniger wahrscheinlich, dass ich einem von Giemmas Freunden oder einem Nachbarn begegnete. Was würde wohl als Nächstes passieren? Die Rinder hatten begonnen zu grasen.

Auf einmal rannte ich, so schnell ich konnte, zu einer nahe gelegenen Straße, einer großen Straße, von der ich wusste, dass sie in verschiedene Städte und Dörfer führte. Als ich die Straße erreichte, lief ich sie immer weiter. Doch plötzlich gabelte sie sich. Welche Abzweigung sollte ich nehmen? Im Grunde war es egal. Alle Straßen führten irgendwohin, und dieses Irgendwo war ganz sicher besser als das Leben bei Giemmas Familie. Ich entschied mich für die linke Abzweigung, den Weg, der näher bei den Bäumen lag, sodass ich mich gegebenenfalls verstecken konnte.

Ich lief etwa zwanzig Minuten. Immer noch hatte ist Angst, war aber zugleich erfüllt von dem Bewusstsein, eine Mission zu haben. Nach sieben Jahren hatte ich endlich getan, wovon ich so lange geträumt hatte. Ich hatte eine Entscheidung getroffen, meine eigene Entscheidung. So beängstigend es auch sein mochte, das Hochgefühl meiner Freiheit verlieh mir Energie und ließ mich die Straße fort von Giemma nur so dahinschießen.

Plötzlich sah ich einige Kühe vor mir – und dann einen Mann auf einem Pferd. Mir wurde übel. Wenn er mich sah, war alles aus. Rasch drehte ich mich um und rannte in die entgegengesetzte Richtung, in der Hoffnung, es bis zu den Bäumen zu schaffen. Doch nach wenigen Sekunden hörte ich ein Pferd hinter mir, und dann stellte sich der Reiter mir in den Weg. Meine Flucht war fehlgeschlagen.

Was würde jetzt passieren?

»Wohin willst du?«, fragte der Mann.

Meine Gedanken überschlugen sich. Ich deutete auf den Wald und erzählte ihm, dass eine Kuh weggelaufen sei und ich nach ihr suche. Er schaute sich um, und ich ahnte, was er fragen würde:

»Wo hast du den Rest der Herde gelassen?«

»Ganz in der Nähe«, antwortete ich und fügte der ersten Lüge eine weitere hinzu. Dann fragte er mich, für welche Gruppierung ich arbeitete, und ich sagte ihm die Wahrheit: für die *Walletgei*. Der Mann auf dem Pferd sagte, er gehöre den *Rizeigat* an.

»Für wen arbeitest du?«

»Giemma Abdullah«, erwiderte ich.

Er nickte. Giemmas Familie war in der Gegend bekannt. Sein älterer Bruder, Moussa, hatte eine hohe Position in der *Walletgei*-Miliz, und dieser Mann, von dem ich später erfuhr, dass er seinen Hof ganz in der Nähe von Giemma hatte, kannte Giemmas Familie.

»Lass uns zurückgehen«, meinte er.

Darauf erwiderte ich nichts. Er ritt neben mir.

»Du jagst gar keiner Kuh hinterher; du versuchst zu fliehen«, sagte er auf einmal.

Darauf sagte ich wieder nichts.

»Versuch ja nicht zu fliehen«, riet er mir. »Giemma wird dich bestrafen.«

Ob er noch mehr mit mir geredet hat, weiß ich nicht mehr. Ich war mit meinen Gedanken woanders. Ich hatte große Angst davor, wie Giemma reagieren würde, wenn er von meinem Fluchtversuch erfuhr. Aber wenn ich an jenen Moment zurückdenke, weiß ich, dass ich vor allem an eines dachte: Diesmal habe ich es nicht geschafft. Aber ich werde es ein anderes Mal schaffen.

Als wir zu Giemma kamen, zog er sich gerade zum Ausgehen an. Er sah mich überrascht an.

»Weshalb bist du so früh zurück?«, fragte er mich. Dann sah er den Reiter. Sie unterhielten sich, und der Mann erklärte, dass er mich die Straße hatte entlanglaufen sehen, dass ich eine Kehrtwendung gemacht hätte, als ich ihn sah, und dass ich ihm eine Geschichte von der Jagd nach einer ausgerissenen Kuh erzählt hätte.

Giemma sah mich an. »Hast du das gemacht?«

»Nein«, antwortete ich.

Er sah den Mann an, der seine Worte noch einmal bestätigte.

Giemma fragte mich, wie weit von der Stelle, an der der Mann mich aufgelesen hatte, die Kühe waren, und ich erzählte ihm, dass sie ganz in der Nähe ständen. Der Mann erzählte Giemma, dass die einzigen Kühe in der Nähe seine eigenen seien und dass er deshalb gewusst habe, dass ich versucht hätte, zu fliehen.

Giemma griff sich einen Stock und begann, auf mich einzuschlagen. Ich protestierte nicht. Tatsächlich war ich erleichtert, dass er mir zur Strafe für meinen Fluchtversuch nicht den Arm abhacken oder mich töten wollte. Als er mit den Schlägen aufhörte, warnte er mich: »Wenn du das noch einmal versuchst, wirst du enden wie diese Kinder, die wir gesehen haben. Ich werde dir wehtun.«

Ich schwieg. Diesem Mann, der mich mit einem Stock schlug, hatte ich nichts zu sagen. Ich hatte immer noch meinen Traum. Ich wusste, was ich wollte. Jetzt hatte Giemma noch Macht über mich, aber meine Gedanken waren frei. Um das zu beweisen, beschloss ich, nichts zu sagen.

Giemma und der *Rizeigat* machten sich auf die Suche nach den Kühen.

Am nächsten Morgen brachte Giemma die Herde selbst aufs Grasland. Am Morgen darauf sagte ich zu Giemma, dass ich die Tiere übernehmen würde. Er starrte mich an.

»Versuch ja nicht zu fliehen«, warnte er mich.

Ich versicherte ihm, dass ich es nicht wieder tun werde.

»Lass die Kühe nicht wieder allein«, sagte er. »Und versuch erst gar nicht, sie immer wieder zum selben Grasland zu bringen. Wechsle die Weiden. Sie sollen nur das beste Gras bekommen.«

»Ja, Herr.«

Ich machte mich mit den Kühen auf zum Grasland – und plante einen erneuten Fluchtversuch. Heute würde ich den Tag auf die übliche Weise verbringen, nur für den Fall, dass Giemma jemanden schicken würde, um mich zu überwachen. Aber als die Sonne schon langsam unterging, lief ich, statt die Kühe zu Giemma zurückzubringen, wieder zu der Straße. Diesmal rannte ich in die andere Richtung.

Ich blieb im Schutz der Bäume und folgte der Straße, die ich zwischen den Bäumen sehen konnte, obwohl ich so schnell rannte, wie ich nur konnte. Ungefähr eine Stunde später erreichte ich eine Wegbiegung, und von da sah ich einen kleinen Fluss ganz in der Nähe, an dessen Ufer einige Leute die rituelle Waschung für die abendlichen Gebete vornahmen. Auch einige Sklaven waren dort. Ich war müde und durstig und beschloss, dass ich das Risiko eingehen und kurz ausruhen konnte, bevor ich weiterlief. Sicher würde man annehmen, ich sei bei der Arbeit. Ich ging also zum Flussufer, kniete mich hin und sah mich noch einmal um, dann schöpfte ich mit der Hand Wasser und erfrischte mein Gesicht. Das Wasser fühlte sich kühl an. »Ich habe es gewagt«, sagte eine innere Stimme in mir.

Ich schöpfte eine weitere Hand voll Wasser und wusch mir den Staub und den Schweiß vom Arm. Aber es fühlte sich nicht mehr gut an. Ein anderes Gefühl war an die Stelle der Erleichterung getreten, ein Gefühl drohender Gefahr. Es kam mir so vor, als ob die Probleme hinter mir ständen und mir über die Schulter schauten. Etwas stimmte nicht. Nervös drehte mich um. Das Problem war nur ein paar Meter von mir entfernt: Giemma! Er band sein Pferd an den Wagen. Täuschte ich mich? Mein Herr war aus dem Nichts aufgetaucht, wie in einem Albtraum, um mich auf frischer Tat beim Fluchtversuch zu ergreifen.

Aber es war kein Traum. Es war wirklich Giemma, der wahrscheinlich einfach nur sein Pferd an demselben Wasserloch tränken wollte, an dem ich mich gerade wusch, und ihn hier zu erblicken, war wie ein Schlag in die Magengrube.

Er hatte mich ebenfalls gesehen und kam auf mich zu.

»Was machst du hier?«

»Ich wollte nur einen Schluck Wasser trinken. Die Kühe sind auch hier.«

»Wo?« Giemma blickte sich um, konnte sein Vieh jedoch nirgends entdecken.

»Ganz in der Nähe«, log ich wieder, doch ich wusste, dass ich das Unvermeidliche nur aufschob. Die Kühe waren kilometerweit entfernt und sich selbst überlassen.

»Lass uns die Kühe holen«, sagte Giemma und ging zurück zu Pferd und Wagen. Und während Giemma sein Pferd am Zügel führte, gingen wir den kleinen Wasserlauf ab. Zuerst dachte ich, dass Giemma mir tatsächlich geglaubt hatte. Er würde doch nicht annehmen, ich sei verrückt genug, nur zwei Tage, nachdem ich erwischt und verprügelt worden war, einen zweiten Fluchtversuch zu unternehmen.

Wir setzten unseren Weg fort, aber die Kühe waren weit und breit nicht zu sehen.

»Vielleicht sind sie weitergezogen«, sagte ich.

»Aber du hast doch gesagt, du wolltest nur kurz einen Schluck Wasser trinken«, meinte er. »Wie können sie dann so weit gelaufen sein, dass wir sie nicht mehr finden?«

Mir waren die Lügen ausgegangen. Und Kühe, die nicht da waren, konnte ich nicht plötzlich herzaubern. Giemma war wütend.

»Du hast wieder versucht zu fliehen.«

Ich schwieg.

»Ich weiß es«, sagte er. Ich rechnete damit, dass er mit der Hand ausholen und mich schlagen würde, aber er meinte nur: »Lass uns nach Hause fahren.« Mit Zeichen gab er mir zu verstehen, dass ich auf den Wagen klettern sollte, was ich auch tat. Wir fuhren zu seinem Haus zurück, ohne ein weiteres Wort zu wechseln. Ich hatte Angst vor dem, was mich am Ende dieser Fahrt erwartete.

Der Wagen rumpelte die staubige Straße lang, und ich hoffte, dass Giemma mich töten würde statt mir ein Bein abzuhacken.

Als wir den Hof erreicht hatten, brachte Giemma das Pferd zum Stehen, packte mich bei der Hand und führte mich ins Haus. Seine Familie war da. Giemma erklärte, dass ich wieder versucht hätte zu fliehen. Er habe an einer Wasserstelle Halt gemacht und mich zufällig gesehen. Giemma beschimpfte mich und schlug mich mehrmals mit der Hand. Ich schwieg. Ich weiß nicht mehr, wie oft er mich schlug; ich empfand nichts außer Wut auf mich selbst, weil es mir nicht gelungen war zu fliehen.

»Töte ihn!«, schrie seine Frau. »Schlag ihn nicht, erschieß ihn doch einfach. Ich will ihn nicht. Ich will diesen *abeed* nicht hier haben!«

Giemma besorgte sich einen Lederriemen und führte mich in einen kleinen Nebenraum. Er stieß mich zu Boden und schlug mich mehrere Male.

»Das ist dein letzter Tag!«, rief er. »Du wolltest nicht gehorchen.« Während seine Frau und seine drei Kinder zusahen, band mir Giemma die Hände auf dem Rücken zusammen, und schließlich fesselte er mich noch an den Fußgelenken. Er verschnürte mich so fest, dass es wehtat. Dann befahl er Hamid, mitzukommen, um die Kühe zu holen.

Ich hockte gefesselt da und empfand nichts als Wut über meine eigene Dummheit. Die Hände und Füße begannen nach einer Weile arg zu schmerzen. Doch so sehr ich mich auch bemühte, das Leder zu lockern, es schien mich immer nur noch fester einzuschnüren.

Die Zeit verging langsam. Ich war geschwächt, und ich hatte Hunger und Durst. Durch den Kopf gingen mir allerlei Vorstellungen von dem, was Giemma mir antun würde, wenn er erst wieder zurück wäre.

Die Tür flog auf, als Giemma den Raum betrat. Seine Frau blieb hinter ihm in der offenen Tür stehen. Er hatte einen Stock und ein Gewehr, das er auf mich richtete.

Er sagte: »Das ist deine letzte Nacht. Morgen werde ich dich töten.« Im nächsten Moment ließ Giemma den Stock zu Boden krachen. Das Gewehr hielt er auf mich gerichtet.

»So erschieß ihn doch endlich!«, brüllte seine Frau.

Mein einziger Gedanke kreiste um die Frage, ob das

Sterben wehtun würde. Giemma zielte noch immer auf mich. Ich wartete auf den Schuss. Was immer jetzt geschieht, es geschieht, sagte ich mir. Ich blickte weder zu Giemma noch zu seinem Gewehr.

»Morgen werde ich dich töten«, wiederholte Giemma. Als er das Gewehr senkte, sah ich ihn an.

»Ich will ihn nicht hier haben!«, protestierte seine Frau. Beide verließen den Raum. Die Tür wurde verschlossen.

Ich weinte. Zunächst vor Erleichterung, dann weil dies die letzte Nacht meines Lebens sein sollte.

Kurze Zeit später kam Giemma noch einmal zurück.

»Ich hatte dir doch gesagt, wenn du wieder versuchst zu fliehen, töte ich dich. Ich tue es wirklich.«

Ich sah ihn nicht an.

Er ging.

Auf dem Boden zu hocken war sehr unbequem. Ich rutschte zur Wand hinüber, sodass ich mich anlehnen konnte. Dann versuchte ich, Hände und Füße frei zu bekommen. Aber je mehr ich an dem Leder zerrte, umso enger schienen die Fesseln zu werden und rieben sich in meine Haut. Meine Hand- und Fußgelenke begannen zu bluten. Tränen liefen mir das Gesicht hinunter, vor Schmerz, aber noch mehr vor Enttäuschung, dass meine Flucht gescheitert war.

Ein paar Stunden später brachte mir Giemma Wasser und etwas zu essen. Als er merkte, dass ich blutete, lockerte er die Lederriemen und ging. Wieder war ich allein mit meinen Gedanken. Hunger hatte ich nicht.

»Du hast mich angelogen!«, schimpfte er. »Du hast gesagt, dass du in der Nähe der Rinder geblieben bist.« Ich erwiderte nichts. Es war, als wollte er mir eine Erklärung dafür geben, dass er mir wehtat. Giemma schien sein Verhalten vor mir, seinem Sklaven, rechtfertigen zu wollen.

»Ich wusste, dass du gelogen hast, als du sagtest, du wolltest nur kurz einen Schluck Wasser trinken und die Kühe seien ganz in der Nähe«, sagte er. »Dasselbe hattest du neulich schon gesagt.«

Er starrte mich an, aber ich schwieg. Dann schüttelte er den Kopf. »Du hältst dich wohl für sehr schlau. Aber ich bin schlauer als du.«

Nach diesen Worten ließ er mich mit meinem schmerzenden Körper und meinem zermarterten Hirn wieder allein. Es war mitten in der Nacht, und ich war erschöpft. Mit Stockhieben hatte er mir das Hemd zerrissen. Meine Haut auf den Armen und dem Rücken war rot und geschwollen von den Schlägen, die Giemma mir verabreicht hatte. Meine Hand- und Fußgelenke schmerzten unter den Lederriemen.

Giemma wusste, dass ich mich elend fühlte, und vielleicht war sein sporadisches Auftauchen in jener Nacht Teil der Folter. Womöglich rechnete er damit, dass ich um Verzeihung bitten und um mein Leben betteln würde.

Doch ich schwieg. Allerdings zweifelte ich nicht daran, dass er mich am nächsten Morgen erschießen würde. Zweimal in zwei Tagen hatte ich versucht zu fliehen, und er hatte mir – und seiner Frau – geschworen, dass er mich töten würde. Ich entschied, dass es immer noch besser sei, erschossen zu werden, als ein Bein abgehackt zu bekommen. Dann wäre ich tot und wäre endlich diesem Ort und dieser Familie entkommen.

Mein Verstand zog den Tod vor. Aber ich verspürte dennoch auch den Wunsch zu leben. Mein Verstand sagte mir, dass der Tod besser sei als dieses Leben, aber ich – Francis Piol Bol Buk – wollte nicht sterben. Ich begann, Gott um Hilfe anzuflehen.

»Bitte, Gott. Lass nicht zu, dass er mich tötet«, flüsterte ich wiederholte Male.

Wie ich da so allein in diesem Raum hockte, mit gefesselten Händen und Füßen, den Kopf voller Gedanken an den Tod, betete ich zu dem Einzigen, der mir jetzt noch helfen könnte. Gott hatte mir schon vorher geholfen. Er war der Einzige, der jetzt noch auf meiner Seite stand; ich wollte nicht, dass Er mich jetzt auch noch im Stich ließ. Gott war meine einzige Hoffnung, das hier zu überleben.

»Bitte, Gott, hilf, dass mir etwas einfällt, sodass ich hier herauskomme. Ich will meine Eltern wiedersehen. Ich liebe sie, und für sie will ich leben.«

KAPITEL 8

DOPPELTES SPIEL

Ich kann mich nicht erinnern, dass ich in jener Nacht überhaupt geschlafen hätte. Ich erinnere mich nur noch, dass ich wütend auf mich war, weil meine Flucht gescheitert war, dass ich Angst davor hatte, erschossen zu werden, und ich erinnere mich an die Gebete, die mir die eine Nacht länger vorkommen ließen als die sieben Jahre, die ich bei Giemmas Familie verbracht hatte.

Als es noch immer dunkel draußen war, kam Giemma abermals zu mir. In mir verkrampfte sich alles. Kam er, um mich zu töten? Giemma starrte mich eine Weile lang an. Was für einen erbärmlichen Anblick muss ich geboten haben, verweint, mit getrocknetem Blut an Hand- und Fußgelenken. Erst jetzt nahm ich wahr, dass Giemma kein Gewehr bei sich trug. Nicht einmal seinen Stock hatte er dabei. Er kam zu mir herüber, bückte sich und löste die Fesseln. Dann sah er mir in die Augen und sagte unbewegt: »Wenn du das noch einmal tust, bringe ich dich um. Das schwöre ich dir.«

Die ganzen Gefühle der vergangenen Nacht stiegen in mir hoch – Wut, Schmerz, Angst –, doch zugleich war ich glücklich. Gott hatte meine Gebete erhört. Diesmal würde Giemma mich nicht töten.

Als Giemma mich schließlich losgebunden hatte, sagte ich: »Ich werde es nicht wieder tun.«

»Ich will dich nicht töten«, erwiderte Giemma da. »Du kümmerst dich gut um meine Kühe.«

Während der nächsten Tage saß ich auf meiner Decke in dem kleinen Unterstand und hoffte, dass Giemma seine Meinung nicht änderte. Ich hatte Angst, und ich bin sicher, dass Giemma meine Angst spürte. An Flucht dachte ich nicht mehr. Ich brauchte nur auf die Striemen an Hand- und Fußgelenken zu blicken, die immer noch geschwollen waren und vom Blut verkrustet. Sie erinnerten mich daran, wie nahe ich dem Tod gewesen war. So viel Angst hatte mich in jener Nacht erfüllt, dass ich sie noch lange Zeit in mir trug.

Immer wieder erschien Giemma, und mein Herz begann zu rasen.

»Wirst du es wieder versuchen?«

»Nein«, versprach ich.

Er ließ mich allein.

Als der nächste Tag anbrach, stand Giemma erneut vor mir. »Du denkst doch nicht wieder an Flucht? Du wirst jetzt wieder deine Arbeit machen.«

»Ja, Herr.«

»Ich will dich nicht töten.«

Ich schwieg.

»Wirst du dich gut um meine Kühe kümmern?«

»Das werde ich.«

»Kein Fluchtversuch mehr?«

»Nein, nie mehr.«

Giemma sah mich an. In meinen Augen spiegelte sich wahrscheinlich die Furcht wider, die ich empfand. Viele Male vorher hatte ich Giemma schon angelogen, nicht aber an diesem Tag. Ich hatte die Wahrheit zu ihm gesagt: An Flucht dachte ich in diesen Stunden nicht. Hätte ich das getan, wäre mir nur wieder in den Sinn gekommen, wie nahe ich dem Tod gewesen war.

Drei Tage nach meinem Fluchtversuch befahl mir Giemma, meine Arbeit wieder aufzunehmen. Ich gab ihm mein Wort, dass ich für immer bei seiner Familie bleiben würde, und um das zu beweisen, tat ich gehorsam meine Arbeit. Mein größter Verbündeter war Giemma selbst. Ich mochte in seinen Augen ein *abeed* sein; er mochte mich für ein Tier halten. Doch ich wusste auch, dass Giemma seine Tiere am Herzen lagen, und ich würde dafür sorgen, dass ich das Tier in seinem Besitz war, das am härtesten arbeitete. Meine Arbeit war mein Rettungsanker.

Die Angst vor dem Tod trug ich noch mehrere Tage in mir.

Doch Angst, so fand ich heraus, war genau wie Schmerz – auch der ließ mit der Zeit nach. Man stößt sich den Zeh an einem großen Stein, und es tut weh, aber bald verschwindet der Schmerz. Sie schlagen einen, und man betet zu Gott, dass das Prügeln aufhören soll, und irgendwann hört es auch auf. Arme und Beine zittern vor Schmerzen, aber eine Woche später hat man es schon vergessen, dass es die Prügel überhaupt gegeben hat. In der Nacht, in der ich in Giemmas Haus gehockt und damit gerechnet hatte, dass er kommen und mich töten würde, war ich voller Angst und konnte an nichts anderes denken. Aber ein paar Tage später sah ich den Rindern an der Wasserstelle beim Saufen zu, als hätte ich nie im Leben Angst gespürt.

Ich hatte Giemma nicht angelogen, als ich ihm sagte, dass ich nie wieder einen Fluchtversuch wagen wollte. Doch bald begriff ich, dass zwar der Schmerz und die Angst kamen und gingen, dass aber ein anderes Gefühl unablässig zu spüren war: der brennende Wunsch, von diesem Ort zu fliehen, an dem ich gezwungen war, zu arbeiten und wie ein Tier zu leben. Ich dachte nicht jede Minute an Flucht, aber die Träume von der Rückkehr zu meiner Familie stiegen immer wieder in mir auf, ob ich wollte oder nicht.

Ich war verwirrt. Ich wollte nicht sterben. Doch war das Leben bei Giemma nicht eine Art Tod? Manchmal wünschte ich mir, ich wäre auf dem Marktplatz in Nyamlell getötet worden. Sah ich jedoch Giemmas Frau, und sie drohte mir wieder, dass sie mich töten würde, dann wollte ich plötzlich nicht mehr sterben.

Aber was gab es denn überhaupt, was mein Leben lebenswert machte?

Die Antwort war immer dieselbe: meine Eltern. Sie würden überglücklich sein, wenn sie herausfanden, dass ich noch am Leben war. Als fast erwachsener Mann würde ich nach Gourion zurückkehren. Meine Eltern würden mich sehen, auf mich zugelaufen kommen und mich umarmen, so wie sie das gemacht hatten, als ich noch ein kleiner Junge war.

Allmählich dachte ich wieder öfter daran, zu fliehen. Mein neuer Plan bestand darin, weitere drei Jahre zu warten, bevor ich es erneut versuchte. Ich brauchte Zeit, um Giemmas Vertrauen wiederzugewinnen. Ich würde ihm beweisen müssen, dass ich nicht mehr an Flucht dachte.

In drei Jahren würde ich etwa so alt sein wie mein älterer Bruder zu dem Zeitpunkt, als ich entführt wurde. Da war er schon ein erwachsener Mann. Mit siebzehn würde auch ich ein erwachsener Mann sein, wie mein Bruder. Dann wäre ich stärker, klüger und auf die Flucht besser vorbereitet.

Also konzentrierte ich mich auf meine Arbeit. Ich gab mir Mühe, meine Aufgaben so gut wie irgend möglich zu erledigen, und als die Monate vergingen, schien Giemma höchst zufrieden mit mir zu sein. Doch bei jeder nur denkbaren Gelegenheit wiederholte er seine Drohung.

»Wenn du wieder versuchst, zu fliehen«, sagte er, »schlage ich dich nicht, und ich hacke dir auch nicht die Beine ab, ich erschieße dich einfach.«

Ich glaubte ihm. Aber ich wusste auch, dass Giemma mich brauchte. Wenn nicht ich die Kühe hütete, würde er selbst Hamid helfen müssen. Aber da ich bei der Arbeit half, konnte sich Giemma um sein Haus kümmern. Da ich den ganzen Tag über seine Kühe versorgte, konnte er zum Markt gehen, handeln und noch mehr Tiere kaufen. Da ich für seine Familie arbeitete, konnte er an den jährlichen Überfällen im Süden teilnehmen, noch mehr meiner Leute töten und ihr Vieh stehlen. Weil er mich hatte, konnten er und seine Familie in der Trockenzeit zu saftigeren Weiden ziehen. Giemma war ein wohlhabender Viehbesitzer, und ich versorgte sein Vieh. Hätte ich mich nicht so gut um die Tiere gekümmert, wären sicherlich weitaus mehr Tiere umgekommen. Giemma wusste das, und ich wusste, dass er mich brauchte.

Ich musste auch in Zukunft für Giemma unersetzlich sein. Dieser Mann hatte seinen Hof zu leiten und sich um seine Familie zu kümmern. Bei den Überfällen im Süden riskierte er sein Leben. Ich begriff, dass Giemma seine eigenen Sorgen hatte, und wenn ich für Giemma zu einem Problem wurde, würde er womöglich den Rat seiner Frau befolgen, und ich würde meine Eltern nie wiedersehen.

Während der nächsten drei Jahre tat ich meine Arbeit besser als jeder andere Junge in der Gegend. Ich machte meine Arbeit so gut, dass mich Giemma sogar seiner Frau gegenüber lobte.

»Weshalb behältst du ihn?«, fragte sie etwa. »Weshalb bringst du ihn nicht einfach um? Ich will ihn nicht.«

Darauf antwortete Giemma jedes Mal: »Er kümmert sich um die Kühe. Er macht seine Arbeit gut.«

Wenn ich daran denke, wundert es mich, wie sehr Giemma mir vertraute. Er hatte keine Ahnung von dem, was in meinem Kopf vorging. Ich nehme an, er dachte wohl, dass ich zu so etwas, wie sich eigene Gedanken zu machen, nicht fähig war. Er behandelte mich wie ein Tier, und Tiere denken nicht. Mittlerweile hatte ich mein halbes Leben bei Moslems verbracht, und ich erkannte, dass sie sich für bessere Menschen hielten als die Menschen im Süden. Wir waren für sie nicht nur *abeed*, schwarze Sklaven, wir waren Ungläubige, Minderwertige, die nicht aus derselben Tasse trinken und nicht vom selben Teller essen durften wie ein Moslem. Giemma und seine Familie hatten mir das Leben zur Hölle gemacht, aber das schienen sie selbst nicht so zu sehen. Sie hatten keine Vorstellung davon, wie sehr ich mein Leben bei ihnen verabscheute.

Im Lauf der Jahre bei Giemma im Norden des Sudan lernte ich viel. Das Wichtigste war wohl die Lektion, dass keiner sehen konnte, was in meinem Kopf und in meinem Herzen vor sich ging. Die ganze Zeit spielte ich mit Giemma ein doppeltes Spiel: Ich machte das eine und dachte an etwas anderes. Aber als Vierzehnjähriger, nachdem ich zwei Fluchtversuche überlebt hatte und einen dritten gerade plante, war mir allmählich bewusst geworden, dass ich mit Giemma ein doppeltes Spiel spielte. Ich mag ein Sklave gewesen sein, aber ich hatte die Freiheit, meine Flucht zu planen. Giemma war nicht so schlau, wie er dachte. Er traute mir, aber ich traute ihm nicht.

Ich hatte außerdem gelernt, dass Giemma seine Meinung jederzeit ändern konnte – und mich eventuell doch noch töten würde. Sieben Jahre hasste seine Frau mich nun schon. Würde Giemma auf Dauer widerstehen können, wenn sie ihm ständig in den Ohren damit lag, dass er mich umbringen solle? Vielleicht würde sie sich eines Nachts, wenn Giemma geschäftlich unterwegs oder bei einem weiteren Überfall mit der Miliz war, zu meinem Schlafplatz schleichen und mich eigenhändig töten.

Ich wurde fünfzehn, sechzehn und dann siebzehn. Ich war mittlerweile größer als Giemma und seine Söhne. Jahrelang hatte ich lange Märsche unternommen, und ich konnte stundenlang marschieren, ohne müde zu werden. Mein Körper war stark und mein Geist ebenfalls.

Für diese Familie war ich lediglich ihr *abeed.* Nach Giemmas Ansicht war ich wohl sein verlässlichstes Arbeitstier. Ich dagegen war überzeugt davon, dass ich endlich zu dem Mann geworden war, den mein Vater in seinen Träumen in mir gesehen hatte: Ich war *Muycharko.* Giemma Abdullah und seine grausame Familie hatten keine Ahnung, dass sie einen verängstigten kleinen Dinka-Jungen in »zwölf Männer« verwandelt hatten.

Drei Jahre waren vergangen, seit ich bei meinem Fluchtversuch ertappt worden war. Inzwischen arbeitete ich insgesamt zehn Regen- und zehn Trockenzeiten für Giemma – zehn Jahre! Es war an der Zeit, dass ich endlich versuchte, von ihm fortzukommen. Ich musste es erneut versuchen, gleichgültig, was passieren würde.

In einer Nacht schmiedete ich einen neuen Plan: Diesmal wollte ich nicht die Straße entlanglaufen. Ich überlegte mir, außer Sichtweite im Schatten der Bäume zu bleiben und mich an der Straße bloß zu orientieren. Mein Plan sah vor, dass ich ganz früh morgens aufbrach, damit ich noch vor Sonnenuntergang in der nahe gelegenen Marktstadt Mutari ankam. Ich selbst war nie in Mutari gewesen, aber Giemma ritt häufig dorthin. Es war eine große Marktstadt mit vielen Menschen, und vielleicht würde mir dort jemand helfen.

»Lieber Gott«, betete ich. »Dies ist mein letzter Versuch. Entweder ich schaffe es, oder mein Leben ist zu Ende. Bitte hilf mir.«

Ich schwor mir – und Gott –, dass ich diesmal nicht aufgeben würde. Wenn mich jemand einfing, so gelobte ich, wollte ich denjenigen dazu bringen, mich zu töten. Ich würde kämpfen, damit er mich auch ganz bestimmt tötete, denn ein Sklave wollte ich nicht länger sein. Und wenn ich nicht getötet würde, wollte ich mich selbst umbringen. Ich wollte nicht mehr als Sklave leben.

»Bitte, Gott, lass nicht zu, dass ich verletzt oder getötet werde. Lass mich nicht sterben«, flehte ich leise.

Am nächsten Morgen zog ich wie üblich mit den Kühen los und brachte sie zu einem vertrauten Platz in der Nähe der Straße nach Mutari. Kaum hatten sie begonnen zu grasen, rannte ich so schnell und so lange mein Atem reichte durch den Wald, immer in Nähe der Straße nach Mutari.

Mehrere Stunden lief ich im Schatten der Bäume. Niemand hielt mich auf. Der Tag verging, die Sonne wollte schon untergehen. In den vergangenen zehn Jahren war ich nie so weit von Giemma und seiner Familie fort gewesen. Mir war heiß, und ich hatte Hunger und Durst, aber ich empfand auch eine große Erleichterung und eine ungewohnte Aufregung. Diese Nacht würde meine erste in Freiheit sein. Noch ehe die Sonne untergegangen war, kam ich in Mutari an, der größten Stadt der Region, in die die Leute aus den umliegenden Dörfern kamen, um ihre Geschäfte zu erledigen. Ich war Giemma entkommen. Ich wusste, es würde schwierig für ihn sein, mich zu finden. Innerhalb weniger Stunden hatte ich zehn Jahre hinter mir gelassen. Ich war mir sicher, ich würde es noch weiter schaffen, schließlich hatte ich es auch bis hierher geschafft! Ich ging durch die fremde Stadt, deren Straßen einstöckige Lehmhäuser mit Strohdächern säumten. Kein Mensch um mich herum wusste, was ich getan hatte. Ich sah andere Dinka, die mit ihren Herren unterwegs waren, aber keiner von ihnen schien zu vermuten, dass ich meinem Herrn entflohen war. Ich war überglücklich, und ich genoss dieses merkwürdige, unbekannte Gefühl, auf mich allein gestellt zu sein, verantwortlich zu sein für das, was ich tat. Ich war frei!

Aber bald wurde ich ängstlich. Ich hatte es bis nach Mutari geschafft, aber wo sollte ich die Nacht verbringen? Wer würde mir helfen? Ich beschloss, zur örtlichen Polizei zu gehen. Jahrelang hatte ich gehört, wie Giemma und seine

Nachbarn die *bolis* erwähnt hatten – das waren Männer, die Streitigkeiten über Vieh und anderen Besitz beilegten. Wenn es Raufereien gab, rief einer die Männer die Polizei. Ich wusste, dass sie alle möglichen Probleme lösten und den Menschen halfen. Und ich brauchte Hilfe. Ich fragte auf der Straße nach dem Weg zur Polizei und ging in die gewiesene Richtung und auf ein einstöckiges Gebäude aus Lehm mit Strohdach zu, ein Haus, das aussah wie die meisten anderen Häuser in Mutari.

Ein Araber in der grünen Uniform der sudanesischen Polizei saß hinter einem Schreibtisch. Er blickte mich überrascht an. Bisher hatte ich noch nie mit einem Polizisten gesprochen. Zehn Jahre lang hatte ich überhaupt mit kaum jemandem gesprochen, außer mit Giemma und seiner Familie.

»Ich brauche Hilfe«, sagte ich zunächst.

Der Polizist führte mich zu einem anderen Mann, der mich fragte, was für ein Problem ich hätte. Da ich mir schon mehrere Male überlegt hatte, was ich in solch einer Situation sagen wollte, kamen die Worte erstaunlich flüssig aus mir heraus.

Ich erzählte, dass ich seit meinem siebten Lebensjahr bei einer Familie lebte, die mich schlecht behandelte, und dass ich nicht länger ertragen könne, wie sie mit mir umgingen, und dass ich nicht bei ihnen bleiben wolle. Deshalb sei ich geflohen. »Ich suche Kontakt zu Menschen aus dem Süden, die mir helfen könnten«, sagte ich zu dem Polizisten. Ich erklärte, ich hätte Angst, dass dieser Mann, dem ich entflohen sei, sich auf die Suche nach mir machen könne.

»Wir sprechen später mir dir«, erwiderte der Mann und schickte mich in einen Warteraum, in dem auch schon andere Leute saßen. Ich setzte mich und wartete. Nacheinander wurden die Wartenden aufgerufen, und neue Besucher nahmen ihre Plätze ein. Ich wurde nicht aufgerufen. Nach ein paar Stunden war ich der Einzige, der noch immer in dem Raum wartete. Doch was hätte ich anderes tun sollen? Wohin hätte ich gehen können? Ich brauchte Hilfe, und wer sonst sollte mir in einer so großen Stadt helfen?

Schließlich kam ein Polizist und befahl mir, ihm zu folgen. Er führte mich in eine Küche, in der ein paar Männer das Abendessen kochten.

»Mach sauber«, sagte er und zeigte mir, was zu tun war.

Während der nächsten zwei Monate arbeitete ich für die Polizei von Mutari. Ich war ihr Küchenjunge. Sie gaben mir zu essen, und ich arbeitete. Ich war zur Polizei gegangen, denn ich brauchte Hilfe, weil ich versklavt worden war, und nun hatte mich die Polizei zu ihrem Sklaven gemacht. Ich schlief in einer Ecke der Küche.

Ich stellte zunächst nichts in Frage. Wenn das ihre Vorstellung von Hilfe für mich war, musste ich es akzeptieren. Anfangs rechnete ich noch damit, dass sie bald eine andere Lösung finden würden.

Als ich schließlich begriff, dass die Polizisten keineswegs die Absicht hatten, mir zu helfen, beschwerte ich mich nicht – wem gegenüber denn auch? Ich hatte meine Geschichte erzählt, und diese Männer mit ihren Pistolen in den Halftern machten mich zu ihrem Sklaven. Nach zwei Tagen Arbeit in der Küche nahm mich ein Polizist mit nach draußen und zeigte mir zwei Esel, die mit großen Kanistern beladen waren. Wir führten die Esel zu einer nahe gelegenen Wasserstelle. Dort befahl er mir, die Krüge zu füllen. Das war meine neue Arbeit – Wasser zum Polizeirevier zu bringen. Jeden Morgen weckte mich jemand, und ich führte die Esel zur Wasserstelle, füllte die Kanister und brachte sie wieder aufs Revier zurück. Mehrmals am Tag erledigte ich den Gang zur Wasserstelle. Ich putzte die Küche und wusch das Geschirr. Ich konnte es nicht fassen: Zehn Jahre lang hatte mich Giemma gezwungen, für ihn zu arbeiten, und nun, nachdem ich endlich geflohen war, zwang mich die Polizei, die Schmutzarbeit für sie zu machen.

Es war nicht meine Absicht gewesen, der einen Form der Sklaverei zu entfliehen und mich in eine andere zu begeben. Eines Donnerstagnachmittags, dem ersten von zwei großen Markttagen der Woche in Mutari, nahm ich einen Esel vom Polizeirevier. Statt zur Wasserstelle zu gehen, führte ich das Tier auf den großen Marktplatz, band es fest und tauchte in der Menschenmenge unter.

KAPITEL 9

EIN AKT DER FREUNDLICHKEIT – UND NOCH EINER

Am Rand des großen Marktes von Mutari standen auf einem Platz die Lastwagen der Händler zum Auf- und Abladen der Ware. Diese Lastwagen waren mir Tage zuvor bereits aufgefallen, und ich hoffte, dass einer der Fahrer mich aus der Stadt heraus mitnehmen und für immer von der Sklaverei fortbringen würde. Ich sah einen Mann, der zwei Arbeiter überwachte, die Kisten auf einen der Lastwagen luden.

»Ich will in eine andere Stadt«, sagte ich zu ihm.

»Welche Stadt?«, fragte der Mann.

Das wusste ich nicht. Ich erzählte ihm, ich sei auf der Suche nach Menschen, die ich kannte.

Ich erzählte ihm, dass ich im Alter von sieben entführt worden sei und dann für eine Familie hatte arbeiten müssen und nach zehn Jahren von dort geflohen sei. Er hörte mir zu. Dann sah er mich an, und sein Blick sagte mir, dass er mir sicher *nicht* helfen würde. Sein Lastwagen war mittlerweile voll geladen mit prall gefüllten Säcken aus Sackleinen. Seine Helfer waren zum Aufbruch bereit.

Er sagte mir, er sei auf dem Weg nach Ed Da-ein, seiner Heimatstadt.

»Bitte nehmen Sie mich mit«, sagte ich.

»Es ist ein gefährlicher Ort«, erwiderte er. »Da sind viele Leute von der Miliz.« Er erzählte mir, dass die Stadt Ed Daein in der Hand der *Rizeigat* sei und dass es dort von Mitgliedern derselben Milizgruppierung wimmelte, zu der viele von Giemmas Nachbarn gehörten. Die *Rizeigat* hätten

Dinka-Gebiete einige hundert Kilometer weiter südlich überfallen – also genau in meiner Heimat – und Sklaven nach Ed Da-ein gebracht. Ich schüttelte entsetzt den Kopf, als ich das hörte.

Er erzählte mir, dass zehn Jahre zuvor eine große Anzahl Menschen aus dem Südsudan in Ed Da-ein getötet worden sei. Sie seien auf der Flucht vor der Miliz in eine Kirche gerannt, und die Miliz habe die Kirche in Brand gesteckt. Die Flüchtigen weigerten sich, die Kirche zu verlassen – und verbrannten bei lebendigem Leib.

»Es ist ein gefährlicher Ort«, wiederholte der Mann, als wollte er sichergehen, dass ich ihn verstanden hatte. Und ich verstand: Menschen, die aussahen wie ich, konnten in dieser Stadt, in die ich mit seiner Hilfe gelangen wollte, umgebracht werden. Vor zehn Jahren – etwa um dieselbe Zeit, als ich an jenem verhängnisvollen Tag entführt worden war und die Miliz all diese Menschen in Nyamlell getötet hatte – hatten die *murahaliin* auch diese Leute in der Kirche umgebracht. Ich dachte an die Menschen in dem brennenden Gotteshaus, die nirgendwohin konnten, die schrien, aber die wussten, dass die Männer von der Miliz sie, wenn sie aus der Kirche liefen, über den Haufen schießen würden.[2]

Weshalb töteten die Araber die Dinka?

Diese Frage stellte ich dem Fahrer nicht. Ich fragte ihn

---

[2] 1987 begaben sich etwa 2000 vertriebene Dinka aus Angst, von der arabischen Miliz angegriffen zu werden, zu einer Polizeistation in Ed Da-ein und baten dort um Schutz. Die Polizei wies die Menschen an, die Nacht auf einem nahe gelegenen Bahnhof in Güterwaggons zu verbringen (und nicht in einer Kirche, wie der Lastwagenfahrer erzählt hatte). Die Dinka gingen dorthin, wurden aber dennoch von der Miliz angegriffen. Viele wurden erschossen, viele verbrannten in einem Gebäude, das die Miliz angezündet hatte, während die Polizei dabeistand und zusah. Vgl. Ushari Mahmud und Suliman Baldo: *Human Rights Abuses in Sudan, 1987: The ed-Da'ein Massacre*, Khartoum 1987.

stattdessen, ob sich immer noch Dinka in Ed Da-ein befanden. Vielleicht kannte ich ja einen von ihnen.

»Nehmen Sie mich mit?«, fragte ich.

Er nickte. »Rauf mit dir.«

Ich verstand nicht.

»Da rein«, sagte er und zeigte auf einen Platz hinten auf dem Lastwagen zwischen den Säcken aus Sackleinen. Der Fahrer half mir, hinaufzuklettern und mich hinter seiner Fracht zu verstecken. Seine zwei Helfer kletterten ebenfalls nach oben. Er selbst setzte sich hinters Lenkrad, und kurz darauf verließen wir Mutari. Ich hockte zwischen den Säcken, die nach Zwiebeln und Weizen rochen, und mein ganzer Körper zitterte vor Aufregung: Ich verließ Mutari und würde mich auf die Suche nach Menschen machen, die ich kannte.

Einmal hielt der Lastwagen an einer Raststätte, wo der Fahrer tankte und etwas zu essen kaufte. Der Fahrer – er hieß Abdah – sagte, ich solle zu ihm und seinen Arbeitern kommen und mit ihnen essen. Aber ich war zu ängstlich, um aus meinem Versteck herauszukommen. Nervös wartete ich die Weiterfahrt ab. Abdah brachte mir etwas zu essen.

Kurz nach Mitternacht kamen wir bei einem Lastwagendepot in Ed Da-ein an. Es war die größte Stadt, die ich je zu Gesicht bekommen hatte, viel größer als Mutari und mit viel mehr Häusern. Ich spürte eine Mischung aus Aufregung und Angst. Abdah forderte mich auf, mit ihm nach Hause zu kommen. Sofort warnte mich eine innere Stimme: Er will dich zwingen, für ihn zu arbeiten! Das machten die Leute aus dem Norden mit Menschen wie mir. Erst Giemma und seine Nachbarn, dann die Polizei und jetzt dieser Lastwagenfahrer – sie alle wollten mich nur ausbeuten.

»Nein«, sagte ich. Er las die Angst in meinem Gesicht.

»Mach dir keine Sorgen«, versicherte mir Abdah. »Ich will dir helfen – hätte ich dich sonst auf meinen Laster gelassen. Ich will dich beschützen. Wenn du in Sicherheit sein willst, wenn du eines Tages deine Eltern finden willst, kannst du nicht ganz allein hier bleiben. Diese Leute hassen dein Volk, sie hassen dich. Komm mit zu mir nach Hause.«

Er erklärte mir, dass seine Arbeit ihn an viele verschiedene Orte führte, aber Ed Da-ein, seine Heimatstadt, wäre am gefährlichsten. »Furchtbare Sachen können dir hier passieren – viel schlimmere als an dem Ort, von dem du geflohen bist«, warnte er mich. Abdah sagte, er könne sich noch an den Geruch von damals erinnern, als die Menschen gar nicht so weit von seinem Haus entfernt verbrannt worden seien. Es bereitete ihm Sorgen, mich ganz allein in Ed Daein zu lassen, und seine Sorgen ließen mich ebenfalls unruhig werden.

Was sollte ich machen? Ich musste von Giemma und der Polizei in Mutari wegkommen. Aber wohin sollte ich gehen, wenn Ed Da-ein ein Zentrum der *Rizeigat*-Miliz war?

Abdah versicherte mir, dass mich bei ihm zu Hause niemand belästigen würde. »Wir finden schon eine Möglichkeit, dich in die Hauptstadt zu bringen«, sagte er. »Da wirst du viele Südsudanesen treffen, vielleicht sogar deine Familie. Aber du musst zunächst mit mir kommen.«

Ich war verwirrt und ängstlich. Ich musste zwischen zwei Gefahren wählen: allein zu bleiben in dem Ort, wo Dinka erschossen und bei lebendigem Leib verbrannt wurden, oder mich diesem Fremden anzuvertrauen, der mich womöglich zu seinem Sklaven machte. Ich begann zu weinen. Die Tränen schossen mir so plötzlich in die Augen, dass ich sie nicht halten konnte.

»Mach dir keine Sorgen«, beruhigte mich Abdah. »Ich will nur deine Sicherheit.«

Ich beschloss, mit ihm zu gehen. Ich war vor Giemma und der Polizei geflohen; ich konnte auch vor Abdah fliehen. Gott beschützte mich.

Abdah brachte mich zu seinem Haus und ging erst allein hinein, um mit seiner Frau zu sprechen und ihr zu erklären, dass ich bei ihnen bleiben würde.

Seine Frau begrüßte mich freundlich. Abdah betonte, dass sie niemandem sagen dürfe, dass ich bei ihnen sei. Sie versprach es.

Ich war sehr froh, einen solch freundlichen Lastwagenfahrer gefunden zu haben, der mich zu seiner Frau nach Hause brachte, einer Frau, die mich willkommen hieß. Die einzige andere Frau moslemischen Glaubens, die ich bisher kennen gelernt hatte, war Giemmas Frau gewesen.

Ich mochte Abdah und seine Familie, fürchtete aber immer noch, sie könnten versuchen, meine Not auszunutzen. Obwohl mein Herz mir sagte, dass diese Araber freundliche Menschen waren, befahlen mir mein Verstand und meine Erinnerungen, vorsichtig zu sein.

Während der nächsten zwei Monate wohnte ich bei Abdah, seiner Frau und ihren beiden kleinen Jungen. Ich bekam das Gleiche zu essen, was die Familie aß. Sie behandelten mich, als sei ich ein Freund oder ein Verwandter auf Besuch. Nach ein paar Tagen machte ich mir kaum noch Sorgen, dass sie versuchen könnten, mich auszubeuten.

Ich erzählte Abdah noch einmal ausführlich, wie seine Leute mich zum Sklaven gemacht hatten.

Er schüttelte entsetzt den Kopf. »Das ist schlimm«, meinte er. Er gab zu, dass er Araber kannte, die in den Süden gegangen waren und sich Sklaven geholt hatten. Für manche, so erklärte er, sei die Sklaverei nichts anderes als ein Geschäft. Er dagegen halte nichts davon, einen anderen ohne Bezahlung für sich arbeiten zu lassen, und ich brauche mir keine Sorgen zu machen, dass er mich womöglich dazu zwingen würde, für ihn zu arbeiten.

»Ich will dir helfen, deine Leute und deine Familie zu finden«, sagte er.

Abdahs Worte und das Zusammenleben mit seiner Familie zeigten mir, dass nicht alle Moslems wie Giemma und seine Nachbarn waren, dass es auch solche wie Abdah und seine Frau gab, die zwar unter den Männern von der Miliz lebten, die die Überfälle im Süden organisierten, selbst aber nicht glaubten, dass Moslems das Recht hätten, andere menschliche Wesen zu Sklaven zu machen.

Nach einigen Wochen stellte sich heraus, dass Abdah in naher Zukunft nicht nach Khartoum fahren würde. Er fragte Freunde, ob sie mir helfen und mich mitnehmen könnten, aber so, wie er darüber sprach, wurde mir klar, dass ich sehr vorsichtig sein musste; es gab kaum mehr als eine Hand voll Menschen, denen er trauen konnte, und sogar die wollten sich nicht in Gefahr bringen, indem sie einen jungen, entflohenen Sklaven aus Ed Da-ein herausbrachten, der Stadt, in der es von *Rizeigat*-Miliz nur so wimmelte. Abdah hatte mir gesagt, dies sei ein gefährlicher Ort, und ich glaubte ihm. Ich war mittlerweile ein Experte auf dem Gebiet drohender Gefahren. Gefahr war etwas, das mir großen Respekt einflößte. Abdah riet mir, im Haus zu bleiben, wenn er tagsüber unterwegs war, weil die Gefahr bestand, dass ich wieder entführt würde. Ich glaubte ihm. Ich blieb im Haus und wartete darauf, dass er mir sagte, was ich als Nächstes tun sollte.

»Die einzige Chance, nach Khartoum zu kommen, ist der Bus«, kündigte Abdah eines Tages an. »Du musst mit dem Bus nach Khartoum fahren.«

»Ich habe kein Geld für eine Busfahrkarte«, erwiderte ich.

»Die Fahrkarte kaufe ich dir«, sagte Abdah.

Der Bus war ein Lastwagen. Die Fahrgäste saßen auf Bänken hinten auf der Ladefläche, ihr Gepäck war unter dem Wagen verstaut. Vor allem Fur aus dem Westen des Sudan – das sind Afrikaner, deren Haut dunkler ist als die der Dinka, die aber Moslems sind –, hatten aus der ganzen Region den Weg nach Ed Da-ein gemacht, um in die Hauptstadt zu reisen. Ich war der einzige Dinka.

Die Fahrt in die Hauptstadt – Sudanesen sprechen von Khartoum meist als »Hauptstadt«, selten sagen sie Khartoum – dauerte fast drei Tage. Ich blieb für mich. Die Gedanken, dass ich womöglich meine Eltern finden oder wenigstens etwas über sie in Erfahrung bringen könnte, beschäftigten mich.

Am Spätnachmittag, die Sonne stand noch am Himmel, hielt der Bus auf dem Busbahnhof in Khartoum. Die Fahrgäste stiegen alle von dem Lastwagen ab. Manche wurden von Freunden oder Verwandten empfangen. Es wimmelte auf dem Bahnhof von Menschen. Meine Mitreisenden nahmen ihr Gepäck und gingen fort. Ich hatte nur die Kleider, die ich am Leib trug, und auf mich wartete auch niemand. Abdah hatte mir eine Fahrkarte und zehn sudanesische Pfund gegeben, die ich während der Fahrt für Lebensmittel ausgegeben hatte.

Ich sah eine freie Bank und setzte mich; ich überlegte, was ich tun sollte. Ich schaute mich um, beobachtete die vielen Menschen, von denen nicht einer zu mir herüberblickte. Ich sah einige Afrikaner, sogar Schwarze, die wie Dinka aussahen. Alle schienen in Eile zu sein. Nur ich wusste nicht, wohin ich gehen sollte. Die Gedanken in meinem Kopf überschlugen sich: Ich hatte es bis in die Hauptstadt geschafft. Von Giemmas Land in Kerio war ich nach Mutari gelaufen, wo ich der Polizei entkommen, auf Abdahs Lastwagen gestiegen und bis nach Ed Da-ein gefahren war, und nun saß ich auf dem Busbahnhof von Khartoum. Ich hatte eine weite Reise hinter mir. Es war wie ein Traum. Während meines Aufenthalts bei Abdahs Familie war ich innerlich ein wenig zur Ruhe gekommen. Mein Gehirn arbeitete auf Hochtouren. Was würde als Nächstes passieren?

Die Menschen, die sich auf dem Bahnhof aufhielten, wurden weniger. Es war inzwischen dunkel geworden, und etwa vier Stunden waren vergangen, aber ich hatte immer noch keine genaue Vorstellung davon, was ich nun tun sollte. Ich war müde, schmutzig und hatte Hunger. Als ich mich auf die Frage konzentrierte, wo ich diese Nacht schlafen würde, bemerkte ich einen Mann, einen hoch gewachsenen Schwarzen. Er sah mich im Vorbeigehen an, und ich sah ihn ebenfalls an. Abdah hatte gesagt, es seien viele Dinka in Khartoum. Ob dieser Mann ein Dinka war?

Ich fragte mich gerade, wie ich es anstellen sollte, herauszufinden, wo in dieser Stadt Menschen meines Volkes lebten, da kehrte der Mann um und sprach mich auf Arabisch an.

»Von welchem Stamm bist du?«, fragte er.

»Vom Stamm der Dinka«, antwortete ich.

Er lächelte mich an. »Ich bin auch ein Dinka. Es ist schon spät, wieso sitzt du hier herum?«

Ich erzählte ihm, dass ich aus Ed Da-ein gekommen sei und nicht wisse, wohin ich gehen sollte.

»Das habe ich mir gedacht«, sagte er. Er führte aus, dass er im ersten Moment, als er mich hier so allein habe sitzen sehen, so schmutzig und in zerrissener Kleidung, angenommen hatte, ich sei einer von diesen Straßenjungen in der Hauptstadt, die am Busbahnhof herumlungern und auf ein Almosen hoffen. Abends, um diese Zeit, würden die meisten Flüchtlinge, die Arbeit in Khartoum hatten, in die Lager zurückfahren, in denen sie lebten, in den Außenbezirken der Stadt, ein paar Stunden Fahrt von hier entfernt. Aber auf dem Weg zu seinem Bus sei es ihm in den Sinn gekommen, ich könnte womöglich ein neuer Flüchtling sein, einer von seinem Volk. Da hatte er beschlossen, umzukehren und es herauszufinden.

Ich erzählte ihm, ich sei nach Khartoum gekommen, weil

ich hoffte, jemanden zu finden, der mich mitnehmen könnte; ich wollte nämlich dorthin, wo Menschen aus dem Süden lebten.

»Dort fahre ich hin«, sagte er. Er erklärte, dass er normalerweise den Bus von einer anderen Haltestelle aus nähme, den habe er aber verpasst, und deshalb sei er zum Busbahnhof gekommen, um von hier ins Lager zu fahren. Er fragte mich, aus welchem Teil des Südens ich stammte.

»Aus der Provinz Aweil«, antwortete ich.

Wieder lächelte er. Er stammte aus einer Gegend im Süden, die der arabischen Grenze noch näher war als mein Dorf, aber viele aus Aweil und der übrigen Gegend von Bahr el-Ghazal im Südsudan lebten seiner Auskunft nach in einem der anderen Lager. »Vielleicht triffst du ja jemanden, den du kennst«, meinte er.

Ich sagte, dass ich kein Geld für eine Fahrkarte hatte.

Er zuckte mit den Schultern. »Komm mit mir«, sagte er und ging zu dem Bus, der zu seinem Lager fuhr.

Ich lief hinter ihm her. Er zeigte auf eine Stelle, an der viele andere Dinka standen. Von der Haltestelle aus würde ich zu einem Ort mit Namen Souq-Libya fahren, einer Marktstadt (»Souq« bedeutet Markt), dort müsse ich in einen anderen Bus umsteigen, der mich dann direkt in das Lager bringen würde, von dem er mir erzählt hatte, das *jabarona* genannt wurde und wo womöglich Menschen lebten, die meine Familie kannten.

»Die Menschen dort werden dir behilflich sein«, sagte er.

Der Name *jabarona* überraschte mich, er bedeutete »Zwangsunterkunft«.

KAPITEL 10

JABARONA

In Khartoum leben fünf Millionen Menschen. Innerhalb weniger Wochen war ich von Giemmas Hof nach Mutari gekommen, einer Marktstadt, die mir wie eine Metropole vorkam, dann in eine richtige Metropole, die Hauptstadt des Sudan, dem größten Land in Afrika. Es gab viel zu sehen, vor allem für einen Jungen, der zehn Jahre lang seine Zeit mit Viehherden verbracht hatte. Doch so faszinierend Khartoum auch sein mochte, ich war hauptsächlich mit meinen Gefühlen beschäftigt, die unentwegt zwischen Aufregung und Angst und Hoffnung hin und her schwankten.

Ich war überzeugt, dass Gott bei mir war, und natürlich hatte ich auch ein wenig Glück: Meine Flucht von Giemmas Hof war gelungen, dank Abdah, einem freundlichen Moslem, war ich nach Khartoum gelangt, und hier half mir ein Dinka, der mich zu einem Bus gebracht hatte, in dem viele andere Dinka saßen. Dennoch befand ich mich in einer großen, fremden, beängstigenden moslemischen Stadt. Aber ich war am Leben, ich war frei, und zum ersten Mal, seit ich ein kleiner Junge war, fühlte ich mich sicher. Ja eigentlich fühlte ich mich großartig, wie ich hier in diesem Bus mit all den anderen Dinka saß, die unterwegs zu einem Ort waren, an dem tausende weitere Dinka lebten.

Während der Bus den Bahnhof verließ und sich auf den Weg über die Straßen der Hauptstadt machte, starrte ich aus dem Fenster auf die Lichter der Fahrzeuge, die jede Menge Staub aufwirbelten. So viel Licht in der Dunkelheit hatte ich noch nie zuvor gesehen. Es schien unendlich viele Straßen mit lauter hohen Gebäuden am Rand zu geben. Zu einer Abendstunde, zu der sich die Menschen auf dem Land längst schlafen gelegt hatten, liefen die Menschen hier durch die Straßen oder aßen in Restaurants zu Abend, die noch hübscher waren als die Lokale, die ich in Mutari und Ed Da-ein gesehen hatte. Ich überlegte, wie es wohl sein mochte, wenn mir jemand in solch einem Restaurant eine wunderschöne, teure Mahlzeit servierte. Doch statt gutem Essen roch ich etwas Unbekanntes in der Luft, das ich später als den Gestank der Dieselabgase erkannte, die die Busse und anderen Fahrzeuge auf den Straßen von Khartoum ausströmten.

Ich wandte mich an den Dinka neben mir und fragte ihn, wie ich in Jabarona wohl Menschen aus der Provinz Aweil finden könne. Er versicherte mir, dass viele aus Aweil in dem Lager seien, und fragte mich nach meinem Namen. Ich antwortete ihm, mein Name sei Francis Piol Bol Buk. An seinem Gesichtsausdruck war abzulesen, dass der Name ihm etwas sagte; er kannte Mitglieder aus unserem Clan, in dem viele den Namen *Piol* trugen, der in der Dinka-Sprache »Regen« bedeutet. Ich erklärte, dass ich viele Jahre von meiner Familie getrennt gewesen sei, mich aber noch an den Namen unseres Stammesältesten erinnerte: Arop Kuot.

Er nickte. Jeder aus der Provinz Aweil kannte diesen Ältesten. Wenn wir in das Lager kämen, so versprach mir mein Sitznachbar, würde er mich zu einem Mann aus Aweil bringen, der andere Männer mit Namen Piol in seiner Familie hatte. Dieser Mann würde mir helfen. Ich dankte und lehnte mich in meinem Sitz zurück; ich empfand etwas Seltsames, etwas, das ich seit meiner Entführung nicht mehr empfunden hatte. Rückblickend wird mir klar, dass es sich bei diesem Gefühl um eine Art Vertrauen handelte, Vertrauen in die Tatsache, dass für mich alles gut gehen werde. Bis zu dem Augenblick hatte zehn Jahre lang die

Angst mein Leben beherrscht: Angst davor, geschlagen zu werden, Angst vor Verletzungen, Angst vor Krankheit, Angst vor Verantwortung, Angst vor dem Tod, Angst vor der Angst. Meine kleine Welt war bestimmt gewesen von Angst.

Ich habe mich oft gefragt, weshalb ein derart von Furcht besetztes Leben mich nicht in den Wahnsinn getrieben oder mich zumindest in einen Zustand der Passivität gedrängt hatte. Ich hatte nie die Hoffnung aufgegeben. Und wenn mir auch der Gedanke an Flucht und Freiheit nicht in jeder Minute des Tages durch den Kopf gegangen war, war er latent doch immer vorhanden. Mein Traum, fortzukommen und meine Familie zu finden, half mir, weiterzuarbeiten, mein doppeltes Spiel zu spielen, Giemmas Vertrauen zu gewinnen und ihn von mir abhängig zu machen, sodass ich eines Tages davonlaufen konnte. Zum ersten Mal in zehn Jahren fühlte ich mich entspannt. Und begriff auch, wieso.

Der Bus hielt an, und ich schaute aus dem Fenster. Wir waren am Busbahnhof einer großen Stadt angekommen. Es war Souq-Libya, der Bahnhof, an dem ich in den Bus nach Jabarona umsteigen sollte. Ich folgte den anderen Fahrgästen zu einem Bus ganz in der Nähe und stieg ein. Als der Bus den Bahnhof verließ, sah ich aus dem Fenster und verlor mich erneut in den Lichtern, die vorbeiströmten, und in meinen Gedanken, dass ich womöglich schon bald einige vertraute Gesichter entdecken würde. Der Weg in die Freiheit hatte mich viel Kraft gekostet – Willenskraft vor allem. Jahrelang hatte ich mir gesagt, ich sei nicht nur ein magerer, verängstigter Dinka-Junge, ein elender *abeed*, sondern ich sei, wie mein Vater zu sagen pflegte: *Muycharko*. Wie ich nun in diesem Bus unter lauter anderen Schwarzen saß, auf dem Weg an einen Ort, an dem es viele Menschen aus meinem Volk geben würde, und wie ich nun mein Leben mit Giemma Abdullah kilometerweit hinter mir ließ, glaubte ich allmählich, dass mein Vater Recht gehabt hatte: Ich hatte Kraft wie »zwölf Männer« gehabt.

»Wir sind da«, sagte mein Sitznachbar freundlich.

Es war eine lange Fahrt gewesen, mehrere Stunden hatte sie gedauert, und es war jetzt spät in der Nacht. Wo würde ich heute Nacht schlafen? Wir stiegen aus dem Bus, und ich sah mich um. Jedes Mal wenn ich aus einem Fahrzeug stieg, sah ich etwas, was ich vorher noch nie in meinem Leben gesehen hatte: die Stadt Ed Da-ein, die noch größere Stadt Khartoum, die Hauptstadt, und jetzt Jabarona, eine Ansiedlung bestehend aus Wellblechhütten, Strohhütten und Unterständen. Keine Bäume, keine Büsche – nur diese kleinen Häuser, mehr als ich zählen konnte, die sich über viele Kilometer erstreckten und deren Feuer im Dunkeln flackerten. Der Mann, der mit mir gefahren war, erzählte mir, dass tausende und abertausende von Flüchtlingen aus dem Süden an Orten wie diesem lebten, hier in der Wüste, mehrere Stunden Fahrt entfernt von Khartoum und von Omduran, Khartoums Schwesterstadt am anderen Nilufer. Die Flüchtlinge strömten schon seit Jahren in diese Gegend, hauptsächlich Dinka, aber auch Fur, die vor den Kämpfen im Westen des Sudan flohen und die, obwohl sie Moslems waren, ebenfalls unter Beschuss der Regierung standen.

Jabarona war alles andere als schön, aber noch nie im Leben war ich glücklicher gewesen als bei der Ankunft in diesem Lager. Zum ersten Mal, seit ich in Nyamlell auf diesen Esel verfrachtet worden war, war ich von Leuten umgeben, die aussahen wie ich und mit denen es mir erlaubt war zu sprechen. Es war nicht wie zu Hause in Gourion, aber es fühlte sich wie zu Hause an, und es roch wie zu Hause. Wir gingen über die ungepflasterten Straßen des Lagers, vorbei an Hütten, von denen eine aussah wie die andere. Es war schon sehr spät in der Nacht, aber wie in der Stadt wimmelte es noch von Menschen auf den Straßen. Manche unterhielten sich, andere brüllten sich über die Straße etwas zu, Kindern liefen herum, in Shorts oder auch nackt, einige spielten im Dreck, und die Luft war erfüllt von Gerüchen nach Feuer und nach Essen.

Jabarona war schmutzig und laut, Elektrizität und eine richtige Wasserversorgung gab es nicht, und es wimmelte von Fliegen und dicken Mücken. Betrunkene torkelten die Straße entlang, zu betrunken, um gerade zu gehen. Glas- und Metallstücke lagen überall auf den Straßen und zerschnitten einem, wenn man nicht aufpasste, die Füße. Steinbrocken, die aus der Erde ragten, stellten gefährliche Stolperfallen dar. Die Leute schienen ihren Abfall auf der Straße zu entsorgen. Der Wind wehte heftig in dieser Gegend, wirbelte Sand auf und drohte, die wenig stabilen Häuser umzustoßen.

Diesem Dinka-Jungen, der zehn Jahre lang Sklave gewesen war und mehrere Monate auf der Flucht verbracht hatte, kam das schmutzige, fliegenverseuchte Jabarona – ein Ort, an dem die Flüchtlinge gezwungen waren zu leben – dennoch wie die schönste Stadt auf der ganzen Welt vor.

Der Dinka, der mich durch die Straßen führte, deutete plötzlich auf eine Hütte. »Warte draußen«, sagte er. Ein paar Minuten später kam er mit einem anderen Mann heraus, den er anscheinend geweckt hatte. Dieser Mann hieß Garang, war etwa fünfzig Jahre alt, wirkte sehr kräftig, war aber einen guten Kopf kleiner als ich. Er fragte mich, zu welchem Stamm ich gehörte.

»Zum Stamm der Dinka«, antwortete ich.

Garang fragte mich, aus welcher Gegend ich genau stammte, und ich erzählte ihm, dass ich in der Provinz Aweil geboren sei, im Dorf Gourion.

»Ich kenne Gourion«, entgegnete er.

Das Gefühl, das ich empfand, als er den Namen »Gourion« aussprach, den Namen meines Dorfes, kann ich kaum beschreiben. In den vergangenen zehn Jahren hatte ich diesen Namen viele Male laut vor mich hingesagt, wie um mich daran zu erinnern, dass der Ort wirklich existierte. Die Freude darüber, einen anderen »Gourion« sagen zu hören – einen anderen Dinka aus Aweil –, durchströmte meinen ganzen Körper. Zehn Jahre lang hatte ich unter Menschen gelebt, die meine Sprache nicht sprachen. Zehn Jahre lang wurde ich jedes Mal, wenn sie mir ihr Essen vorsetzten, daran erinnert, dass ich in einer Kultur lebte, die der meiner Familie völlig fremd war. Aber Gott hatte meine Gebete erhört: Ich war wieder unter Menschen, die aus meinem Volk stammten. Als ich Garang meinen Namen nannte, lächelte er. Wir waren Angehörige desselben Clans. Auch er hatte Verwandte, die »Piols« waren. Er erklärte mir, dass unsere Familien unter allen Dinka aus Aweil berühmt waren, weil vor etwa hundert Jahren einer unserer Vorfahren »mit dem Regen gesprochen« und Wasser aus den Wolken hatte kommen lassen und so eine lange Trockenzeit beendet hatte. Diese Geschichte kannte ich nicht.

Ich war noch glücklicher und stolz außerdem. Zum ersten Mal seit meiner Entführung war ich bei den Menschen meines eigenen Clans, bei Menschen, die wir »Onkel« und »Vetter« nannten. Obwohl wir nicht blutsverwandt waren, hatten Garang und ich gemeinsame Vorfahren. Er würde mir mit derselben Gastfreundschaft begegnen, wie es auch der Bruder meines Vaters tun würde.

Garang nahm mich mit in sein kleines Haus. Garangs Frau und seine Kinder schliefen schon. Er bot mir etwas zu essen an und stellte mir Fragen über meine Herkunft.

Ich erzählte ihm, was mir im Alter von sieben Jahren widerfahren war und dass ich seit jenem Tag vor zehn Jahren meine Eltern nicht mehr gesehen hatte. Voller Traurigkeit schüttelte er den Kopf. Solch eine Geschichte hörte er jedoch nicht zum ersten Mal.

»Hast du meine Familie gesehen?«, fragte ich.

»Nein«, antwortete Garang. »Sie sind nicht hier in Jabarona.« Er sagte, er kenne in Jabarona alle, die aus der Provinz Aweil stammten, vor allem natürlich jene, die zu unserem Clan gehörten.

»Vielleicht sind sie in einem von den anderen Lagern«, sagte er und hielt so meine Hoffnung am Leben.

Obwohl es eine Tatsache war, dass die meisten Flüchtlinge aus Aweil in Jabarona untergekommen waren, hatte es einige auch in andere Lager verschlagen. Ich könnte dorthin gehen und mich umhören; vielleicht würde ich jemanden finden, der meine Eltern kannte oder andere Leute aus Gourion, schlug mir Garang vor.

»Aber jetzt ist es höchste Zeit, dass wir ein bisschen Schlaf bekommen!« Er zeigte mir, wo ich in einer Ecke seines kleinen Häuschens schlafen konnte.

Als ich am nächsten Morgen aufwachte, stellte er mich seiner Frau, seinen Kindern und drei weiteren jungen Männern aus Aweil vor, die ohne Familie waren und bei Garang wohnten. Ich wollte mit allen in der Sprache der Dinka reden, aber die Worte kamen mir nur mit Mühe über die Lippen. Ich stellte fest, dass ich meine Muttersprache nicht mehr flüssig beherrschte, nachdem ich zehn Jahre lang nur arabisch gesprochen hatte. Doch noch bestürzender war für mich die Tatsache, dass die Dinka-Sprache, an die ich mich noch erinnerte, die Sprache eines siebenjährigen Jungen war. Mir fiel es schwer, den Gesprächen zu folgen, zumal die anderen alle verschiedene Dialekte und unglaublich schnell sprachen. Die Worte drangen in meine Ohren, und wenn ich auch nickte, weil sie mir so vertraut waren, wusste ich doch nicht immer, was sie bedeuteten. Manchmal verstand ich das, was einer zu mir gesagt hatte, erst lange, nachdem er aufgehört hatte zu reden. Die Bedeutung vieler Worte dämmerte mir mit einiger Verzögerung. Ich begriff, dass ich meine eigene Sprache neu lernen musste. Aber das hatte Zeit.

An diesem ersten Abend bereitete Garangs Frau mir eine Mahlzeit zu, wie sie typisch war für die Dinka, gekochtes Hühnchen mit Maissauce. Während ich aß, dachte ich an meine Mutter.

In einem Flüchtlingslager hat jeder seine Geschichte. Seit meiner Flucht hatte ich meine Geschichte immer wieder anderen Menschen erzählt, aber in Jabarona hörte ich erstmals die Geschichten vieler anderer Flüchtlinge.

Ich selbst war bei einem Überfall der *murahaliin* auf dem Marktplatz von Nyamlell entführt worden, und ich erkannte bald, dass die meisten Flüchtlinge in Jabarona Opfer ähnlicher Gewaltakte waren, wobei eine erstaunlich große Anzahl ebenfalls einen Überfall in Nyamlell erlebt hatte. Der Ort wurde, wie ich erfuhr, regelmäßig von der Miliz aufgesucht, die sich dort Vieh und Sklaven besorgte.

Ich hatte bisher keine Ahnung gehabt, weshalb mir und meinen Freunden etwas so Schreckliches widerfahren war. Als kleiner Junge wusste ich zwar, dass auch Araber in unserem Land lebten –, Menschen mit hellerer Haut, die *dschellabah* trugen – und ich hatte sie auch mal auf dem Markt gesehen, wie sie Zucker und Tee verkauften, ich hatte von einem Krieg gehört und von den *murahaliin*, aber erst jetzt in Jabarona erfuhr ich, dass es einen langjährigen Krieg zwischen den Arabern im Nordsudan und meinem Volk im Süden gab, der lange vor meiner Geburt ausgebrochen war. Ich erfuhr von der Geschichte meines Volkes und von dem, was ihm in all den letzten Jahren widerfahren war. Diese Erkenntnisse saßen tiefer, als alles, was einem in der Schule hätte beigebracht werden können, denn ich hatte vieles von dem, was ich hörte, am eigenen Leib erfahren – wie die anderen Dinka im Lager.

1986 war ich aus Nyamlell entführt worden, und jetzt erfuhr ich, dass das, was dem kleinen Jungen passiert war, auch Millionen anderer Dinka im Süden zugestoßen war. Ich sprach mit vielen aus meiner Gegend über die Gewalt an unserem Volk. Ich erfuhr in Jabarona, dass die Miliz im Jahr 1986 mehrere Überfälle im Süden nahe Nyamlell durchgeführt hatte und im Lauf der folgenden fünfzehn Jahre Nyamlell und die umliegenden Dörfer in jeder Trockenzeit kontinuierlich angriff. Meine Heimatprovinz lag nur etwa achtzig Kilometer südlich der Grenze und war somit leichtes Ziel für die Männer, die uns überfielen. Auf Pferden, Kamelen und Eseln ritten sie in das Gebiet der Dinka – manche kamen sogar mit Lastwagen und Armeefahrzeugen –, sie nahmen mehrere kleine Dörfer unter Beschuss, töteten die Männer und ergriffen die Frauen und die Kinder, und was für die *murahaliin* noch wichtiger war, sie stahlen das Vieh der Dinka.

»Weshalb haben Polizei oder Regierung sie nicht daran gehindert?«, fragte ich.

Die Dinka um mich herum lachten mich aus: Die Regierung unterstütze doch die Überfälle. Die Armee beschütze die *murahaliin*. Bei Überfällen auf Nyamlell sei die Miliz in jüngster Zeit in Panzerwagen der Regierung vorgefahren, habe die Stadt niedergebrannt, die Männer getötet und alle Rinder und Ziegen eingesammelt, die sie finden konnte.

Die Männer, die den Maschinengewehrkugeln der Miliz entkommen waren, und die Frauen und Kinder, die im Busch Zuflucht gefunden hatten, kehrten anschließend in ihre noch rauchenden Dörfer zurück und mussten feststellen, dass Mangobäume gefällt und ihre Besitztümer zerstört waren. Manchmal steckte die Miliz die den Dörfern nahe gelegenen Papyrusfelder in Brand; Papyrus war das Material, mit dem die Dinka die Dächer ihrer Häuser deckten. Wie sollen die wenigen Überlebenden dort ohne ihre Tiere, ohne ihre Felder und ohne Dach über dem Kopf weiterleben? Wie sollen die Frauen ohne ihre Männer und die Kinder ohne ihre Eltern zurechtkommen? Diese Überfälle und der Bürgerkrieg waren verantwortlich für den Tod von Millionen von Dinka, und weitere Millionen Menschen hatte es in den Norden verschlagen, wo sie Schutz in den Slums und in den Flüchtlingslagern außerhalb der Hauptstadt Khartoum suchten – diese Notunterkünfte bezeichnete die Regierung als »Friedenslager«.

Alle Leute in den Lagern suchten nach jemandem: nach ihren Verwandten, ihren Kindern, ihren Geschwistern und, wie ich, nach ihren Eltern. Wenn die Leute von der Miliz um sich schießend und mordend in die Dörfer einfielen, rannten die Dorfbewohner in alle Richtungen davon, um ihr eigenes Leben zu retten. Jahre später wussten sie dann meist noch immer nicht, ob ihre Verwandten oder Nachbarn getötet oder versklavt worden waren, oder ob sie in einem Flüchtlingslager in Kenia oder hier nahe der Hauptstadt lebten.

Ich hoffte, dass meine Familie es bis nach Khartoum geschafft hatte.

Nach meiner Ankunft im Lager sprach ich tagelang mit so vielen Leuten in Jabarona wie möglich, um etwas über meine Familie in Erfahrung zu bringen. Ich erzählte den Leuten, was mir selbst widerfahren war, wie ich zehn Jahre lang als Sklave hatte leben müssen und dann geflohen war. Den meisten Leuten, denen ich begegnete, widerstrebte es, über das zu reden, was sie erlebt hatten. Es wühlte sie auf, sie alle hatten ähnliche Schicksale. Nur manche erzählten von den Überfällen auf ihre Dörfer. Ich erzählte jedem, der mir zuhörte, meine Geschichte. Ich legte ihnen meine Ansichten dar, und im Wesentlichen vertrat ich die Auffassung, dass die sudanesischen Araber den sudanesischen Dinka fürchterliche Dinge antaten. Ich sprach mit vielen Leuten, aber ich begegnete keinem Einzigen, der erzählte, dass er selbst Sklave gewesen war. Die Menschen schienen aber auch nicht schockiert zu sein von meiner Geschichte. Seit Jahrhunderten hatten die Araber die Dinka zu Sklaven gemacht. In meinem Volk sang man Lieder über diese Überfälle, bei denen Sklaven gefangen wurden. Ich erkannte allmählich, dass die Sklaverei Teil der Geschichte des Dinka-Volkes war.

Wenn neue Flüchtlinge im Lager eintrafen, fragte ich sie möglichst bald, ob sie meine Familie getroffen hatten. Doch niemand war meinen Eltern oder Geschwistern begegnet.

Ich besuchte andere Flüchtlinge, und wieder andere suchten mich auf, unaufhörlich tauschte ich mich im Lager aus.

Ich redete zu viel. Elf Tage nach meiner Ankunft in Jabarona kamen zwei Männer auf mich zu.

»Wir haben gehört, dass du gegen die Regierung bist«, sagten sie.

Ich mochte meinen Ohren kaum trauen, denn meine Augen sagten mir, dass diese Männer Schwarzafrikaner waren, wenn auch keine Dinka, und gekleidet waren sie wie alle anderen im Lager.

»Du erzählst den Leuten, dass du ein entflohener Sklave bist.«

Jetzt bekam ich wirklich Angst. Ich wusste, ich steckte in Schwierigkeiten.

»Nein«, sagte ich. »Das erzähle ich den Leuten keineswegs.«

»Komm mit.« Ich sah mich nach den anderen Dinka um.

Sie wandten die Blicke ab. Ich blickte Garang an, und er zuckte mit den Schultern: Es gab nichts, was er tun konnte. So war das nun einmal in den Lagern.

»Was habe ich denn getan?«, fragte ich die Männer. »Ich habe doch nichts Unrechtes getan.«

»Es haben uns Leute erzählt, dass du schlecht über die Regierung redest.«

Ich erwiderte, dass diese Leute Unrecht hätten. »Wer sind diese Leute?«, wollte ich wissen. Über meine Geschichte hatte ich nur mit Dinka geredet, und ich konnte mir nicht vorstellen, dass ein Dinka die Polizei auf mich hetzen würde.

Die Namen derjenigen, die mich denunziert hatten, wollten mir die Männer nicht nennen. Sie seien von der Polizei, sagten sie stattdessen, und ich müsse mit ihnen kommen.

Sie brachten mich zu einem Polizeirevier im Lager, wo ich eine Weile wartete, später luden sie mich in ein Auto.

Von der Fahrt weg aus Jabarona weiß ich nicht mehr viel. Ich fragte mich unaufhörlich, was nun wohl geschehen würde. Wohin mochten sie mich bringen? Was würden sie mit mir machen?

Fast drei Monate lang hatte ich die Freiheit gekostet, ich genoss es, unter meinesgleichen zu sein, sogar in diesem hässlichen, lärmenden, schmutzigen Flüchtlingslager.

Und plötzlich hatte man mich verhaftet.

Wir kamen in eine Gegend am Rand der Stadt, die dörflicher war, und fuhren zu einem großen Gebäude – einem Gefängnis. In dem Gebäude übergaben mich die Polizisten zwei Männern, die mich in einen Raum brachten, in dem ich mir erneut Beschuldigungen anhören musste: »Du hast behauptet, du bist ein entflohener Sklave; du hast regierungsfeindliche Erklärungen abgegeben.«

Wieder leugnete ich. Da verprügelten sie mich. Sie

schlugen auf mich ein, stießen mich herum und warfen mich zu Boden, und während ich dalag, traten sie mich mit ihren derben Stiefeln in den Rücken und in die Seiten. Als sie aufhörten, befahlen sie mir, meine Verbrechen zu gestehen.

Abermals leugnete ich, dass ich irgendetwas Unrechtes getan hätte.

»Wir bringen dich um«, brüllte mich einer der Männer an. Ich schwieg. Mein Schweigen machte sie wütend, und wieder traten sie mich. Ich kauerte mich auf den Boden, ich hatte ihnen nichts zu sagen.

Sie zerrten mich zu einem großen Raum, in dem sich etwa zwanzig weitere Häftlinge befanden, und ließen mich dort.

Am nächsten Morgen kam einer der Wärter und fragte mich, ob ich gewillt sei zu reden.

Ich antwortete, dass ich nichts zu sagen hätte. Ich sei unschuldig.

»Du lügst!«, schrie er und stieß mich gegen die Wand. Es gäbe »Leute«, die der Polizei gesagt hätten, ich sei ein Feind der Regierung.

»Die lügen«, erwiderte ich.

Der Wärter zog eine Lederpeitsche hervor. Mit solch einer Peitsche hatte ich selbst schon Vieh angetrieben und Giemma mich geschlagen. Der Wärter begann, mich auszupeitschen. Es tat furchtbar weh. Aber ich schwieg.

Tag für Tag, wochenlang, kam ein Wärter und fragte, ob ich gewillt sei zu gestehen.

»Hast du gesagt, dass du Sklave warst?«

Ich leugnete, dass ich je Sklave gewesen sei.

»Bist du von deinem Herrn weggelaufen?«

Ich behauptete, ich sei ein Flüchtling aus dem Süden, sei vor Überfällen auf mein Dorf geflohen. Ich hätte nie einen Herrn gehabt, ich sei nie Sklave gewesen. Ich sei Flüchtling, so wie alle anderen Dinka in Khartoum auch. Ich belog diese Männer. Sobald sie begonnen hatten, mich zu verhören, hatte ich begriffen, weshalb ich verhaftet worden war. Jemand im Lager musste mich denunziert haben. Ich hatte allen möglichen Menschen meine Geschichte erzählt, und einer von ihnen hatte die Polizei informiert. Anfangs mochte ich zwar nicht glauben, dass ein Dinka zu so etwas fähig wäre. Die Menschen waren so freundlich gewesen, so bemüht, einem neuen Flüchtling zu helfen. Wieso sollten sie der Regierung behilflich sein wollen, die unser Volk angriff? Wieso sollten sie für den Feind arbeiten wollen?

Diese Frage konnte ich mir allerdings bald schon selbst beantworten. Die meisten Flüchtlinge in den Lagern waren arm, sehr arm. Nur wenige hatten Arbeit, und die meisten hatten große Familien zu ernähren. Es gab so wenig Geld, dass kaum einer je über Geld sprach. Die meisten sprachen nicht einmal über das, was ihnen passiert war, es sei denn, man fragte sie. Wieso sollte man sich über etwas beklagen, was die anderen im Lager auch erlebt hatten? Die Leute redeten übers Essen. Und über Wasser. Wann wird man uns helfen? Wann würden die ausländischen Helfer mehr Lebensmittel in die Lager bringen?

Jemand hatte sich Geld verdient, indem er der Polizei über mich berichtet hatte. Alle in den Lagern wussten, dass es Denunzianten gab, die für die Polizei arbeiteten. Die Regierung hatte geleugnet, dass es so etwas wie Sklaverei im Sudan gebe, und so wollte man einem siebzehnjährigen Dinka nicht erlauben, von Lager zu Lager zu ziehen und allen zu erzählen, dass er zehn Jahre lang als Sklave im Norden gelebt hatte.

Ich hatte im Lager gehört, dass die Flüchtlinge von ausländischen Helfern aufgefordert worden waren, ihre Geschichten zu erzählen. Sie kamen immer mal wieder in die Lager und trafen sich heimlich mit Bewohnern der Lager, um in Erfahrung zu bringen, was tatsächlich im Sudan vor sich ging.

»Du bist einer, der schlecht über die Regierung redet«, sagte der Polizist auch diesmal wieder zu mir.

»Ich sage doch gar nichts über die Regierung«, versicherte ich ihm. Ich sei ein einfacher Flüchtling.

»Du redest mit den Amerikanern, den Leuten von der UNO«, beharrte er.

Ich sagte ihm, dass ich nie mit jemandem geredet hätte, außer mit den anderen Dinka in den Lagern. Amerikaner würde ich keine kennen. Ich wüsste nicht einmal, wo Amerika liege, geschweige denn, was die UNO sei. Ich wäre auch erst seit einigen Tagen in dem Lager, wie hätte ich in so kurzer Zeit mit Ausländern in Kontakt kommen sollen?

Ich log. Ich wusste, dass es Dinka geschafft hatten, in andere Länder auszureisen, viele nach Amerika, in die USA. Ich wusste, dass die UNO Lebensmittel in die Lager brachte und Amerikaner versuchten, den Menschen hier zu helfen. Ich hatte auch von einer Einrichtung gehört, die sich »Rotes Kreuz« nannte und die ebenfalls Lebensmittel und Medikamente für die Flüchtlinge brachte.

»Hast du gar keine Angst, wenn du deine Geschichte erzählst?«, hatten mich Flüchtlinge in den Lagern gefragt, und ich hatte dann geantwortet, dass es doch schließlich meine Geschichte sei, mein Leben, ich hatte das alles gesehen, das alles am eigenen Leib zu spüren bekommen.

Einmal hatte sich ein Mann erkundigt, ob ich einem Amerikaner oder einem anderen Ausländer, der bereit wäre mit mir zu sprechen, vielleicht erzählen würde, dass ich meiner Familie entrissen und zum Sklaven gemacht worden sei?

»Natürlich würde ich dem das erzählen«, hatte ich geantwortet. »Es ist mir ja tatsächlich passiert.«

Vielleicht war er derjenige, der mich denunziert hatte,

vielleicht hatte er mir auch eine Falle gestellt, vielleicht hatte er beschlossen, an meiner Dummheit Geld zu verdienen. Tatsache war, dass ich mich nicht erinnern konnte, wem ich alles von meiner Geschichte erzählt hatte. Jeder Einzelne – oder auch mehrere – hätte mich denunziert haben können. Ein Flüchtling, der hungerte, der verzweifelt war, vielleicht? Hatte die Regierung ihm Geld geboten, und er hatte der Versuchung nicht widerstehen können?

Es schmerzte mich der Gedanke, dass ein Dinka mich an die Polizei verraten haben sollte. In der Welt, in der ich lebte, halfen Dinka einander; sie waren nicht der Feind.

»Dinka essen andere Dinka«, hatte ich eines Tages einen Mann sagen hören. Ich hatte mir nicht vorstellen können, weshalb er so etwas sagen sollte.

Doch jetzt, während meiner ersten paar Tage im Gefängnis, wurde mir klar, was er gemeint hatte. Doch ich wehrte mich, ich wollte mich nicht ans Messer liefern lassen. Ich hatte überall die Wahrheit über meine Zeit als Sklave erzählt, deshalb hatte man mich ins Gefängnis geworfen und mich gefoltert. Ich würde die Wachen weiterhin anlügen, denn ich wusste, wenn ich die Wahrheit sagte, würde mir das nur noch mehr Schmerzen einbringen – und letztlich vermutlich sogar den Tod.

Nach ein paar Tagen hörten die Wärter mit dem Schlagen auf. Das heißt, sie hörten auf, *mich* zu schlagen. Ich sah zu, wie die Wachen Neuankömmlinge schlugen, manche leisteten Widerstand, wieder andere erzählten den Polizisten, was sie hören wollten – auch wenn es gelogen war. Sie wurden weggezerrt, und ich fragte mich, ob die Strafe, die sie erhielten, wohl schlimmer war als die Prügel, die sie bisher hatten einstecken müssen. Ich sah, wie andere Gefangene getreten und ausgepeitscht wurden. Ich hörte Geschichten über Folterungen, hörte, dass man Häftlingen Fuß- und Fingernägel ausgerissen hatte, um sie zu einem Geständnis zu zwingen. Das habe ich allerdings nie mit eigenen Augen gesehen, und ich selbst bin nie derart furchtbar gefoltert worden.

Meine Mithäftlinge war ein bunt zusammengewürfelter Haufen: junge Männer in meinem Alter, aber auch ältere, Leute aus dem Süden, Moslems aus dem Norden, von den verschiedensten Stämmen, alle auf engstem Raum in diesen großen Zellen eingepfercht, und alle warteten sie darauf, eines Verbrechens beschuldigt oder in ein größeres Gefängnis verlegt zu werden. Einige Häftlinge galten als äußerst gefährlich, und von denen hielt ich mich fern; andere waren kleine Ganoven, Diebe etwa, oder einfach nur Unruhestifter oder Raufbolde, die angetrunken oder nach einer Schlägerei auf den Straßen aufgegriffen worden waren. Und wieder andere waren wie ich aus politischen Gründen mit der Polizei in Konflikt geraten. Letztere redeten alle nicht viel, wahrscheinlich hatten sie Angst davor, dass sie ein Mithäftling erneut denunzieren und sich damit eine bessere Behandlung erkaufen könne.

Die Gefängnisinsassen benahmen sich jedoch in der Regel alle ruhig. Schlägereien gab es keine. Nie habe ich gesehen, wie ein Häftling einen anderen malträtierte.

Die Tage verbrachten wir, indem wir herumsaßen und die Zeit totschlugen; wir saßen in der unbeleuchteten Zelle, eingehüllt in Dunkelheit und den Lärm aus den anderen Zellen. Da es in der Zelle keine Toiletten gab, mussten wir um Erlaubnis bitten, wenn wir austreten wollten. Ein Wärter begleitete dann mehrere von uns, wir mussten im Gänsemarsch zu den Latrinen, wo uns die Wärter die ganze Zeit über beobachteten. Wir mussten uns beeilen, denn kurze Zeit später brachten uns die Wärter bereits zurück in die Zelle. Zweimal am Tag gaben sie uns etwas zu essen, allerdings war das Essen meist noch ungenießbarer als das, was ich von Giemmas Frau bekommen hatte. Es sah aus wie ein Sandwich und bestand zumeist aus Brot mit Bohnen. Dazu gab es eine kleine Menge Wasser.

Das Tageslicht bekam ich nur zu sehen, wenn ich zur Latrine ging oder wenn die Wärter die Zellentür aufmachten und das Essen brachten.

Die Befragungen hörten nicht auf. Jeden Morgen, so meine ich zu erinnern, erschien ein Mann und fragte mich: »Hast du herumerzählt, dass du ein Sklave gewesen bist?«

»Nein«, beharrte ich. »Das habe ich nie jemandem erzählt.«

Sie versuchten, mich in Widersprüche zu verwickeln. Aber ich leugnete beharrlich, jemals Sklave gewesen zu sein. Ich wusste, dass diese Tatsache mir Schmerzen und womöglich sogar den Tod einbringen konnte. Wieder und immer wieder sagte ich: »Ich bin nie Sklave gewesen. Ich bin völlig zu Unrecht hier im Gefängnis.«

Ich fühlte mich elend. Ich konnte nicht glauben, dass ich, nachdem ich zehn Jahre lang von der Freiheit nur geträumt hatte und dann von Giemma weggelaufen war, nun zusammen mit einem Haufen Krimineller im Gefängnis saß. Im Gefängnis war es in gewisser Weise noch schlimmer als bei Giemma. Von dort hatte ich weglaufen können. Er schickte mich mit seinen Kühen in den Busch, und ich konnte flüchten. Im Gefängnis konnte ich nirgendwohin laufen. Die ständige Dunkelheit und die beengten Verhältnisse machten es zu einem grausamen Ort.

Betten gab es in der Zelle nicht; wir schliefen auf dem Boden, und zwischen dem einen und dem anderen gab es jeweils nur sehr wenig Abstand. Die Gefahr, jemandem in die Quere zu kommen oder ihn versehentlich zu stoßen, war groß, und die Folgen solch eines Zwischenfalls waren unvorhersehbar. Ich blieb möglichst an meinem Platz. Keiner der Mithäftlinge schien über sich sprechen zu wollen, und diese ungeschriebene Regel wollte ich ganz bestimmt nicht brechen. Mein loses Mundwerk hatte mich schließlich ins Gefängnis gebracht, und ich wollte nicht noch jemandem Gelegenheit geben, seine Situation zu verbessern, indem er mich denunzierte.

Die anderen beklagten sich hin und wieder untereinander über das Essen und über die Prügel, höchstens dabei hielt ich schon mal mit. Aber wir alle vermieden es, persönliche Dinge zu erörtern. Freundschaften schloss ich keine. Eine meiner lebhaftesten Erinnerungen an jene dunklen Tage in diesem Gefängnis war es, dass ich meinen Drang, mit anderen in Kontakt zu treten, zügelte und mich ganz in mein Inneres zurückzog – so wie ich das jahrelang in meinem kleinen Unterstand auf Giemmas Hof getan hatte.

Aber sogar im Gefängnis vergaß ich nicht meinen Traum von der Freiheit: Wenn sie mich freilassen, werde ich alles daransetzen, aus diesem Land, aus meinem Land, dem Sudan, zu flüchten, das schwor ich mir.

Inzwischen hatte ich begriffen, dass ich in diesem Land nie in Sicherheit wäre. In Jabarona hatte ich mich wohl und sicher gefühlt, aber genau dieses Sicherheitsgefühl hatte mich hierher gebracht. Dabei hatte ich schlimme Dinge in diesem Lager passieren sehen und von noch schlimmeren Dingen gehört: Immer wieder wurden Leute völlig grundlos verhaftet. Und dann war mir dasselbe passiert.

Selbst wenn ich in Khartoum meine Familie finden sollte, würde ich nicht in Sicherheit sein. Das wusste ich nun. Meine Familie und ich wären hier in diesem Land niemals in Sicherheit. Es herrschte Krieg. Und es herrschte Hass zwischen den Moslems und meinem Volk, für die Moslems waren wir bloß Schwarze und Sklaven. Sie hatten keinen Respekt vor uns. Sie schossen uns nieder und behandelten uns wie Tiere. Seit zwanzig Jahren hielt dieser Wahnsinn nun schon an, und ein Ende war nicht abzusehen. Mit jedem weiteren Tag trafen neue Flüchtlinge in den Lagern ein. Ich wusste nicht, wie es jemals besser werden sollte. Wenn ich aus dem Gefängnis entlassen wurde, musste ich dieses Land verlassen.

Es kam mir erstaunlicherweise nie in den Sinn, dass man mich nicht entlassen könne. Ich hatte schon so vieles überlebt; ich würde wieder überleben. Sie schienen keinerlei stichhaltige Beweise dafür zu haben, dass ich je Sklave war. Weshalb sonst würden sie mich ständig befragen? Ich wusste, ich würde hier herauskommen – genauso wie ich gewusst hatte, dass ich von Giemma Abdullah fortkommen würde.

Gott war bei mir.

KAPITEL 11

EIN PASS VOM SCHWARZMARKT

Sieben Monate später saß ich immer noch im Gefängnis. Die Tage zogen sich nur langsam dahin. Nachdem ich die vergangenen zehn Jahre meines Lebens damit verbracht hatte, von Sonnenaufgang bis Sonnenuntergang zu arbeiten, wusste ich einfach nicht, dass ein einziger Tag ohne Arbeit so lang sein konnte.

Besuch hatte ich nie bekommen, und den Kontakt zu den Mithäftlingen hatte ich auf das Äußerste beschränkt.

Allmählich machte ich mir Sorgen, dass ich doch nie mehr aus diesem Gefängnis herauskommen würde.

Doch dann hieß es, dass einige von uns aus dem Gefängnis entlassen würden, und ich gehörte dazu. Ich habe nicht in Erfahrung gebracht, wieso ich freigelassen wurde. Es hatte vermutlich etwas mit den Anklagepunkten zu tun. Die Polizei hatte keine stichhaltigen Beweise gegen mich in der Hand, sie hatten nichts weiter als die Aussage des Denunzianten, dass ich behauptet hätte, Sklave gewesen zu sein. Diese Beschuldigung hatte ich zurückgewiesen, und es stand mein Wort gegen das eines anderen, und das war womöglich nicht genug, um einen Mann in Khartoum im Gefängnis festzuhalten. Allerdings war mir bekannt, dass Männer schon aufgrund weit dürftigerer Beweise routinemäßig verhaftet und sogar getötet wurden. Vielleicht lag es aber auch nicht bloß an den fadenscheinigen Anklagen gegen mich. Es wurden nämlich mehrere Häftlinge in einer Art Generalamnestie für Gefangene entlassen, alles Männer, gegen die man noch nicht wegen eines bestimmten Verbrechens Anklage erhoben hatte beziehungsweise die noch nicht vor Gericht gebracht worden waren.

»Morgen werdet ihr entlassen«, ließ uns eines Tages im September ein Wärter wissen.

Die Ankündigung traf uns Häftlinge zunächst wie ein Schock. Wir hielten es für eine Art grausamen Scherz. Aber dann, am nächsten Tag, als die Sonne am höchsten Punkt am Himmel stand, ließ man uns alle gehen. Die einzige Erklärung, die man uns mit auf den Weg gab, war die, dass der Führer des Sudan uns »vergeben hätte«.

Bevor wir offiziell entlassen wurden, sprach ein Beamter mit jedem einzelnen Häftling. Zu mir sagte er: »Du wirst nicht wieder schlecht über die Regierung reden.«

Ich versicherte ihm, dass er sich darauf verlassen könne, bedankte mich bei ihm dafür, dass er mich gehen ließ, und kurz darauf trat ich aus dem Gefängnistor.

Plötzlich war ich wieder frei. Ich konnte kaum glauben, wie viel Glück ich gehabt hatte. Aber ich hatte nicht vergessen, welches Versprechen ich mir während meiner sieben Monate im Gefängnis gegeben hatte: Ich wollte jetzt alles nur Menschenmögliche daran setzen, aus diesem Land herauszukommen. Ich war Opfer in vielerlei Hinsicht, man hatte mich mit Gewalt entführt, man hatte mich zum Sklaven gemacht, ich war Flüchtling gewesen, und jetzt war ich auch noch Ex-Sträfling. Etwas zu viele Lebenserfahrungen für einen Siebzehnjährigen. Ich wollte etwas Besseres für mich. Ich hatte die Erleichterung der Freiheit erlebt, aber jetzt begriff ich, dass das Glück, die Leichtigkeit, die ich im Lager empfunden hatte, im Grunde die Abwesenheit von Angst um mein Leben gewesen war. Dieses Gefühl hatte mich in trügerischer Sicherheit gewiegt. Ich hatte erfahren müssen, dass es für einen Dinka im Sudan noch andere Waffen gab, die ihn sein Leben kosten konnten und nur darauf warteten, wie ein Schwert niederzusausen: Es gab im Lager Regierungsspitzel, Männer, die sich ihren Lebensunterhalt damit verdienten, Informationen weiterzugeben, die andere Menschen ins Gefängnis brachten.

Ich würde fortgehen. Meine Familie hatte ich über diesen Plänen nicht vergessen, und ich wollte mich weiterhin bemühen, etwas über sie in Erfahrung zu bringen. Für die nächsten Monate stellte ich mir zwei Aufgaben: zum einen so viel wie möglich über das Schicksal meiner Familie herauszufinden und zum anderen mir Papiere zu beschaffen, die es mir ermöglichen würden, nach Norden, nach Ägypten zu gehen.

Schon während meiner kurzen Aufenthaltszeit in Jabarona und später auch im Gefängnis hatte ich von Flüchtlingen gehört, die ein Visum für Kairo bekommen hatten. »Die gehen nach Kairo«, sagten die Leute. »Die haben ihre Papiere und sind auf dem Weg nach Kairo.«

Es kursierten auch Geschichten über Flüchtlinge, die das Lager verlassen hatten, nach Kairo gegangen waren und mittlerweile in Amerika lebten – einem Land, von dem ich immer wieder hörte, obwohl ich keine Ahnung hatte, wo genau es lag. Die UNO half angeblich Dinka, nach Amerika sowie nach Kanada, Australien und England zu kommen. Für mich waren das Ländernamen ohne jegliche Bedeutung. Ich hatte nie zuvor von ihnen gehört. Auch über Kairo oder Ägypten wusste ich nichts, außer dass ich dorthin wollte, sobald ich aus dem Gefängnis käme.

Wenn die Leute von der Ausreise aus dem Sudan sprachen, redeten sie immer von *dem* Verfahren. Sie sagten: »Du musst erst das Verfahren durchlaufen.« Erst danach durfte man nach Kairo. Ich wusste nicht, was das für ein Verfahren war.

»Wie kommt man nach Kairo?« Das war das Erste, was ich Garang fragte, als ich an jenem Tag im September, an dem man mich aus dem Gefängnis entlassen hatte, nach Jabarona zurückkam. Obwohl ich wütend war, dass jemand aus dem Lager mir die Geheimpolizei auf den Hals gehetzt hatte, wusste ich nicht, wo ich sonst hätte hingehen sollen. Außerdem hatte ich gehört, dass es möglich war, »das Verfahren«, von dem alle sprachen, in Jabarona zu beginnen. Also kehrte ich zu Garangs Haus zurück, wo ich auch diesmal herzlich aufgenommen wurde. Meinen Ärger darüber, dass keiner mich im Gefängnis besucht hatte, schluckte ich hinunter. In Jabarona hatten alle Angst vor Sanktionsmaßnahmen der Regierung; keiner wollte das nächste Opfer der Geheimpolizei werden. Garang und seine Familie hatten sicher nicht Gefahr laufen wollen, für enge Freunde eines angeblichen Feindes der Regierung gehalten zu werden.

Und doch war es ein Trost festzustellen, dass sich ein paar Menschen über mein Schicksal Sorgen gemacht hatten. Garang hatte schon befürchtet, sie könnten mich womöglich zwingen, in die Armee zu gehen. Es gab Geschichten über Dinka-Jungen, die als Soldaten ausgebildet und dann in den Süden geschickt worden waren, um gegen ihr eigenes Volk zu kämpfen. Meine Freunde aus dem Lager waren überzeugt gewesen, sie würden mich nie wiedersehen.

In Jabarona jedoch sah ich keine Zukunft für mich. Es gab keinerlei Arbeit dort, und nur sehr wenige Dinka fanden Arbeit in Khartoum. Wieso sollten die Moslems in Khartoum einen Dinka für sich arbeiten lassen und ihn dafür bezahlen, wenn sie sich auch einen Sklaven beschaffen konnten, fragte ich mich. Garang kannte die Welt im Lager so gut wie nur irgendeiner, den ich in Khartoum kennen gelernt hatte, und ich wandte mich Hilfe suchend an ihn.

»Es gibt Leute in Khartoum, die können etwas für dich arrangieren«, sagte er.

Von solchen Leuten hatte ich schon mal gehört. Ich bedrängte ihn weiter und erfuhr, dass einige Dinka im Untergrund arbeiteten – Garang bezeichnete es auch als den Schwarzmarkt –, diese Dinka halfen ihren Stammesgenossen, an sudanesische Papiere und schließlich an ein Visum heranzukommen.

So etwas kostete natürlich Geld. Bald lernte ich, dass man in Khartoum fast alles bekommen konnte, wenn man nur das nötige Geld hatte. »Etwas arrangieren« bedeutete meist illegale Sachen beschaffen, und die richtige Summe sudanesischer Pfund verschaffte einem, was man wollte: schöne Kleidung, neue Schuhe, schicke Uhren, Lebensmittel – alles, was das Herz begehrte. Leute, die Geld für derartigen Luxus hatten, gehörten wahrscheinlich selbst diesem illegalen Wirtschaftszweig im Untergrund an. Garang sagte, er habe einen Freund in offizieller Stellung beim ägyptischen Konsulat, einen Dinka, der mir möglicherweise ein Visum beschaffen könnte. Er sei in den Flüchtlingslagern bekannt dafür, dass er Leuten helfe, nach Ägypten einreisen zu dürfen. Der Preis dafür betrage zweihundert sudanesische Pfund, was 1997 einem Gegenwert von etwa siebzig US-Dollar entsprach.

Ich besaß nicht einmal ein sudanesisches Pfund. Aber ich erzählte Garang, dass ich den Sudan verlasse müsse, dass es hier zu gefährlich für mich sei. Einer der wirklich wunderbaren Charakterzüge der Dinka ist wohl ihre Großzügigkeit. Es ist Brauch bei meinem Volk, anderen zu helfen, und Garang beschloss, dass er mir helfen wolle, indem er im Lager Geld sammelte, damit ich beginnen konnte, das Verfahren für die Ausreiseerlaubnis zu durchlaufen.

Ich fragte mich, weshalb die Menschen im Lager bereit waren, Geld für mich zu spenden, obwohl es in Khartoum

Millionen Dinka gab, die verzweifelt Hilfe brauchten? Inzwischen weiß ich, dass mehrere Gründe für mich sprachen.

Zum einen war ich jung und hatte keine Familie. Die Dinka heiraten normalerweise früh und gründeten dann in kurzer Zeit große Familien. Für einen einzelnen Jungen Geld aufzubringen, der fort wollte, war leichter als für eine vier- oder fünfköpfige Familie, und etliche Familien im Lager waren noch größer.

Zum anderen wollten viele Flüchtlinge den Sudan gar nicht verlassen. Sie hofften darauf, irgendwann wieder nach Hause zurückkehren zu können. So wie ich suchten viele nach verschollenen Angehörigen. Vielleicht hatten sie auch Angst vor einem fremden Land, der unbekannten Kultur und einer anderen Sprache.

Ich hingegen wollte unbedingt fort und erzählte allen, wie sehr ich danach verlangte, den Sudan zu verlassen. So sehr ich auch wünschte, meine Eltern wiederzufinden, schwanden meine Hoffnungen jedoch mehr und mehr.

Neben diesen Gründen wird wohl auch eine Rolle gespielt haben, dass ich ein ehemaliger Sklave war. Die Leute in Jabarona hatten von meinem Schicksal gehört. Sie fürchteten sich davor, selbst ein solches Martyrium mitmachen zu müssen. Dass ich es überlebt hatte, machte mich unter den Flüchtlingen aus Aweil zu einer kleinen Berühmtheit.

Die Großzügigkeit von Garangs Nachbarn und Freunden – meinen Freunden – erstaunte mich dennoch. Ich hatte ihnen erzählt, dass ich etwas aus meinem Leben machen, meinem Volk helfen wollte, und so arm sie auch waren, sie wollten meine Pläne unterstützen.

Die Chance, dass meine Eltern noch am Leben waren, war gering, doch hatten trotz der Überfälle und der Massaker im Süden Millionen von Dinka und Angehörige anderer Stämme überlebt. Viele von ihnen waren in den Lagern.

Millionen Menschen jedoch hatten den Tod gefunden, und ich befasste mich in Gedanken allmählich mit der Möglichkeit, dass meine eigene Familie unter diesen Menschen war. Die Leute in Jabarona hatten Familienangehörige und Freunde verloren. Sie waren vor ihren eigenen Augen umgebracht, manche sogar bei lebendigem Leib verbrannt worden. Andere, wie ich, hatten das Glück gehabt, einen Überfall der Miliz zu überleben. Und mit Gottes Hilfe hatte ich es sogar geschafft, der Sklaverei zu entfliehen. Vielleicht hatte er auch meinen Eltern beigestanden.

Wenn ich im Sudan bliebe, würde man mich wahrscheinlich umbringen oder erneut ins Gefängnis werfen. Was könnte ich dann für meine Familie tun?

Seinerzeit habe ich das alles sicherlich nicht systematisch durchdacht. Wenn ich auch den Gedanken, dass meine Familie womöglich getötet worden sei, nicht ganz von mir weisen konnte, wollte ich doch nicht von dem Traum lassen, sie eines Tages wiederzusehen. Wenn ich heute auf diese Zeit zurückschaue, weiß ich, dass ich verwirrt war und unter großer emotionaler Belastung stand. Aber ich war alles andere als einfältig: Ich war ein erfahrener Überlebenskünstler, und nach allem, was ich während der sieben Monate in Khartoum gelernt hatte, war mir klar, dass die Überlebenschancen für einen jungen entlaufenen Sklaven – vor allem für einen, der dazu neigte, allen die Wahrheit über das zu sagen, was er erlebt hatte – alles andere als gut standen.

Ich war dankbar für jede Form von Hilfe, die meine freundlichen Stammesgenossen in Jabarona mir anboten. Dankbar für die Hilfe und für das Geld. Ich musste weiter nichts tun als warten. Und so vergingen die Monate.

Mein Traum war es, nach Kairo auszureisen, aber wenn

es so weit war, wollte ich als Dinka gehen. Das war mein Stamm, als Dinka war ich geboren. Weil ich meine Kindheit eingebüßt hatte, war mir nie die Initiationszeremonie in meinen Stamm zuteil geworden. Im Grunde war ich nach Stammesbrauch gar kein Mann. Die Initiationszeremonie wurde allen Jungen im Alter von sechzehn Jahren zuteil, und ich war mittlerweile schon über achtzehn. Ich zweifelte nicht daran, dass ich bereits ein Mann war. Aber ich wollte die Welt wissen lassen, dass ich ein Dinka war, und dazu war es erforderlich, dass ich die Stammeszeichen erhielt, die als bleibende Narben auf meiner Stirn zu sehen wären. Ich durchlebte die Prozedur in Jabarona. Ein Operateur wurde ausfindig gemacht, er rasierte mir den Haaransatz an der Stirn, und mit seinem Messer schnitt er mir die Linien der Dinka Malwal, wie unser Stamm vollständig hieß, in die Stirn. Ich spürte die Kälte des Messers und dann den Schmerz. Es machte mir nichts aus. Die Schmerzen würden vergehen, das Blut würde trocknen, die Wunden würden heilen. Wichtig war nur, dass andere Dinka bei meiner Ankunft in Kairo wussten, woher ich kam.

»Du brauchst Fotos für deinen Pass und dein Visum«, teilte mir Garang mit. »Mehrere Fotos.«

Ich hatte mich noch nie fotografieren lassen. Aber wenn das ein wesentlicher Bestandteil für die Flucht aus dem Sudan war, wollte ich es gern tun. Garang erklärte mir, dass fotografiert zu werden nicht wehtue; tatsächlich würde es der leichteste Teil der Angelegenheit sein.

Er brachte mich zum Flüchtlingslager nach Dar-es-Salam, etwa fünfundvierzig Minuten zu Fuß entfernt. Dar-es-Salam war voller Flüchtlinge anderer sudanesischer Stämme – Nuba, Fur sowie einige hellhäutigere Moslems, die einen besseren Draht zu den Arabern hatten. Es war ein wohlhabenderer Ort als Jabarona. Es gab schönere Häuser und mehr Läden und Betriebe. Garang führte mich zu einem kleinen Atelier, wo ein Schwarzer aus dem Ostteil des Sudan, ein Moslem, mich fotografierte. Er legte mir eine mit Klips versehene Krawatte um den Hals. Garang erklärte mir, dass ich auf diesem Foto gut aussehen müsse, denn es würde in meinen Pass kommen, und er wies mich an, den Mann und seinen Fotoapparat anzusehen.

»Bitte lächeln«, sagte er, und ich lächelte. Der Fotograf machte mehrere Aufnahmen. Garang bezahlte ihn.

Zwei Tage später holte ich die Fotos im Fotoatelier in Dar-es-Salam ab. Von einem glänzenden Stückchen Papier lächelte ich mich an. Es war merkwürdig, zu sehen, wie andere mich sahen. Doch ich gefiel mir gut, selbst mit der komischen Krawatte. Im Lager stimmten mir alle zu, dass es ein gutes Foto war.

»Francis Fioul Bul Bok«, las ich. In meinem Pass, der auf wundersame Weise vom Schwarzmarkt kam, war mein Name falsch geschrieben. »Francis« war noch richtig geschrieben, aber statt »Piol« stand »Fioul« auf dem Papier, statt »Bol« hieß ich nun »Bul«, und statt »Buk« war »Bok« angegeben.

Garang hatte mir den grünen sudanesischen Pass mit meinem Foto darin gebracht und der offiziellen Bestätigung in Arabisch, die bestätigte, dass »Francis Fioul Bul Bok« Bürger des Sudan sei.

Garang sagte, es sei wichtig, dass ich meinen Pass und mein Visum mit meinem Namen unterschreiben könne, und ich hatte viel Zeit damit verbracht, meinen eigenen Namenszug zu üben. In diesem Pass sah ich nun zum ersten Mal überhaupt meinen Namen gedruckt – aber eben nicht meinen richtigen Namen! Ich war sehr verärgert.

»Die lassen mich doch nie im Leben unter falschem Namen nach Kairo.«

»Das spielt gar keine Rolle«, versicherte mir Garang.

Für die Behörden, ob nun die des Sudan oder die von Ägypten, wäre ich identisch mit meinem Pass. Und zu dieser Person auf dem Foto gehörte nun der falsche Name. Meine neue Identität war festgeschrieben: Ich hieß fortan »Francis Fioul Bul Bok«.

»Du kannst den Namen ja später wieder ändern lassen«, beruhigte mich Garang, und da fühlte ich mich schon ein bisschen besser. Schließlich hatte ich schon so vieles verloren, meine Eltern, mein Dorf, und bald würde ich auch mein Land verlieren. Nun auch noch den Namen verlieren, das wollte ich nicht.

Dieser Pass vom Schwarzmarkt war so falsch wie der Name darin. Der Pass war illegal. Doch ich hatte als Flüchtling keine andere Wahl, vor allem, weil ich keine Geburtsurkunde und auch sonst keinen Beleg besaß, der bestätigte, dass ich tatsächlich im Sudan geboren war. Ich hatte nicht einmal einen Zeugen dafür, dass ich im Sudan gelebt hatte, außer Giemma Abdullah, und dessen Namen würde ich ganz sicher nicht als Referenz angeben.

So bin ich also am 28. Januar 1999 noch einmal geboren – als Francis Bok. Das Ganze kostete achtzig sudanesische Pfund.

Der nächste Schritt war die Beschaffung meines Visums für Ägypten. Garang nahm meinen Pass und weitere Fotos von mir und gab sie seinem Freund vom ägyptischen Konsulat.

Bis Weiteres geschehen sollte, vergingen einige Wochen. Da ich in Jabarona keine Arbeit hatte und es auch sonst nichts für mich zu tun gab, widmete ich mich ganz der Suche nach meiner Familie. Ich hatte von einem Lager gehört, das sich in der Nähe von Jabarona befand, einem Ort namens Mawela. Doch nicht nur dort suchte ich Verwandte oder Bekannte, ich bin auch nach Haj-Jusef gegangen, wo einige tausend Dinka lebten. Aber ich traf keinen Einzigen, den ich kannte oder der mich oder Mitglieder meiner Familie kannte.

Eines Tages in einem der Lager, an dessen Namen ich mich nicht mehr erinnere, traf ich einen Mann. Nachdem ich mich ihm vorgestellt hatte, sah er mich an und sagte: »Ich habe deinen Vater gekannt.«

Ich war völlig fassungslos. Jemand kannte meinen Vater! Dieser Mann war der Beweis dafür, dass ich tatsächlich einmal eine Familie gehabt hatte. Dass er meinen Vater getroffen hatte, lag allerdings schon viele Jahre zurück. Wir müssen damals noch in Gourion gelebt haben, also wahrscheinlich in der Zeit vor den Überfällen. Ich begegnete später noch weiteren Männern aus anderen Orten in Aweil, die mit meinem Vater geschäftlich zu tun gehabt hatten. Andere erzählten mir, dass sie Verwandte von mir – Leute mit Namen Buk – in anderen Flüchtlingslagern getroffen hatten. Aber von denen wusste keiner etwas über das Schicksal meiner Familie.

Meine kleine Schwester Amin musste inzwischen etwa dreizehn Jahre alt sein. Ob sie noch lebte? Und was war mit meinem großen Bruder geschehen, der sich an dem Tag, an dem ich entführt wurde, in einer anderen Stadt aufhielt? War es denn möglich, dass es sie alle nicht mehr gab?

Gegen Ende März bekam ich meinen Pass zurück, und darin eingeheftet ein auf drei Monate befristetes Visum, das es Francis Bok, einem rechtmäßigen Bürger des Sudan, ermöglichte, nach Ägypten zu reisen. Es war wie ein Wunder. Ich hatte keine Ahnung, wie all diese Papiere aus dem Nichts hatten beschafft werden können, aber ich fragte auch nicht danach.

Ich war aufgeregt, doch ich unterdrückte meine Nervosität. Ich wollte mir auch nicht gestatten, mich zu freuen, ehe ich nicht die Grenze nach Ägypten passiert hätte. Ich würde meiner Freude erst dann freien Lauf lassen, wenn ich mich weit genug entfernt von der sudanesischen Regierung befand. Und um das zu erreichen, brauchte ich eine Fahrkarte von Khartoum nach Kairo.

Man konnte jedoch nicht einfach zum Bahnhof gehen, eine Fahrkarte kaufen und abfahren. Der Zug war immer überfüllt. Woche für Woche fuhr dieser Zug voll beladen mit Flüchtlingen davon. Man musste seinen Namen auf eine Warteliste setzen. Ich erhielt schließlich eine Fahrkarte für einen Platz in einem Zug, der zwei Wochen später ging.

Anfang April war der Tag, an dem ich am Hauptbahnhof in Khartoum einen Zug bestieg, der mich zur ersten Etappe meiner Reise nach Ägypten bringen sollte. Ich hatte nichts bei mir außer den Kleidungsstücken, die ich am Körper trug – und sechzig ägyptischen Pfund von meinen Freunden in Jabarona, Geld genug für Lebensmittel und Wasser während der Reise. Das Geld entsprach etwa zwanzig US-Dollar, aber in Anbetracht der Opfer, die andere auf sich genommen hatten, um das Geld aufzubringen, kam es mir wie ein Vermögen vor.

KAPITEL 12

KAIRO

So reisten hunderttausende Dinka-Flüchtlinge nach Kairo: Zuerst ging es mit dem Zug von Khartoum Richtung Norden in eine andere sudanesische Stadt, nach Wadi Halfa, das war eine Reise von etwa anderthalb Tagen. In Wadi Halfa stieg man auf ein Boot um, das einen nilaufwärts über die ägyptische Grenze nach Assuan brachte, dort nahm man den Nachtzug nach Kairo, eine Fahrt, die auch wieder anderthalb Tage dauerte. Im Zug und auf dem Boot wimmelte es von Dinka wie mir, die sich auf dem Weg nach Kairo befanden. Manche fuhren auch mit dem Bus von Khartoum nach Wadi Halfa, weil das schneller geht. Aber das war auch teurer.

Ich sammelte wieder neue Erfahrungen – erst die Reise mit dem Zug, dann die Fahrt mit dem Boot und dann ein weiterer Zug, der mich in ein fremdes Land, eine fremde Stadt brachte. Doch nicht nur meine Neugierde, auch meine Angst begleitete mich nach Wadi Halfa. Ich hatte zu viele Geschichten gehört über Leute, die dort nicht weiterkamen. Das Boot, für das man eine Fahrkarte hatte und mit dem man über die ägyptische Grenze fahren wollte, war womöglich noch nicht bereit oder hatte einen technischen Schaden – und da es in Wadi Halfa keinen Platz zum Übernachten gab und die meisten auch kein Geld für zusätzliche Kosten besaßen, mussten sie in solch einem Fall nach Khartoum zurückkehren. Als der Zug in Wadi Halfa eintraf, stieg ich aus und folgte der Menschenmenge zu einer Stelle, an der sudanesische Beamte unsere Papiere überprüften. Das Boot, mit dem ich nilaufwärts wollte, würde am nächsten Morgen von einem Pier abfahren, zu dem man etwa fünfzehn Minuten zu Fuß gehen musste. Ich hatte gehört, dass es Unterkünfte gab, in denen Flüchtlinge wie ich ohne viel Geld übernachten konnten, und ich hatte eine Decke eingepackt, die mich warm halten würde. Ich folgte einigen anderen, die zu wissen schienen, wo sich diese Schlafplätze befanden. Es waren nicht mehr als überdachte Unterstände, wo man auf dem Fußboden schlafen konnte. Familien legten ihre eigenen Decken zurecht, und einige Leute vom Boot boten mir an, mich in ihre Nähe zu legen. Ich lag im Dunkeln, eingewickelt in meine Decke zum Schutz vor der lauen Luft, hörte Stimmen, die arabisch und dinka sprachen, und hoffte, dass ich nicht in Wadi Halfa festsitzen würde.

Am nächsten Morgen lag das Boot am Pier, eine große Fähre, und auf allen drei Decks wimmelte es von Menschen und Autos. Ich zeigte meine Fahrkarte vor und dazu meinen Pass mit dem Visum. Ich machte mir Sorgen. »Würden sie mich auf das Boot lassen?« Der Beamte starrte auf meine Papiere und sah mich an, während mein Herz schneller und schneller schlug.

Dann winkte er mich durch, ich durfte an Bord. Meine Papiere vom Schwarzmarkt hatten ihren Zweck erfüllt. Das Boot schipperte den Nil hinauf, den mächtigen Fluss, der die Wüste teilt. Nach Osten und nach Westen lag Sand, so weit das Auge reichte. Die Sonne stieg höher am Himmel und ging dann allmählich wieder unter. Plötzlich wurde es unruhig auf dem Boot; einige Passagiere liefen an die Reling und blickten in den Fluss hinab. Ich folgte ihnen, und da auf dem Nil sah ich mehrere kleine Boote, die auf uns zugerast kamen, fünf oder sechs etwa. Die Boote führten, wie ich hörte, die ägyptische Flagge. Unser Boot drosselte die Geschwindigkeit und hielt dann an, und die Ägypter wurden an Bord gelassen. »Sicherheitskontrolle«, sagten sie. Den Passagieren wurde befohlen, sich ohne Gepäck in einer Reihe aufzustellen, das Gepäck sollten wir durch eine spezielle Maschine schieben. Solch ein Gerät hatte ich noch nicht gesehen. Die Ägypter durchsuchten etliche Gepäckstücke und überprüften unsere Papiere.

Nach und nach machte sich Fröhlichkeit unter den Passagieren breit. Denn diese Kontrolle bedeutete, so erklärte mir jemand, dass wir die Grenze des Sudan überschritten und ägyptisches Staatsgebiet erreicht hätten.

»Gott sei Dank, wir sind raus aus dem Sudan«, hörte ich jemanden sagen. Andere schlossen sich der Meinung an.

Und dann sagte auch ich: »Gott sei Dank, ich bin endlich raus aus dem Sudan.«

Ich war glücklich. Und ich feierte, indem ich ein Sandwich aß, ein *shwarma*. So gut wie auf dem Boot in Ägypten hatte mir gegrilltes Fleisch in Pitta-Brot noch nie geschmeckt. Ich genoss die restliche Fahrt.

Die Erleichterung darüber, dass ich den Sudan verlassen hatte, und die Aufregung beim Betreten eines neuen Landes ließ die meisten Einzelheiten der Reise verblassen. Ich erinnere mich an hunderte von Dinka, die alle so froh waren wie ich, dass sie sich nun nicht mehr vor einer Regierung zu fürchten brauchten, die Menschen tötete und ganze Dörfer verwüstete.

Wir legten in Assuan an, wo ich von Bord ging, um den Nachtzug nach Kairo zu nehmen, ich stand erstmals auf ägyptischem Boden. Meine Erleichterung war unbeschreiblich, und ich gestattete mir, die Aufregung, die ich fühlte, auch zu zeigen.

Ich hatte es geschafft. Ich hatte keine Ahnung, was die Zukunft für mich bereithielt, aber ich wusste, dass der Sudan jetzt Vergangenheit war. Und das war ein ganz neues Gefühl – es war das Gefühl, frei zu sein. Vier Stunden später zeigte ich abermals meine Fahrkarte und meine Papiere vor. Danach stieg ich in den Zug nach Kairo. Es war ein langer Tag gewesen, voller Unruhe, aber auch voller Freude. Ich weiß noch, dass ich sehr müde war; aber ob ich einschlafen konnte, weiß ich nicht mehr.

Und dann war ich in Kairo. Ich war überwältigt. Nach fast einem Jahr in Khartoum dachte ich, ich wüsste, was eine Großstadt ist. Doch Kairo ist die Großstadt der Großstädte – es gibt Häuser, so weit das Auge reicht, Hochhäuser und kleinere Häuser, überall Menschen, rund um die Uhr. Khartoum hat fünf Millionen Einwohner. In Kairo leben über sechzehn Millionen Menschen. Von diesen Zahlen wusste ich damals nichts, als ich am Bahnhof in Kairo ankam. Alles, was ich sah, waren Menschen, hunderte und aberhunderte von Menschen, ein ständiges Kommen und Gehen, keiner sah den anderen an, alle liefen geschäftig weiter. Noch niemals zuvor hatte ich so viele Menschen an einem Ort gesehen, die so in Eile waren.

Ich sah auch viele schwarze Gesichter, Freunde und Verwandte von meinen Reisegefährten, den Neuankömmlingen aus dem Sudan. Ich hörte, wie sie sich zuriefen, um sich zu erkennen zu geben, Dinka-Namen hallten durch den Bahnhof. Ich sah Männer und Frauen einander umarmen, Kinder in die Arme von Erwachsenen laufen, ich hörte Menschen vor Freude lachen und bemerkte andere, die weinten.

Auf mich wartete niemand. Von all den Millionen Leuten in Kairo kannte ich keine einzige Menschenseele. Aber mit einigen Reisegefährten hatte ich Freundschaft geschlossen, und deren Freunde und Verwandte auf dem Bahnhof erzählten mir, es gebe eine Stelle, an die Leute wie ich sich wenden könnten. Wenn keiner auf einen wartete, wenn man nicht wusste, wohin man gehen konnte, wenn man keine Ahnung hatte, was man als Nächstes tun sollte, dann ging man in diese Kirche, die bei den Südsudanesen in Kairo berühmt war. Ein Dinka führte mich dorthin.

Die katholische Herz-Jesu-Kirche war ein großes, altes

Gebäude im Kairoer Sakakiny-Stadtteil. In der Hamid-Straße Nummer 71. Diese Adresse werde ich nie vergessen. Dinka-Einwanderer redeten von der »Herz-Jesu-Kirche-Hamid-Straße-Nummer-71«, als wäre es ein einziges Wort. Alle kannten diese Kirche. Direkt neben dem Gotteshaus befand sich ein sehr geräumiger Anbau, der in eine Art Schlafsaal umgewandelt worden war. Dort hatten Familien auf dem Fußboden, den ich an seinen roten Linien gleich als Basketball-Spielfeld erkannte, Decken ausgebreitet. In Jabarona hatte ich zum ersten Mal bei einem Basketballspiel zugesehen. Kinder liefen durch die Halle, Mütter räumten auf – insgesamt waren etwa fünfzig Menschen hier untergebracht. Jeden Freitag, wenn der Zug aus Assuan in Kairo ankam, trafen neue Flüchtlinge ein.

Ich erfuhr, dass die Herz-Jesu-Kirche eine Schule für sudanesische Jungen betrieb. Der Geistliche war ein Priester aus einem Land, von dem ich noch nie gehört hatte, er stammte aus Italien. Die Helfer, die in der Kirche arbeiteten, waren Schwarze, aber auch Weiße. Sie gaben mir eine Decke und wiesen mir auf dem Boden einen Schlafplatz zu. Es gab geregelte Mahlzeiten und Bäder mit Duschen, die wir benutzen durften. Nach dem Chaos und dem Lärm des Flüchtlingslagers kam mir die Unterkunft in der Herz-Jesu-Kirche erstaunlich ruhig vor. Den Menschen war wohl bewusst, dass sie in einem Kirchengebäude logierten, die Mütter achteten darauf, dass ihre Kinder nicht allzu viel Lärm machten. Mir war das gleichgültig. Ich war froh, unter anderen Dinka zu sein. Und am wichtigsten war, dass ich aus dem Sudan heraus war. Zum ersten Mal, seit ich meine Mutter verlassen hatte, um auf den Markt nach Nyamlell zu gehen, lebte ich ohne die Angst, verstümmelt oder getötet zu werden.

Ich war ein freier Mann. In Kairo.

Als ich ein kleiner Junge war, hatte ich gern Erzählungen über die Orte gehört, in die mein Vater reiste: Juba, Nairobi,

Uganda. Ich hatte davon geträumt, dass auch ich an diese Orte mit den wunderschönen Namen reisen würde. Und jetzt war ich hier in Ägypten, in Kairo, einer Stadt, in der sogar mein Vater noch nicht gewesen war.

Frei sein in Kairo bedeutete aber auch, dass man eine Unterkunft finden musste sowie eine Arbeit, um das Geld für die Miete zu verdienen. Flüchtlingslager gab es keine. Ich wusste, dass man mir nicht erlauben würde, lange in der Kirche zu bleiben. Die Kirche war gedacht für Familien, die nicht wussten, wohin sie gehen sollten. Allein stehende Männer wie ich, so hieß es, sollten in der Lage sein, eine Bleibe zu finden. Dabei kannte ich niemanden in der Stadt. Doch das hatte keine Bedeutung. Jede Woche wurden Männer wie ich der Kirche verwiesen, um neuen Familien Platz zu machen.

Erneut musste ich mir überlegen, was ich als Nächstes tun sollte.

Doch noch schob ich die Suche nach einer Antwort hinaus und genoss die Sicherheit und die geregelten Mahlzeiten in der Herz-Jesu-Kirche. Ich blieb in der Nähe der Kirche, ich traute mich nicht, die unmittelbare Nachbarschaft oder andere Stadtteile Kairos zu erkunden.

Inzwischen hatte ich eine Vorstellung davon, wie viele Dinka getötet worden waren oder vermisst wurden. Mein eigenes Leben war hart gewesen, aber jetzt begriff ich, wie glücklich ich mich im Grunde schätzen konnte. Ich war Giemma und der Polizei entkommen. Gott hatte mir geholfen, am Leben zu bleiben; er hatte mir Abdah geschickt, den freundlichen, herzensguten moslemischen Lastwagenfahrer, der mir eine Fahrkarte nach Khartoum gekauft hatte. Und als ich in Tränen aufgelöst, elend und allein an dem Busbahnhof saß und nicht wusste, was ich machen sollte, erschien ein Dinka und half mir. Was meine Eltern mir gesagt hatten, stimmte: Du bist nie allein. Gott ist immer bei dir. Im Lager nahmen mich Garang und seine Familie auf. Dann hatte mich jemand an die Geheimpolizei verraten, was sieben Monate Gefängnis bedeutete. Aber wäre ich dieser schrecklichen Erfahrung nicht ausgesetzt gewesen, wäre ich womöglich zufrieden gewesen, in Jabarona zu leben, und hätte meine nutzlosen Tage damit verbracht, über das zu reden, was meinem Volk passiert war. Stattdessen hatte der Gefängnisaufenthalt mir den drängenden Wunsch in den Kopf gesetzt, den Sudan zu verlassen. Nur wenige Monate nach meiner Freilassung befand ich mich auf einem Boot und überquerte die Grenze nach Ägypten.

Und hier war ich nun und logierte in einer Kirche! Kurz nach meiner Ankunft in der Herz-Jesu-Kirche besuchte ich die Kapelle und wohnte einem Gottesdienst bei. Die Klänge und die Gerüche versetzten mich zurück in die katholische Kirche in Nyamlell, in die mich meine Familie früher mitgenommen hatte. Die Herz-Jesu-Kirche war viel größer als das Gotteshaus, in dem meine Familie der Andacht folgte, aber auch hier gab es den vertrauten Altar und die Statuen. Ich roch brennende Kerzen, Weihrauch, eine Mischung aus Parfüm und Schweiß. Ich fühlte mich geborgen. In der Kirche war es kühl und ruhig.

Die Christen sagen »Der Herr sei mit dir«, und ich hatte mehrfach den Beweis dafür erhalten, dass Gott tatsächlich an meiner Seite war. Ich bat Gott um Hilfe bei der Suche nach meinen Eltern, ich bat ihn um ein besseres Leben. Ich hatte immer noch keine Ahnung, wo und wie ich in Kairo wohnen sollte, aber ich beschloss, darauf zu warten, dass Gott mir Hilfe schickte.

Ein paar Tage nach meiner Ankunft kam ein Mann in den Schlafsaal. Er war etwa genauso groß wie ich. Aber ich war mager, und er war korpulent und kräftig. Er kam direkt auf mich zu, als ob er wüsste, wer ich war, und stellte sich vor.

»Man nennt mich Pyo«, sagte er. Sein Dinka-Name war Tem Kuag, und auch er stammte aus der Provinz Aweil. Er sei ein Führer dort gewesen, erklärte er, ein Stadtältester – »Sultan« sagen wir dazu. Einer, der sogar in Khartoum in der Regierung gewesen sei. Er erklärte, dass er oft zum Beten in die Kirche komme und um nachzusehen, ob neue Flüchtlinge aus der Region Aweil eingetroffen seien. Andere Dinka in der Kirche hatten ihm von mir erzählt.

»Du kommst mit zu mir«, sagte er.

Ich folgte ihm nach draußen und zu dem Mehrfamilienhaus im Stadtteil Abbassiya, in dem er wohnte, nur ein kurzer Fußweg von der Kirche entfernt. Pyo und seine Frau lebten in einer Wohnung mit vier Schlafzimmern. Dreizehn Kinder wohnten bei ihnen, darunter mehrere Kinder von Pyos vielfachen Ehefrauen. Er erklärte, dass die UNO ihn vor kurzem als offiziellen Flüchtling anerkannt habe und dass er jeden Monat einen gewissen Geldbetrag bekomme, bis er nach Amerika könne, und das, so sagte er, würde schon bald sein. Das Geld von der UNO – einhundertundfünfzig ägyptische Pfund (etwa fünfzig Dollar) pro Monat für eine Einzelperson – konnte unmöglich für die Miete einer so großen Wohnung reichen, geschweige denn für Lebensmittel und Kleidung für Pyos ganze Schar an Dinka-Jungen und -Mädchen verschiedenen Alters, vom Kleinkind bis zu Zwanzigjährigen. Später erfuhr ich, dass Pyo, weil er in Aweil eine wichtige Persönlichkeit des politischen Lebens gewesen war und so vielen Flüchtlingen aus unserer Gegend geholfen hatte, Unterstützung und Geschenke von anderen Dinka in Kairo erhielt, die ihn immer noch mit dem Titel »Sultan« anredeten. Im Gegensatz zu den meisten Menschen, die sich nur um sich selbst und ihre Familien kümmerten, half Sultan Pyo immer auch anderen.

Ich erzählte ihm meine Geschichte, und ähnlich wie Garang war auch er nicht überrascht.

»Ich weiß davon«, sagte er. Als Stammesältester im Süden, als Politiker in Khartoum und weil er ja selbst politischer Flüchtling war, wusste Pyo sehr wohl von den Überfällen der *murahaliin* auf die Dörfer der Dinka. Sklaverei, so erklärte er mir, sei etwas, das es im Sudan schon seit Jahrhunderten gäbe. Während die Regierung und viele Sudanesen, die Karriere gemacht hatten, die Existenz der Sklaverei leugneten, war die Sklaverei für alle Dinka Bestandteil ihrer Beziehungen zum arabischen Norden, eine historische Tatsache, älter als der Islam selbst.

»Du musst bei der UNO den Flüchtlingsstatus beantragen«, sagte Pyo zu mir. »Deine Geschichte wird dazu beitragen, dass man dich schnell anerkennt.« Jeder Dinka in Kairo habe eine tragische Geschichte zu erzählen, erklärte Pyo. Aber ihre Geschichte war immer dieselbe: Mein Dorf wurde verwüstet, mein Vieh gestohlen, meine Familie ermordet, man hat meine Kinder entführt, ich bin in ein Lager in Khartoum beziehungsweise in Kenia geflüchtet, ich bin mit dem Boot über den Nil nach Assuan gekommen, mit den Nachtzug nach Kairo – das hatten die Mitarbeiter von der UNO alles schon viele Male gehört.

»Unsere Tragödien sind der Normalfall geworden«, meinte Pyo. So viele Flüchtlinge lebten mittlerweile in Kairo, die sich darum bemühten, von der UNO offiziell als solche anerkannt zu werden, dass es für die Beamten der UNO inzwischen schwierig sei, sich zwischen dem einen oder dem anderen Opfer zu entscheiden. Die Geschichte eines entlaufenen Sklaven jedoch, so versicherte mir Pyo, würde auf jeden Fall die Aufmerksamkeit der Flüchtlingsbetreuer von der UNO erregen. Sklaverei sei noch nicht der Normalfall. Pyo bestand darauf, dass ich mich um den Flüchtlingsstatus bewarb.

Ich hatte keine Ahnung, was ich dafür machen musste, was es mit diesem Antrag auf sich hatte.

Kurz darauf erfuhr ich, dass es auch in Kairo ein Verfahren gab, in dem man von der UNO als Flüchtling anerkannt wurde. Alle Flüchtlinge sprachen darüber, wer anerkannt worden war, wen man abgelehnt hatte, wer nach Amerika, Kanada, England oder Australien gezogen war und wer nun Geld an Freunde und Verwandte schickte. Diejenigen, deren Flüchtlingsstatus anerkannt worden war, präsentierten ihr UNO-Schriftstück mit sichtlichem Stolz. Es sicherte ihnen den Lebensunterhalt. Doch dieses einfache Stück Papier war nicht bloß einhundertundfünfzig ägyptische Pfund wert, ausreichend für Miete und Lebensmittel einer Einzelperson, es eröffnete einem zudem den Weg in die Welt, eine Welt voller Reichtum, der weit über das hinausging, was sich die Flüchtlinge in Jabarona vorstellen konnten. Die Erfolgsgeschichten, die man aus Amerika und Europa hörte, erzählten von Arbeitsplätzen, die umgerechnet tausende von ägyptischen Pfund pro Monat wert waren, und von Dinka, die Autos besaßen!

Pyo hatte man bereits die Einreise nach Amerika bewilligt. Er hatte vielen anderen Dinka während ihres Verfahrens zur Anerkennung des Flüchtlingsstatus geholfen, und er würde auch mir helfen.

»Deine Geschichte wird sie rühren«, sagte er. Pyo erklärte, der erste Schritt bestehe darin, in ein Büro der UNO zu gehen, sich das Antragsformular für die Anerkennung des Flüchtlingsstatus zu besorgen und es auszufüllen. »Man will die Geschichte der Flüchtlinge lesen, und sie muss so nachdrücklich und so genau wie möglich erzählt werden.«

Zuerst musste ich also meine Geschichte zu Papier bringen. Auf Englisch. Dabei konnte ich nicht mal arabisch schreiben, geschweige denn englisch.

»Der Englischlehrer wird dir helfen«, beruhigte Pyo mich.

»Erzähl mir deine Geschichte«, sagte der Englischlehrer, dessen Name Franco Majok war, ein Dinka aus der Provinz Aweil wie ich. Er war ein Mann von etwa dreißig und hatte wie Pyo eine große Familie. Er war freundlich, nicht so groß wie ich, aber viel klüger als ich. Franco war vor vielen Jahren als Student nach Ägypten gekommen. Damals sei die ägyptische Regierung bemüht gewesen, sich mit den Südsudanesen gut zu stellen, erzählte Franco. Der Nil floss durch das Land der Dinka, und Ägypten war auf den Nil angewiesen. Als Zeichen ihrer Freundschaft vergab die ägyptische Regierung Stipendien an Dinka-Jungen wie Franco, der in Kairo Englisch studieren wollte. Mitte der 80er-Jahre, als die Leute begannen, vor dem Bürgerkrieg in den Norden zu fliehen, kamen einige nach Kairo, weil sie bereits Verwandte in der Stadt hatten, die hier studierten. Aus diesen ersten wenigen Flüchtlingen wurden hunderttausende.

Pyo traf alle nötigen Vorkehrungen für mich, und Franco begleitete mich in das UNO-Büro und half mir, das Formular für die Befragung auszufüllen, die in einigen Monaten, im September, stattfinden sollte. Diese beiden Männer stellten wichtige Weichen in meinem Leben. Wie Pyo hatte auch Franco bereits das UNO-Verfahren durchlaufen und war von der UNO als Flüchtling anerkannt worden. Auch er wartete auf den Termin für die Ausreise nach Amerika.

Ich erzählte also Franco meine Geschichte, beginnend mit dem Tag, an dem meine Mutter mich auf den Markt geschickt hatte, dem glücklichsten Tag meines Lebens, der sich in den furchtbarsten Tag meines Lebens verwandeln sollte. Franco hörte zu und schrieb auf, was ich sagte. Dann las er mir das Geschriebene vor, und wir arbeiteten daran und brachten alles in die richtige Reihenfolge: der Überfall, Giemma, die Kinder mit den Stöcken, die *»abeed«* sangen und mich schlugen, meine zehn Jahre bei Giemma, meine Flucht nach Khartoum, meine Inhaftierung.

Franco erklärte mir, es gäbe viele verschiedene Fragen auf dem UNO-Formular: Was ist Ihnen widerfahren? Weshalb kommen Sie hierher? Was erwarten Sie von uns? All diese Fragen konnten mit diversen Auszügen aus meiner Geschichte beantwortet werden. Die UNO-Leute würden meine Antworten lesen und mich dann befragen, mir auf Grundlage dessen, was wir in das Formular eingetragen hatten, Fragen stellen.

»Du musst deine Geschichte in allen Einzelheiten und eindrücklich schildern«, erklärte Franco, und wies mich mehrere Male darauf hin, dass man meinen Antrag ablehnen würde, wenn eine meiner Antworten in der Befragung nicht mit dem übereinstimmte – oder sogar dem widersprach –, was in dem Formular stand.

»Wenn du einen Fehler machst«, warnte mich Franco, »dann war es das für dich.«

Abgelehnt ist das schlimmste Wort, das ein Dinka in Kairo zu hören bekommen kann.

Franco sah mich an, schaute mir direkt in die Augen.

»Das ist meine wahre Geschichte, Franco. Genau so ist das passiert«, sagte ich.

Ich blickte Franco ebenfalls in die Augen und beteuerte, dass keiner es schaffen würde, mich zu verwirren, wenn ich diese Geschichte erzählte. Sie war schließlich mein Leben. »Alles, was ich dir erzählt habe, habe ich gesehen und am eigenen Leib erfahren«, versicherte ich. »Das ist mir alles passiert. Das habe ich nicht von anderen Leuten gehört. Ich erzähle lediglich meine eigene Geschichte.«

Franco meinte, ich würde ganz bestimmt als Flüchtling anerkannt werden. »Du hast ein sehr schweres Schicksal hinter dir«, sagte er. Er führte aus, er hätte schon vielen Flüchtlingen geholfen, die Formulare auszufüllen, und dabei deren Lebensgeschichten gehört, aber meine Geschichte sei die schlimmste, die er jemals erzählt bekommen habe – und genau deshalb hätte ich die besten Aussichten, von der UNO den Flüchtlingsstatus zu erhalten. Franco füllte die UNO-Formulare aus und beantwortete alle Fragen entsprechend den Tatsachen meiner Lebensgeschichte.

Mehrere Monate brachte ich damit zu, immer und immer wieder meine Lebensgeschichte durchzugehen, sie laut herzusagen und mich davon zu überzeugen, dass ich nicht auch nur eine der Einzelheiten ausließ, die ich Franco berichtet hatte. Ich übte stundenweise mit Franco und nahm die Unterlagen auch mit nach Hause und arbeitete mit Pyo und seinen Angehörigen daran.

Sorgen machte ich mir zu keinem Zeitpunkt. »Wenn alles, was ich erzählt habe, genau so in diesem Formular steht«, sagte ich zu Franco, »werde ich keine Fehler machen und auch nichts davon vergessen. Ich habe schließlich alles erlebt.«

Ich konnte nichts weiter tun, als auf meine Anhörung zu warten. Da kam es mir entgegen, dass Pyos Wohnung ständig voller Menschen war; da waren seine Kinder und all die anderen Dinka, die Hilfe suchten. Manchmal erkundete ich auch tagsüber die nähere Umgebung. Auf den Bürgersteigen von Kairo drängten sich die Menschenmassen. Alle schienen etwas zu tun zu haben, waren unterwegs zur Arbeit, kauften ein oder bummelten auch bloß an den Geschäften entlang. Manchmal erntete ich staunende Blicke. *»Hunga bunga!«*, riefen mir Leute zu. Ich fragte meine Dinka-Freunde, was das zu bedeuten habe. *Hunga bunga* war eine Bezeichnung für Schwarze, erfuhr ich. Doch keiner von ihnen wusste genau, was dieser Ausruf bedeutete – aber dass es Ärger geben konnte, da waren sich alle einig.

»Beachte die Leute gar nicht und geh einfach weiter«,

Mein sudanesischer Pass mit dem ersten Foto, das jemals von mir gemacht wurde. Ich war 18 Jahre alt.

Am 18. September 2000 sagte ich vor dem amerikanischen Senat aus; am selben Nachmittag war ich mit einer Schülergruppe von der Anti-Sklaverei-Kampagne bei Außenministerin Madeleine Albright eingeladen. Sie ist viel kleiner als ich, aber eine sehr starke Frau. *Mit freundlicher Genehmigung des Außenministeriums*

Im Weißen Haus anlässlich der Unterzeichnung des Sudan-Friedensvertrages. Ich freute mich sehr über die Begegnung mit Condoleezza Rice, der Sicherheitsberaterin von Präsident Bush. *Mit freundlicher Genehmigung der amerikanischen Anti-Sklaverei-Liga*

»Juneteenth« ist ein Feiertag zum Gedenken an den Tag, an dem die schwarzen Sklaven in Texas von der Abschaffung der Sklaverei erfuhren. Im Jahr 2001 sprach ich anlässlich dieses Feiertages auf dem Capitol Hill mit Kongressabgeordneten und mit dem Urenkel von Frederick Douglass. *Mit freundlicher Genehmigung der amerikanischen Anti-Sklaverei-Liga*

Ohne mein Wissen war ich von einem Studenten als Fackelträger für die olympischen Winterspiele des Jahres 2002 vorgeschlagen worden. Ich sollte mit der Fackel durch Plymouth Rock laufen. Während ich als Fackelträger durch den Ort lief, dachte ich daran, wie ich von Giemma fort in die Freiheit gelaufen war. *Mit freundlicher Genehmigung der amerikanischen Anti-Sklaverei-Liga*

2001 beim Coachella Music Festival in Palm Springs. Als die Band JANE'S ADDICTION um Zugaben gebeten wurde, ließen die Band-Mitglieder mich auf die Bühne kommen. Hier stehe ich neben dem Sänger Perry Farrell und spreche zu vierzigtausend Zuschauern. *Mit freundlicher Genehmigung der amerikanischen Anti-Sklaverei-Liga*

Im Dezember 2000 kam es zu einem meiner wichtigsten frühen Auftritte in der Kennedy School of Government an der Harvard-Universität. Bei mir ist Harvard-Student Jay Williams, der tausenden von Sklaven im Sudan zur Flucht verholfen hat. Außerdem ist Jesse Sage anwesend, Verwaltungsratsmitglied der Amerikanischen Anti-Sklaverei-Liga, und Wendy Patten vom Weißen Haus. *Mit freundlicher Genehmigung der amerikanischen Anti-Sklaverei-Liga*

Kurz nach den Angriffen am 11. September nahm mich ein Freund mit zum Ground Zero. Ich sah mir die Trümmer an, und mir wurde klar, dass Osama Bin Laden im Sudan gelebt hatte, als ich dort Sklave war. Es bestand also eine unheimliche Verbindung zwischen meiner Zeit als Sklave und dem, was in New York City geschehen war. *Foto von James Levine*

Im Weißen Haus anlässlich der Unterzeichnung des Sudan-Friedensvertrages. Ich wurde Präsident Bush vorgestellt. Er schüttelte mir die Hand, und wir unterhielten uns einige Minuten lang über meine Geschichte. Ich bedankte mich bei ihm im Namen all der Kinder, die im Sudan immer noch als Sklaven lebten. *Foto von Kevin LaMarque, Reuters 2002*

John Eibner von der Christian Solidarity International, der das Freikauf-Programm von Sklaven initiierte; außerdem hat er mir bei der Suche nach meinem Bruder geholfen. Hier steht er vor einem Dinka-Haus, einem *Tukul*, das während eines Überfalls der Sklavenjäger niedergebrannt und zerstört wurde. *Mit freundlicher Genehmigung der Christian Solidarity International*

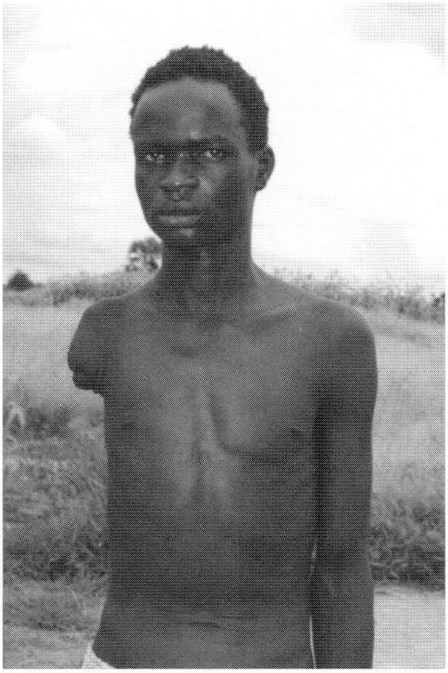

Einige Kinder tragen die Spuren der Sklaverei sichtbar an ihrem Körper. Dieser Junge mit Namen Magok Fiel wurde 1995 bei einem Überfall der Sklavenjäger gefangen. Er wurde in den Oberarm geschossen und mit dem verwundeten Arm an ein Pferd gebunden. Der Milizionär schleifte ihn so lange hinter sich her, bis ihm der Arm abgetrennt wurde. Man ließ ihn bewusstlos liegen, um ihn sterben zu lassen, aber er wurde gerettet.
Mit freundlicher Genehmigung der Christian Solidarity International

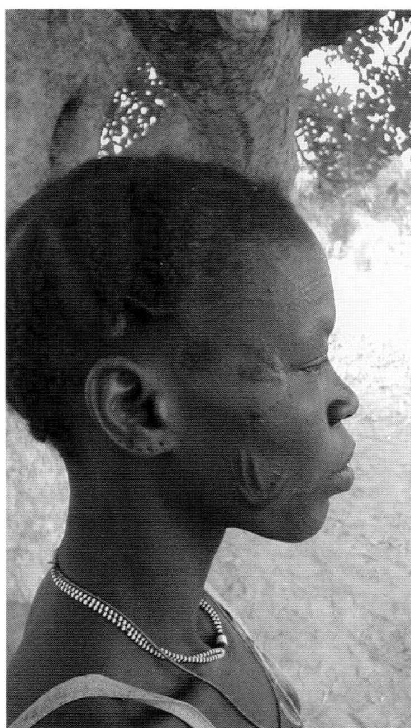

Ein Sklavenbesitzer brandmarkte das Gesicht dieser jungen Frau, um sie als sein Besitztum auszuweisen.
Mit freundlicher Genehmigung der Christian Solidarity International

Sklavenbefreier sammeln Kinder ein, die bei Überfällen der Sklavenjäger entführt wurden, und bringen sie in ihre Dörfer und zu ihren Familien zurück. Ich schaue in die Augen der Kinder, die auf ihre Befreiung warten, und erinnere mich wieder an das furchtbare Elend der Sklaverei. *Mit freundlicher Genehmigung der Christian Solidarity International*

rieten mir die Freunde. Daran hielt ich mich. Probleme mit Ägyptern hatte ich persönlich nie. Doch andere Dinka erzählten, dass sie auf der Straße von Einwohnern Kairos angesprochen wurden. »Was hast du für eine Konfession?«, fragten sie. Und wenn der Dinka dann antwortete: »Ich bin Christ«, trat der Moslem meist unwillkürlich einen Schritt zurück, als habe der Dinka plötzlich gestanden, unter einer ansteckenden Krankheit zu leiden. Sämtliche Ägypter, die ich kennen lernte, behandelten mich jedoch anständig. Im Gegensatz zu Khartoum war Kairo eine Stadt, in der wir Dinka über die Politik unseres Landes reden konnten, ohne verhaftet zu werden. Kairo war eine Großstadt mit vielen Millionen Menschen aus allen möglichen Ländern der Welt.

Die Straßen in Kairo quollen über von Autos und Lastern, die Abgase ausspien. Und es gab unzählige Geschäfte. Ich war von dem Angebot der Läden fasziniert. Manchmal musste man sich vor der Tür anstellen, um überhaupt in das Geschäft hineinzukommen. Es gab so viele Gebäude in der Stadt, wie ich noch niemals auf einem Fleck gesehen hatte. Einige ragten bis in den Himmel!

Der Nil teilt die Stadt, und entlang des Flusses stehen die großen Hotels – gläserne Türme mit blühenden Gärten voller Blumen und Palmen und mit Swimmingpools. Die einzigen Europäer, die ich bis dahin gesehen hatte, waren Mitarbeiter der UNO und des Roten Kreuzes gewesen, die die Lager in Khartoum aufsuchten. In Kairo sah ich viele Europäer und Amerikaner nach ihrer jeweiligen Mode gekleidet und hörte, wie sie sich in ihren Sprachen unterhielten. Die Ägypter nannten sie *sayiheen* – »Touristen«. Das waren Leute, erklärte mir Pyo, die auf Besichtigungstour und Erholungssuche in der Welt herumreisten. Ich mochte nicht glauben, dass Menschen den weiten Weg bis nach Kairo zurücklegten, bloß um sich zu erholen.

So viele prächtige Häuser und Geschäfte wie in Kairo hatte ich noch nicht gesehen. Es machte mir Spaß, in die großen Einkaufspassagen zu gehen und mir die neueste Mode anzusehen, von denen manche Stücke einhundert oder zweihundert ägyptische Pfund kosteten, mehr Geld, als ich jemals in Händen gehalten hatte. Pyo und andere Dinka-Freunde hatten mir etwas Geld gegeben, damit ich die zerlumpte Kleidung, die ich trug, gegen neue eintauschen konnte. In einem der Billigläden in der näheren Umgebung von Pyos Wohnung kaufte ich ein neues Hemd, Hosen und Unterwäsche. Und wenn diese neuen Sachen auch nicht ganz so schön waren wie die Kleidungsstücke, die ich in den Einkaufspassagen gesehen hatte, so trug ich doch zum ersten Mal in meinem Leben überhaupt neu gekaufte Kleidung.

Ich traf mich zu dieser Zeit häufig mit einigen jungen Dinka, die in einer Wohnung im selben Haus wie Franco wohnten. Wenn Pyos Wohnung mal wieder brechend voll von Besuchern war, brauchte ich einfach nur über die Straße zu gehen und übernachtete bei meinen Freunden, die ich auch sonst oft besuchte. Zehn Jahre lang war ich allein gewesen und hatte als Gesprächspartner nur die Ziegen und die Kühe von Giemma gehabt. Jetzt konnte ich nicht genug davon bekommen, mit anderen Dinka zusammen zu sein – und in Kairo gab es tausende, die ich kennen lernen konnte. Ich ging auf Partys, auf denen sudanesische Jugendliche afrikanische und westliche Musik hörten, Hip-Hop, Rock 'n' Roll und sogar amerikanische Country Music. Ich bekam viele verschiedene Wohnungen zu sehen, kleine und überfüllte, aber auch elegant eingerichtete.

Einige Dinka lebten seit vielen Jahren in der Stadt und hatten gute Arbeitsplätze gefunden. Sie mieteten sich schöne Wohnungen mit Satelliten-Fernsehen. Ihre Söhne trugen diese coolen amerikanischen Turnschuhe, in denen auch die

Kinder der reichen Ägypter und die Touristen herumliefen. Alle sudanesischen Jungen in meinem Bekanntenkreis sparten, um sich solche Schuhe leisten zu können, und ich beschloss, dass ich mir als Erstes, wenn ich etwas Geld übrig haben sollte, solch ein Paar kaufen wolle.

Die meisten Dinka in meinem Bekanntenkreis hatten allerdings keine Arbeit, und so waren immer genug Freunde da, mit denen man sich treffen konnte. Es mag sich so anhören, als ob wir faul gewesen wären. Aber wir hatten keine Alternative.

Ich sah in meinem gesellschaftlichen Leben einen gewissen erzieherischen Wert. Als ich ein kleiner Junge war, hatte man mich dem gesellschaftlichen Leben in meiner Kultur entrissen, und nun, da ich endlich wieder unter Dinka lebte, wollte ich so viel wie möglich von den anderen über meine Kultur erfahren. Doch das war nicht so einfach, wie ich gedacht hatte. Viele junge Dinka, die in Kairo zu meinem Bekanntenkreis gehörten, lebten bereits viele Jahre lang als Flüchtlinge. Auch sie waren außerhalb der traditionellen Sitten und Gebräuche aufgewachsen. Schnell stellte ich fest, dass sie sich mehr für ägyptische und westliche Musik, für Filme, Satelliten-Fernsehen und Fußball interessierten als für die Kultur unseres Volkes.

Eines Tages besuchte ich einen Freund in seiner Wohnung und traf eine Gruppe Dinka an, die vor dem Fernseher saß und sich eine Sendung ansah, in der einige Schwarze sangen und tanzten.

»Was ist das denn?«, fragte ich.

»Das ist ›Black Entertainment Network‹«, erklärte mir einer.

»Ein amerikanischer Sender«, fügte ein anderer noch hinzu.

Ich hatte keine Ahnung gehabt, dass es in Amerika Schwarze gab, bis einer meiner Freunde mir an jenem

Nachmittag erklärte, dass vor über einhundert Jahren Schwarze in Afrika gefangen und nach Amerika verschifft worden seien, wo sie auf den Baumwollfeldern arbeiten mussten. Und diese amerikanischen Sklaven seien die Vorfahren der Männer, die da auf dem Fernsehbildschirm sangen.

Auch in Amerika gab es also *abeed* – schwarze Sklaven wie mich, die man mittlerweile Afro-Amerikaner nannte. Daran musste ich von diesem Tag an immer wieder denken.

Je näher der Termin meiner Anhörung rückte, desto nervöser wurde ich. Ich hatte nun schon so viel über das UNO-Verfahren gehört, und obwohl Pyo und Franco als Flüchtlinge anerkannt worden waren, hatte ich weit öfter von solchen Fällen gehört, in denen der offizielle Flüchtlingsstatus verweigert worden war. Um aus dieser Anhörung als Sieger hervorzugehen, brauchte man mehr als nur eine Geschichte, das hatte ich begriffen; man brauchte Glück.

Ich hoffte, mein Glück würde anhalten und Gott würde mich auch diesmal nicht vergessen. Wer abgelehnt wurde, war wirklich jemand ohne Hoffnung. Er konnte nicht in den Sudan zurückkehren, weil dort Bürgerkrieg herrschte. Man war in solch einem Fall gezwungen, in Kairo zu bleiben, wo man offiziell als »illegaler Einwanderer« galt. Arbeitsplätze waren in Kairo rar, selbst für Ägypter, aber irgendwie musste man schließlich die Miete für eine Wohnung bezahlen. Die Kirchen gaben sich alle Mühe, Menschen, die abgelehnt worden waren, zu helfen, aber ihre Finanzreserven wurden dabei bis zum Äußersten beansprucht, und in den provisorisch eingerichteten Schlafsälen herrschte bereits drangvolle Enge.

Jeden Freitag traf der Nachtzug aus Assuan mit weiteren Flüchtlingen ein, die aus dem Sudan geflohen waren. Für tausende und abertausende, die schon so viel durchlitten hatten, war der Flüchtlingsausweis der UNO die einzige Hoffnung. Die Ablehnung trieb manch einen in den Wahnsinn. Ich habe von Menschen gehört, die sich umgebracht haben sollen, von kleinen Jungen, die von einer Brücke in den Nil gesprungen waren.

In ihrem Heimatland waren sie dem Tod meist knapp entronnen, aber ohne diesen Ausweis von der UNO waren sie zu einer Nichtexistenz in Kairo verdammt. Ich hatte Verständnis für ihre Verzweiflung. Ich wusste nur allzu gut, was für ein Gefühl es war, wenn man den Tod der Gegenwart vorzog. Wenn Giemma mich an dem Tag eingefangen hätte, als ich mich auf den Weg nach Mutari gemacht hatte, wäre ich bereit gewesen zu sterben. Hätte er mich nicht umgebracht, hätte ich mich selbst getötet; der Tod wäre mir lieber gewesen als ein Leben lang seine Kühe zu hüten. So hatte ich mir das zurechtgelegt, und ich nehme an, dass ich auch den Mut gehabt hätte, meinen Überzeugungen entsprechend zu handeln.

Dann kam der 1. September, der Tag der Anhörung. Noch wusste ich nicht, ob es ein guter oder ein schlechter Tag werden würde. Gut, weil dieser Tag für mich die Chance bedeuten konnte, erst einen Ausweis, dann monatliches Geld und schließlich eine Fahrkarte zu erhalten, mit der ich nach Amerika, Kanada, Australien oder Großbritannien reisen konnte; schlecht, weil man meinen Antrag womöglich ablehnen würde. Es gab Fälle, in denen auf die Anhörung unmittelbar die Ablehnung folgte.

In den Räumen der UNO wimmelte es von Menschen; einige hundert Leute waren da. An manchen Tagen, so hatte ich gehört, waren es sogar tausende. Manche warteten wie ich auf ihre Anhörungen, andere hatten sie schon hinter sich und gingen nun zum wiederholten Male die Listen durch, um nachzusehen, ob ihr Antrag anerkannt oder abgelehnt worden war. Einige Menschen weinten, andere fielen sich glücklich in die Arme. Ich war nervös, und zwar so nervös, dass ich in der Nacht vor der Anhörung sehr schlecht geschlafen hatte.

Eine junge Ägypterin befragte mich. Ich hatte angeben sollen, in welcher Sprache ich befragt werden wollte – Englisch, Französisch oder Arabisch. Ich entschied mich für Arabisch. Die Frau war vielleicht Anfang zwanzig. Sie hatte meinen Antrag vor sich liegen. Dann stellte sie mir die erste Frage:

»Was haben Sie in der Vergangenheit erlebt?«

Ich schilderte ihr, wie ich im Alter von sieben Jahren nach Nyamlell auf den Markt gegangen war. Sie hörte aufmerksam zu, gelegentlich vergewisserte sie sich durch einen Blick auf das Formular, ob meine mündlichen Ausführungen mit den schriftlichen übereinstimmten. Ich erzählte ihr, wie ich zum Sklaven gemacht worden war, wie ich zehn Jahre lang bei einer Familie leben musste, die mich hasste, bei Menschen, die mich schlugen und mich zwangen, ihr Vieh zu hüten, bei Menschen, die mir ihre Abfälle zu essen gaben.

Sie fragte mich, weshalb ich nach Kairo gekommen sei und was ich von der UNO erwartete.

»Ich will frei sein«, antwortete ich ihr.

Darauf fragte sie mich, in welches Land ich auswandern wolle.

Ich sagte ihr, dass mir das egal sei. Ich wolle bloß fort aus Afrika und nie mehr in den Sudan zurück. Ich sagte: »Ich will endlich in Sicherheit und frei sein.«

Sie lächelte und wies mich an, in zwei Wochen wiederzukommen – am 15. September.

Als ich nach der Anhörung das Büro verließ, hatte ich ein gutes Gefühl. Die Anhörung schien insgesamt gut verlaufen zu sein. Ich hatte keine Probleme bei der Beantwortung der

Fragen gehabt. Ich hatte lediglich die Geschichte erzählt, die ich auch schon Franco erzählt hatte. Meine Geschichte.

Während ich mich freute, sah ich die anderen Wartenden. Keiner von ihnen lächelte; alle waren so nervös, wie ich es zuvor auch gewesen war. Ich schaute auf die Tafel an der Wand. Da standen die zwei Rubriken mit den Überschriften »Anerkannt« und »Abgelehnt«. Als ich schon einmal mit Franco hier gewesen war, hatte er mir erklärt, was diese Worte bedeuteten. Unter der Überschrift »Abgelehnt« waren weit mehr Namen aufgeführt als unter »Anerkannt«.

Auf welcher Seite würde ich, Francis Bok, schließlich stehen?

KAPITEL 13

DER 15. SEPTEMBER 1998

Dieses Datum werde ich nie vergessen. Es war der Tag, an dem ich mich wieder im UNO-Büro einfand und nachsah, was mein Antrag und meine Anhörung ergeben hatten.

Auch diesmal hatte ich in der Nacht davor schlecht geschlafen. In aller Frühe verließ ich Pyos Wohnung und fuhr mit dem Bus die halbe Stunde bis zu den Büroräumen der UNO im Kairoer Stadtteil Mohandisseen. Kaum hatte ich das Gebäude betreten, hörte ich auch schon das Weinen der Menschen, die abgelehnt worden waren. Ihre Gesichter waren von der Enttäuschung gezeichnet, dass es für sie keine hoffnungsvolle Zukunft gab. Andere standen da und strahlten, sie umarmten einander und beglückwünschten sich zur Anerkennung ihrer Anträge. Andere bahnten sich wie ich ihren Weg durch die Menge, um näher an die ausgehängten Listen heranzukommen. Für die meisten war der Weg zum UNO-Büro und zum Durchsehen der Listen ein wöchentliches Ritual. Telefon oder eine feste Adresse hatten die meisten nicht. Die einzige Möglichkeit für die UNO, sie zu benachrichtigen, waren diese Listen an der Wand. Manche, so hatte ich gehört, mussten ein Jahr warten, bevor sie etwas über ihr weiteres Schicksal in Erfahrung brachten. Nach Meinung meiner Bekannten hatte ich großes Glück, dass mein Fall so schnell bearbeitet wurde. Aber mir war auch klar, dass gerade diese kurzfristige Entscheidung auch eine Ablehnung bedeuten konnte.

Nun ist es also so weit, dachte ich. Nun wird über meine Zukunft entschieden.

Als ich mich unter Einsatz meiner Ellenbogen Richtung Aushang durch die Menge schob, drängte sich ein Mann in umgekehrter Richtung mir entgegen und fragte: »Wie heißt du?«

»Francis Bok«, erwiderte ich. Ich hatte keine Ahnung, weshalb er das wissen wollte. Ich kannte den Mann nicht.

Er strahlte mich an und zeigte dabei seine Zähne. »Sie haben deinen Antrag anerkannt!«, rief er und klopfte mir auf die Schulter. Dann rief er die Neuigkeit durch den ganzen Raum: »Hier. Er ist auch anerkannt!«

Ich begriff nicht.

»Du stehst auf der Liste«, sagte er fröhlich. »Du bist anerkannt!«

Diese Auskunft war ein Schock für mich. Ich fragte mich, ob es tatsächlich stimmte. Machte dieser Typ sich vielleicht nur einen Spaß mit mir? Hatte er sich womöglich im Namen geirrt? Ich wollte selbst nachsehen und drängte mich nach vorn zur Liste.

Da stand tatsächlich mein Name. Ich konnte es nicht glauben. Ich hatte Angst, er könnte plötzlich von der Liste verschwinden. Deshalb vergewisserte ich mich mehrere Male, dass er auch Sekunden später immer noch in der richtigen Rubrik stand. Ja! Anerkannt. Darunter stand mein Name: *Francis Bok.*

Inzwischen berichtete der Überbringer der Nachricht allen, dass ich anerkannt sei. Leute fingen an, mich zu umarmen, Dinka, die ich noch nie zuvor gesehen hatte.

»Herzlichen Glückwunsch!«

»Was für ein Glück!«

»Wie wunderbar!«

»Du brauchst nie mehr in den Sudan zurück!«

Die Gefühle, die ich in dem Moment verspürte, waren

überwältigend. Ich konnte mich nicht erinnern, jemals zuvor schon einmal so überwältigt gewesen zu sein. Ich stand da, umarmte fremde Menschen und nahm ihre Glückwünsche entgegen. Ich hörte nicht mehr auf, zu lächeln, und schließlich taten mir die Wangen weh. Ich ging zu einer der UNO-Mitarbeiterinnen und sagte ihr, dass mein Antrag anerkannt worden sei. Sie prüfte dies noch einmal in einer Akte nach und vergewisserte sich, dass ich immer noch unter Pyos Adresse und Telefonnummer zu erreichen sei. Dann sagte sie, dass man bald Kontakt mit mir aufnehmen und mich auffordern werde, meinen UNO-Flüchtlingsausweis abzuholen.

Während der Busfahrt zurück in die Stadt verlor ich jedes Zeitgefühl. Ich konnte immer nur an eines denken: *Ich bin als Flüchtling anerkannt.* Meine Sorgen waren vorbei. Bald würde ich meinen Ausweis erhalten und würde einhundertundfünfzig ägyptische Pfund pro Monat bekommen. Ich war ein offizieller UNO-Flüchtling und würde bald aus Kairo herauskommen. Noch wusste ich nicht, wohin.

Im Grunde war mir das auch gleichgültig, solange sich mein Leben dadurch nur zum Besseren wandte. Über meine Zukunft würde ich mir später Sorgen machen. Meine Gegenwart war ein einziges Vergnügen. Ich war glücklich, ich schwebte förmlich durch die Straßen. Ohne Umwege ging ich zu Pyos Wohnung und traf vor dem Haus einige seiner Verwandten.

»Ich bin anerkannt!«, rief ich. Sie umarmten mich und gratulierten mir. Auch sie meinten, ich hätte sehr viel Glück gehabt, dass das Verfahren so schnell abgeschlossen worden sei. Sie waren gerade auf dem Weg zu einer Party für Franco. In all der Aufregung über meine UNO-Bewerbung hatte ich ganz vergessen, dass Franco an diesem Abend nach Amerika flog. Mir fiel auch wieder ein, dass ebenfalls an diesem Abend ein anderer Freund von mir nach Australien flog, und ich hatte versprochen, auf seine Party nur einige Blocks entfernt zu gehen. Auf der Party sagte ich allen, dass auch ich nun als Flüchtling anerkannt sei. Am nächsten Tag erzählte ich es allen Nachbarn. Noch Tage danach gratulierten mir Dinka, gleichgültig wo ich auch hinging. »Wir sind so stolz auf dich«, sagten sie. Manche meinten, dass ich sicher keine Probleme haben werde, nach Amerika zu kommen.

Tagelang war ich der glücklichste Mensch in Kairo und genoss die Überzeugung, dass meine Zukunft nun klar vor mir lag. Ich wollte feiern. Aber ich hatte nicht das Geld, um für meine Freunde eine Party zu geben. Gern hätte ich mir auch ein Paar von diesen coolen Turnschuhen gekauft. Doch ich hatte nicht mal genug Geld, um mich mit einer Falafel-Pitta zu belohnen. Doch das würde sich bald sicher ändern.

Eine Woche später rief mich jemand aus dem UNO-Büro an und forderte mich auf, meinen Ausweis abzuholen. Ohne unnötige Zeit zu verlieren, machte ich mich auf den Weg. Ich zeigte dem UNO-Mitarbeiter meinen Pass, und er verglich meinen Namen mit dem Namen auf einer Liste, die er vor sich liegen hatte, und mit einem ganzen Stapel von Ausweisen, die in der Mitte gefaltet waren. Einen von diesen Ausweisen gab er mir, und auf dem Papier war zu lesen, dass Francis Bok ein offizieller Flüchtling der Vereinten Nationen sei. Von einem Foto lächelte ich mir selbst entgegen, es war eins von den Fotos mit der Krawatte, die ich im Flüchtlingslager in Dar-es-Salam hatte anfertigen lassen. Ich lächelte zurück. Ich verließ das Gebäude und sah mir unterwegs immer wieder meinen Ausweis an.

Katusk, den Namen dieses Ortes in Kairo kannten alle Dinka, lag etwa fünfzehn Minuten mit der U-Bahn von Pyos

Wohnung entfernt. Ich habe keine Ahnung, was *Katusk* im Arabischen bedeutet, aber für die Dinka in Kairo bedeutete Katusk »Geld«. Dort in Katusk befand sich nämlich die Geschäftsstelle der UNO, bei der die offiziell anerkannten Flüchtlinge ihre monatlichen Zahlungen erhielten.

Mit meinem Ausweis in der Tasche fuhr ich los und ließ mich in Katusk registrieren, und gegen Ende November erhielt ich meine erste Zahlung – einhundertundfünfzig ägyptische Pfund. Einen so hohen Geldbetrag hatte ich noch nie auf einmal in Händen gehabt. Ich hatte das Gefühl, reich zu sein. Die anfängliche Benommenheit angesichts dieses außerordentlichen Wandels in meinem Leben wich bald dem Empfinden von Verantwortung gegenüber den Menschen, die mir geholfen hatten. Ich leistete von meinem Geld monatlich einen Beitrag zu Pyos Miete. Außerdem gab ich Freunden Geld, wenn sie es brauchten – so wie sie mir Geld gegeben hatten. Allerdings konnte ich nicht widerstehen und kaufte mir einige neue Hemden und Hosen. Ich leistete mir sogar ein Paar Turnschuhe, die nicht allzu teuer waren. Es war mir gleichgültig, was die Leute in Kairo wohl von mir denken mochten. Einen Zwei-Meter-Mann in amerikanischen Klamotten mit einem Paar weißer Turnschuhe, die fast für echte Nike durchgingen, sah man nicht oft in der Stadt. Aber ich war sicher, dass ich so prächtig aussah, wie ich mich fühlte. Ich war überzeugt, ich wirkte *cool*, so wie diese schwarzen Hip-Hop-Musiker im Fernsehen.

Für zwei ägyptische Pfund kaufte ich mir außerdem mein erstes Portmonee.

Und dann wartete ich. Das Leben der Dinka in Kairo besteht praktisch nur aus Warten: Warten auf die Anhörung, Warten auf die Anerkennung, Warten auf die Wiederaufnahme des Verfahrens für den Fall der Ablehnung, Warten auf den Ausweis, Warten auf das Geld, Warten auf die Ausreise aus Kairo. Arbeitsplätze finden Dinka nur selten, daher haben sie viel Zeit.

Aber mit meinem Ausweis in der Tasche und ein wenig Geld im Portmonee fiel mir das Warten leichter. Ich spazierte tagsüber durch Kairo. Mit meinem offiziellen Flüchtlingsausweis brauchte ich nämlich keine Angst mehr davor zu haben, von der ägyptischen Polizei als »illegaler Einwanderer« aufgegriffen zu werden. Und ich besuchte Freunde. Um uns die Zeit zu vertreiben, spielten wir Karten und sahen fern. Ich wurde Fußballfan. Der Sport, der es mir aber am meisten antat, war das amerikanische Basketballspiel. Zu gern sah ich diese starken, hoch gewachsenen schwarzen Amerikaner über das Spielfeld laufen und in die Luft springen, sah zu, wie sie sich den Ball zuwarfen und ihn kraftvoll in den Korb schleuderten. Ich beschloss, dass ich nach meiner Ankunft in Amerika mit dem Basketballspielen anfangen würde.

Ich nahm in der Kirche Englischstunden. Mir war eingefallen, wie wichtig es für mich gewesen war, Arabisch zu lernen, um meinen Weg in Giemmas Welt zu finden. Man hatte mir gesagt, dass in all den Ländern, in die man mich schicken konnte – den Vereinigten Staaten, Kanada, Australien und England –, hauptsächlich Englisch gesprochen wurde. So lernte ich zunächst das englische Alphabet. In der Kirche gab es einen kostenlosen Kursus, in dem man Englisch in Wort und Schrift lernen konnte. Ich war immer mächtig stolz darauf gewesen, wie gut ich Arabisch gelernt hatte. Aber Englisch zu erlernen erschien mir beinahe unmöglich. Ich machte kaum Fortschritte; ich war enttäuscht und verärgert über meine Unfähigkeit, auch nur die einfachsten Wörter zu lesen. Ich machte mir mehr und mehr Sorgen, wie ich die nächste Phase meines Lebens bewältigen sollte, wenn ich unfähig war, die Sprache der neuen Heimat zu erlernen. Dann fiel mir ein, dass ich zehn Jahre damit zugebracht hatte, Arabisch zu erlernen.

Wie sollte ich bloß in so kurzer Zeit so viel Englisch lernen, dass ich mich in dem neuen Land zurechtfinden würde?

Und es gab noch etwas anderes, um das ich mir Sorgen machen musste: den INS, den amerikanischen Immigration and Naturalization Service. Um nach Amerika zu kommen, musste ich warten, bis diese Einwanderungsbehörde meinen Einreiseantrag noch einmal prüfte. Und der INS, so hörte man, hatte einige UNO-Flüchtlinge abgewiesen. Es würde zunächst eine weitere Anhörung geben.

Im Juni 1999 begab ich mich noch einmal in die Büroräume der UNO, wo ein INS-Angehöriger, ein englisch sprechender Amerikaner, die Anhörung durchführte. Ich war besorgt. Freunde, die diesen Teil des Ausreiseverfahrens ebenfalls hatten durchlaufen müssen, hatten mich vorgewarnt, dass es so sein würde, als stände man vor Gericht. Ich hatte zwar noch nie vor Gericht gestanden, aber ich begriff, dass es nun wirklich ernst würde; derjenige, der die Anhörung durchführte, würde mir viele Fragen stellen, und ich müsste eindeutige Antworten geben und mich vor allem respektvoll verhalten.

»Augenkontakt ist das Wichtige«, rieten mir Freunde. Sie ermahnten mich auch, nicht von der Geschichte abzuweichen, die ich auf dem ursprünglichen UNO-Formular angegeben hatte. Das war kein Problem für mich. Ich hatte nicht ein einziges Detail der Ereignisse in meinem Leben vergessen. Zehn Jahre lang hatte ich als Sklave gelebt, und diese Zeit würde ich nie vergessen, auch wenn sie mittlerweile ein paar Jahre zurücklag. Giemma und seine Frau sah ich immer noch in meinen Träumen. Immer noch dachte ich an diese Jungen bei der Wasserstelle. Oft fragte ich mich, was wohl mit den Kindern aus meinem Dorf passiert sein mochte, die ebenfalls den Männern von der Miliz übergeben worden waren. Und immer, wenn ich in Kairo einem neuen Flüchtling aus Aweil begegnete, fragte ich ihn, ob er irgendetwas von meinen Eltern gehört hatte.

Wenn Freunde zu Besuch kamen, schauten wir uns gemeinsam im Fernsehen ein Basketballspiel an. Dann war es für kurze Zeit so, als ob es im Sudan keinen Krieg gäbe, als ob es gar keinen Grund dafür gäbe, dass wir Dinka uns hier in Kairo befanden.

»Wir haben Ihren Antrag gelesen«, sagte der Vertreter der INS, »Sie erklären, es habe einen Überfall gegeben und Sie selbst seien entführt worden. Entspricht das der Wahrheit?«

Auf Englisch war ich vorher noch nie befragt worden, aber man hatte mir einen Dolmetscher zur Seite gestellt, einen Ägypter, der gut englisch sprach und mir ins Arabische übersetzte, was der Mann von der INS sagte.

Wieder einmal erzählte ich meine Geschichte. Der Mann von der INS hörte aufmerksam zu, und während der nächsten dreißig Minuten etwa stellte er mir weitere Fragen, darunter allerdings nicht eine, die ich nicht mühelos und in allen Einzelheiten beantworten konnte.

»Danke«, sagte er schließlich. Er gab mir zu verstehen, dass der INS seine Entscheidung in Kürze treffen würde und dass ich im Lauf der nächsten Wochen immer mal wieder in die UNO-Büros kommen und mich nach dem Ergebnis der Anhörung erkundigen sollte. Das war es. Kein Lächeln von diesem Mann, keine aufmunternden Worte. Der Dolmetscher gab mir ein Zeichen, und wir beide standen auf und verließen den Raum. Er meinte, es sei alles gut verlaufen. Ich war mir nicht so sicher.

Und abermals begann das Warten. Aber das machte mir nichts aus. Denn so fühlte ich mich mit meiner Gemeinschaft in Kairo nur noch mehr verbunden; schließlich waren alle ständig damit beschäftigt, sich vom jeweiligen Stadium ihres Verfahrens zu überzeugen. Sie versprachen, sie würden einen anrufen, aber ich hatte zu viele Geschichten von Anrufen gehört, die nie eintrafen. Weil so viele Leute kein Telefon hatten, hingen die Flüchtlings- und die INS-Liste auch in den Kirchen in der Gegend aus, die mit den Flüchtlingen zusammenarbeiteten. Meine Donnerstage verbrachte ich mit Fahrten zur Herz-Jesu-Kirche und zu den UNO-Büros. Mein ganzes Leben konzentrierte sich auf diese Donnerstage. Wenn ich meinen Namen auf der Liste in der Kirche nicht entdeckte, machte ich mich auf den Weg zur UNO, um mich davon zu überzeugen, dass es sich nicht um einen Fehler handelte.

Dann, am dritten Donnerstag, noch bevor ich selbst nachgesehen hatte, erzählte mir ein Freund, dass er meinen Namen auf der Liste in der Kirche gesehen hatte. Ich dürfe nach Amerika! Ich glaubte ihm nicht. Ich dachte, er wolle sich einen Spaß mit mir erlauben, wolle mich dazu bringen, in die Kirche zu laufen, um dort eine Enttäuschung zu erleben. Ich ging direkt zur UNO – und entdeckte meinen Namen auf einer Liste. Es stimmte. Ich würde nach Amerika ausreisen.

Aber in welche Stadt, das stand nicht auf der Liste. Der INS würde zunächst eine Organisation als Geldgeber für mich finden müssen, was in der Regel mehrere Monate dauerte. In der Zwischenzeit müsste ich zu einer ärztlichen Untersuchung, der ersten meines Lebens. Ich fühlte mich wohl, ich war kräftig, ich machte mir keine Sorgen über meinen Gesundheitszustand, und der Arzt bestätigte, dass ich in guter körperlicher Verfassung sei. Außerdem gab es einen »Orientierungs«-Tag, an dem Leute uns etwas über das Leben in Amerika erzählten und uns ein Video zeigten. Sie erzählten uns, dass die Amerikaner freundliche Menschen seien, auch gegenüber Ausländern. Sie erzählten uns, wie die Regierung funktionierte, dass es viele Arbeitsplätze gäbe, aber dass wir Steuern zahlen müssten. Ich verstand nichts von alledem. Es gab unzählige Gebräuche und Vorschriften, die sich von denen im Sudan und in Ägypten unterschieden, so viele Informationen, so viele Aspekte, die neu für mich waren, dass ich gar nicht alles begreifen konnte. Aber zwei Auskünfte über Amerika merkte ich mir gut.

Wir wurden davor gewarnt, dass die Straßen in amerikanischen Städten vor allem nachts gefährlich seien. Menschen würden ausgeraubt und erschossen. Wir sollten also vorsichtig sein.

Besonders hellhörig wurde ich, als uns gesagt wurde, dass in Amerika jeder Bürger zur Schule gehen dürfte. Das Alter spiele keine Rolle. Jeder durfte die Schule besuchen.

Bis jetzt hatte ich überlebt, indem ich auf Gefahren Acht gab. Auch in Amerika würde ich vorsichtig sein. Aber am aufregendsten von allen Informationen fand ich die Tatsache, dass ich zur Schule gehen dürfte. Von dem, was der Mann danach noch über Amerika erzählte, habe ich wahrscheinlich nichts mehr gehört.

Ich freute mich auf die Zukunft. Ich hatte im Norden des Sudan überlebt, hatte mich in das Lagerleben in Jabarona integriert und dort etliche Freundschaften geschlossen, auch in Kairo hatte ich mich problemlos zurechtgefunden. Wenn ich nach Amerika käme, würde ich auch dort zu leben lernen. Da war ich ganz sicher.

Der Juni war längst vergangen. Auch der Juli näherte sich schon seinem Ende, und mein Leben konzentrierte sich immer noch auf die Donnerstage, an denen ich in der Kirche auf den Listen nach meinem Ausreisedatum und meinem Reiseziel suchte. Eines Donnerstagmorgens traf ich auf dem Weg zur Kirche einen Bekannten; mit breitem Lächeln kam er auf mich zu. »Manchester, New Hampshire!«, rief er, und ich hatte keine Ahnung, was das bedeuten sollte. Sein Name stehe heute auf der Liste, und er würde in einen Ort namens Manchester, New Hampshire, kommen. Bevor ich ihm noch gratulieren konnte, schlug er mir auf die Schulter.

»Du stehst auch drauf!«, rief er und lachte voller Freude. Er sagte mir, dass auch mein Name auf der Liste derjenigen sei, die nach Amerika kämen. Ich glaubte ihm nicht. Er meinte, ich solle doch zur Kirche gehen und selbst nachsehen. Ich beschloss, direkt zur amerikanischen Botschaft zu gehen, um die Nachricht dort zu überprüfen. Die amerikanische Botschaft lag in der Kairoer Innenstadt, nahe dem Nil und nur einige Straßen von den großen Hotels entfernt. Im Botschaftsgebäude ging ich zügig zum Aushang. Da stand mein Name als vierter von oben: *Francis Bok*. Neben meinem Namen stand das Ausreisedatum: *13. August 1999*. Mein Geldgeber war eine christliche Vereinigung mit Namen Lutheran Social Services. Mitglieder dieser Vereinigung würden mir helfen beim Einleben in *Fargo*, in *North Dakota*. So lautete mein Reiseziel.

KAPITEL 14

REISE NACH AMERIKA

Flug TWA Nr. 891 von Kairo zum John-F.-Kennedy-Flughafen in New York, 13. August 1999, Abflug ein Uhr morgens. Von New York aus würde ich nach Chicago fliegen, O'Hare-Flughafen, und dort einen Anschlussflug nach Fargo, North Dakota, bekommen. Lauter fremde Namen standen auf meiner Reiseroute.

Ich gab eine Abschiedsparty. Immer wenn einer von uns Kairo verließ, gab es eine Abschiedsparty. In dem einen Jahr in Kairo hatte ich viele Menschen kennen gelernt. Die Freunde, aber auch viele Menschen, die ich gar nicht kannte, erschienen an dem Abend in der Wohnung, die ich mir mit zwei Freunden teilte, seit Pyo vor einigen Monaten nach Amerika abgereist war. Die Party kostete mich fast zweihundert ägyptische Pfund, umgerechnet etwa siebzig Dollar, und das entsprach einem beträchtlichen Teil des Geldes, das ich von den UNO-Zahlungen gespart hatte. Das war viel Geld, aber die Freunde erwarteten eine Abschiedsparty. Viele von ihnen hatten mir geholfen, und ich wollte meine Freude darüber, dass ich nach Amerika einreisen durfte, mit den anderen teilen. Schon am Spätnachmittag trafen die Ersten ein. Die Frauen kochten sudanesisches Essen, Hühnchen und Rindfleisch mit pikanten Saucen. Es dauerte nicht lange, und die Wohnung quoll über von Menschen, die sich anscheinend genauso amüsierten wie ich.

Gegen einundzwanzig Uhr machte ich mich in Begleitung einiger Freunde auf den Weg zum Flugplatz. Ich trug meine beste Hose und mein bestes Hemd, meine übrigen

Besitztümer, zwei weitere Paar Hosen und einige Hemden, trug ich in einer Schultasche bei mir, darin waren auch mein Pass, die Mappe mit den Unterlagen von der UNO, die mich als Flüchtling auswiesen, und fünfzig US-Dollar, die die Leute von der UNO mir für die Reise gegeben hatten. Ich nahm den Bus von Abbassiya zum Kairoer Flughafen. Man hatte mir gesagt, ich müsse mindestens zwei Stunden vor Abflug dort sein. Ich hatte mir vorgenommen, spätestens um zweiundzwanzig Uhr dort zu sein, so würde ich genügend Zeit haben zum Einchecken und um die diversen Sicherheitskontrollen zu durchlaufen. Der Bus fuhr Richtung Uruba, die Flughafenstrecke, vorbei am Kairoer Ausstellungsgelände, einem riesigen grünen Park. Am Flughafen war ich schon einmal gewesen, um mich von Pyo zu verabschieden, aber den Terminal hatte ich nicht betreten dürfen. Aus Sicherheitsgründen durften nur Fluggäste mit gültigem Flugticket hinein. Wie sehr hatte ich mir gewünscht, im Besitz eines gültigen Tickets zu sein.

Jetzt hatte ich nicht nur ein gültiges Ticket, sondern durfte offiziell nach Amerika einreisen, nach Fargo, North Dakota. Ich hatte immer noch keine Ahnung, wo Fargo lag, wie groß die Stadt war, was für Leute dort lebten. Viele Flüchtlinge, die zum Flughafen kamen, wussten nicht einmal, in welches Land sie reisen würden. Orte außerhalb von Afrika waren für die meisten ein großes Fragezeichen. Ich kannte wenigstens den Namen meiner neuen Heimat.

Ich verabschiedete mich von meinen Freunden. Sie umarmten mich, und ich wünschte ihnen Glück für das UNO-Verfahren. Wir würden in Kontakt bleiben. Im Terminal fand ich schnell den TWA-Schalter und checkte ein, dann durchlief ich all die Sicherheitskontrollen und begab mich zu dem Ausgang, von dem das Flugzeug nach New York starten würde. Ich konnte kaum glauben, dass ich tatsächlich auf dem Weg nach New York war, einer Stadt, über die ich etwas im ägyptischen Fernsehen gesehen hatte. Ich traf einige bekannte Gesichter, darunter den Mann, der auf dem Weg nach Manchester, New Hampshire, war und der mir erzählt hatte, dass wir gemeinsam mit fünf Familien aus Somalia und dem Sudan fliegen würden, deren Reise auch von den Lutheran Social Services bezahlt wurde. Alle zusammen saßen wir in der Wartehalle des Terminals, ziemlich verwirrt von der Betriebsamkeit um uns herum. Als Erstes fiel mir auf, wie bunt zusammengewürfelt die Passagiere waren. Wir waren eine Hand voll Afrikaner mitten unter hunderten von Ägyptern, anderen Arabern und vielen Weißen, von der Sorte gut gekleideter amerikanischer und europäischer Touristen, wie ich sie auf den Straßen von Kairo gesehen hatte. Als Nächstes fiel mir auf, wie vertraut die anderen Passagiere mit dem Reisen zu sein schienen, wie erfahren sie darin waren, während wir Afrikaner eng beieinander hockten, ein Haufen ängstlicher Flüchtlinge, die darauf warteten, hoch durch die Luft ins unbekannte Amerika zu fliegen.

»Was darf ich Ihnen zu trinken geben?« Die Frau, die sich im Flugzeug um die Gäste kümmerte, sprach mich auf Englisch an. Ich hatte keinen blassen Schimmer, was sie gefragt hatte. Doch ich sah, dass sie kleine Weinflaschen und Tassen mit Kaffee und Tee an die anderen Leute austeilte.

»Tee«, sagte ich. Sie lächelte und gab mir eine Tasse Tee, und ich probierte einen Schluck. Der Tee war ungesüßt. Ich mag viel Zucker in meinem Tee, wusste aber nicht, wie ich danach fragten sollte. Ich hatte nicht mal den Mut, die anderen Sudanesen in dem Flugzeug zu bitten, mir zu helfen. Sicher würden sie denken, ich sei dumm, wenn ich nicht einmal wusste, wie ich Zucker für meinen Tee zu verlangen hatte. Als die Stewardess zurückkam und abräumen wollte, reichte ich ihr meine volle Tasse Tee. Ich befürchtete, dass sie verärgert sein würde. Doch sie lächelte mich an und nahm meine Tasse wortlos entgegen. Bald kam sie mit einem heißen Essen zurück, Hühnchen, es schmeckte mir. Nachdem die Tabletts abgeräumt worden waren, lehnte ich mich in meinen Sitz zurück. Es war nach Kairoer Zeit mitten in der Nacht. Das Abschiednehmen und die Aufregung über die Reise ins Ungewisse hatten mich müde gemacht. Ich freute mich auf ein bisschen Schlaf. Aber als ich gerade die Augen geschlossen hatte, passierte etwas Merkwürdiges mit meinen Ohren. Sie fühlten sich wie verstopft an. Ich schlug mir mit den Handflächen gegen die Ohren, was zunächst auch zu helfen schien. Dann war es plötzlich wieder so, als wären die Ohren mit Wasser gefüllt. Immer nur für eine kurze Zeit fiel ich in einen leichten Schlaf.

Um sechs Uhr morgens Ortszeit traf das Flugzeug in New York ein. Alle applaudierten. Ich nicht. Mir war nicht ganz klar, weshalb die Leute Beifall klatschten, es war für mich etwas Fremdes. Und irgendwie war mir das Geräusch des Applaudierens peinlich.

Ich war aufgeregt, gleich würde ich endlich wieder auf festem Boden stehen. In Amerika! Vom Fenster aus konnte ich die Reihen mit großen Fliegern von TWA und anderen Linien sehen. Ich ergriff meine Tasche, vergewisserte mich, dass ich mein Ticket und meine Unterlagen hatte, und reihte mich zum Aussteigen ein. Zusammen mit den Somaliern und den Sudanesen folgte ich der Menge durch verschiedene Gänge in einen Raum voller Passagiere, die in langen Schlangen anstanden. Beinahe alle um mich herum sprachen englisch. Ich verstand kein Wort. Ein Mann kam auf mich zu und sagte etwas. Ich hatte keine Ahnung, was er von mir wollte. Erneut redete er auf mich ein. Ich stand da, und wusste nicht, was ich tun sollte. Dann hörte ich das vertraute Wort »Pass«. Ich gab ihm meinen Pass, und er ging zu einem Büro in der Nähe. Kurz darauf kam er zurück und zeigte mir, dass mein Pass gestempelt worden sei. Er reichte mir außerdem eine Karte mit dem Aufdruck I-94, die einem vorläufiges Aufenthaltsrecht in den Vereinigten Staaten gewährt, bis man die Green Card erhält, die es einem ermöglicht, in den USA zu arbeiten, auch wenn man kein Bürger der USA ist.

Ich warf noch einmal einen Blick auf den Stempel in meinem Pass und lächelte – wie der Francis Bok auf dem Passfoto. Jetzt befand ich mich offiziell in Amerika. Und wenn ich noch daran zweifelte, musste ich bloß auf all das Englisch hören, das um mich herum geredet wurde. Die für mich bedeutungslosen Laute waren Beweis genug.

Auf einmal machte ich mir wieder Sorgen. Wie würde ich mich mit diesen Amerikanern verständigen? Sie sprachen so schnell. Ich sah, wie sich die anderen Flüchtlinge aus dem Flugzeug in Bewegung setzten, und folgte ihnen. Wir wurden zur Eile gedrängt, damit wir unsere Anschlussflüge bekamen.

Der TWA-Terminal in New York gefiel mir außerordentlich gut, er hat weit mehr Glas und Stahl und Teppiche als der Kairoer Flughafen. Ich empfand ihn als ansprechender. Obwohl es noch so früh am Morgen war, eilten unzählige Menschen durch die Flughafenhallen. Als wir zu unseren Ausgängen gebracht wurden, staunte ich über die Geschäfte und die Restaurants. Ich hätte mir das alles gern genauer angesehen, aber wir hatten keine Zeit. Ich verabschiedete mich von den Sudanesen, die nach New Hampshire flogen, und folgte den anderen, die wie ich nach Chicago, zum O'Hare-Flughafen wollten.

In Chicago waren wir auf uns gestellt, wir hatten noch etwas Zeit bis zum Abflug nach Fargo, und hier konnte ich mir die Geschäfte und die Restaurants in Ruhe ansehen. Es gab unglaublich viele Sachen, die man kaufen konnte. Auch zu essen wurde reichlich angeboten, doch nichts von den Lebensmitteln war mir vertraut, und deshalb regte auch nichts den Appetit an. Der Flughafen selbst war riesig, wohl das größte Gebäude, das ich je gesehen habe, gut gekleidete Reisende gingen schnellen Schritts in die eine oder die andere Richtung.

Wir waren nicht so sicher, wo wir hinmussten. Wir waren nur noch zu viert: ein anderer Dinka und seine Frau, die wie ich nach Fargo wollten, und noch eine Frau aus Somalia mit mehr Gepäckstücken, als sie tragen konnte, die von Fargo aus nach Minnesota weiterreisen würde. Die Leute von der TWA hatten uns gesagt, wir sollten zum Terminalausgang F-3. Wir sahen im Vorübergehen zuerst Terminal A und B, dann C und D, E und schließlich Terminal F. Aber es gab so viele Ausgänge mit F, und meine Fähigkeiten, amerikanische Zahlen zu lesen, waren eher begrenzt. Wo war nur der Ausgang F-3?

Wir suchten vergeblich. Mir kam es so vor, als starrten uns hoch gewachsene Afrikaner alle anderen Reisenden an. Wir fielen unter den tausenden von amerikanischen Geschäftsleuten in eleganten Anzügen mit Krawatten und glänzenden Schuhen sowie edlen Reisetaschen an der Hand auf. Die Menschen strömten in alle möglichen Richtungen zu den Ausgängen. Dass ich in der Herz-Jesu-Kirche in Kairo das Alphabet gelernt hatte, zahlte sich also nun doch aus.

Dennoch hatten wir uns verirrt. Wir gingen auf eine Gruppe Reisender in der Nähe des Restaurantbereichs zu und fragten nach dem Ausgang F-3. Sie zeigten uns den Weg. Wir folgten ihren Anweisungen, aber es war kein Ausgang weit und breit zu sehen. Ein großer Schwarzer in Uniform, der Abfalltüten auf ein Wägelchen lud, bemerkte unsere Hilflosigkeit und kam zu uns herüber. Er sprach zu uns, aber wir verstanden ihn nicht.

»F-3«, sagte ich und schwenkte mein Flugticket. »F-3!«

Er betrachtete kurz das Ticket und führte uns ein Stück den Gang lang, blieb stehen und zeigte dann auf einen weiteren langen Gang.

»F-3«, sagte er und lächelte. Wir nickten, lächelten ihn ebenfalls an und gingen allein weiter. Endlich waren wir richtig. Ich war erleichtert.

Während ich mich freute, fiel mir auf, dass der erste Mensch, der uns in Amerika geholfen hatte, ein Schwarzer gewesen war. Schwarze Amerikaner hatte ich in Kairo im Fernsehen gesehen, sie waren Nachkommen von ursprünglichen Afrikanern, die als Sklaven nach Amerika verschifft worden waren. Die Nachkommen lebten als freie Menschen in Amerika, Afro-Amerikaner wie dieser freundliche Mann, der am Chicagoer Flughafen arbeitete. Und auch ich stand nun hier am Flughafen, ein Afrikaner in Amerika.

Als die Sonne schon tief am Himmel stand, gegen fünf Uhr nachmittags, landete das Flugzeug in Fargo. Seit über vierundzwanzig Stunden war ich unterwegs, und mein Körper schien nicht mehr genau zu wissen, ob es nun Tag oder Nacht war. Mein Kopf fühlte sich an, als sei er mit Sand gefüllt.

Als ich aus dem Flugzeug stieg, nahm mich ein Afrikaner in Empfang, der für die Lutheran Services arbeitete, ein Mann aus Somali mit Namen Ahmed.

»Willkommen in Amerika«, sagte er mit breitem Lächeln. Ich verstand nur wenig von dem, was er sonst noch sagte, obwohl er arabisch sprach. Er half dem sudanesischen Paar mit dem Gepäck und sagte, dass wir ihm folgen sollten. Ich war froh, dass ich hier in dieser neuen fremden Stadt jemanden hatte, der sich um alles kümmerte. Wir folgten ihm zu seinem Wagen, der für mich wie ein Militärlaster aussah. Inzwischen weiß ich, dass es sich um einen

Kleintransporter handelte. Wir warfen unser Gepäck nach hinten und stiegen ein. Dann fuhren wir in die Stadt, wo er das Ehepaar an einem Wohnhaus absetzte. Ich wartete im Wagen, während er ihnen die Sachen hineintrug. Ich fragte mich, wo ich wohl wohnen würde.

Ahmed fuhr weiter, und nach etwa zwanzig Minuten kamen wir zu einem weiteren Wohnhaus am anderen Ende der Stadt, einem schönen, sauberen Gebäude, das im Gegensatz zu den Häusern in Kairo wie ein Neubau aussah. Ich folgte ihm ins Erdgeschoss, wo er eine Tür aufschloss.

Ich trat ein. Es gab ein Wohnzimmer, eine Küche, ein Bad, ein Schlafzimmer. Ahmed machte die Schränke auf und zeigte mir das Geschirr und die Lebensmittel in Dosen und Büchsen; er öffnete den Kühlschrank, in dem sich Milch, Eier und weitere Lebensmittel befanden. Er gab mir zu verstehen, dass diese Wohnung mein Zuhause sei. Er reichte mir den Schlüssel und war verschwunden.

Ich setzte mich auf das Sofa und sah mich um. Plötzlich bemerkte ich, dass ich lächelte. Ich fragte mich, ob das wirklich alles wahr sein konnte. War ich wirklich fort aus dem Sudan, fort aus Afrika, fort aus Ägypten und hier in Amerika? Ich sah mir die Möbel an, das Fernsehgerät; ich schlug auf das Kissen auf dem Sofa. Ja, es war alles wahr. Ich saß tatsächlich in meiner eigenen Wohnung in Amerika.

Ich hatte Hunger. Ich ging wieder in die Küche und schaute mir noch einmal die Büchsen und Dosen an, die Ahmed mir gezeigt hatte. Die Bilder darauf waren mir nicht vertraut, und die Etiketten und die Kochanleitungen konnte ich nicht lesen. In Kairo hatte ich gelernt, mir mein Essen auf einem Elektroherd zu kochen, der nicht viel anders war als der Herd hier in der Wohnung. Aber wenn ich Lebensmittel miteinander vermischte, die ich nicht kannte, so fürchtete ich, würde ich womöglich krank, würde mich vielleicht sogar vergiften. Ich ging zum Kühlschrank und schenkte mir ein Glas Orangensaft ein – die Abbildung auf der Verpackung war mir vertraut. Ich trank den Saft.

Ich schaltete den Fernseher an, setzte mich aufs Sofa. Das Bild war nicht ganz scharf, auch der Ton rauschte auf allen Kanälen. Während ich auf das schlechte Fernsehbild in meiner neuen Wohnung in Fargo, North Dakota, USA, schaute, führten mich meine Gedanken zurück in den Nordteil des Sudan, zu Giemmas Hof, in jene Zeit, als ich mich nicht getraut hatte, die Dinge zu tun, die ich tun wollte. Meine Erinnerung brachte mich zurück an die Wasserstelle, an der ich damals die anderen Dinka-Jungen gesehen hatte, die Kinder, die womöglich nicht geflohen waren. Meine eigene Freiheit führte mir ihr Sklavendasein noch deutlicher vor Augen. Ich dachte plötzlich an die Zeit, in der ich jede Minute von meiner Flucht geträumt hatte. Zum ersten Mal kam mir die Frage in den Sinn, wie ich diesen Dinka-Sklaven helfen konnte, von dem Fluss und den Kühen und von den Herren wegzukommen, die sie schlugen und verstümmelten. Ich überlegte, was ich unternehmen könnte, jetzt wo ich frei war – wie ich die Kinder aus dem Nordteil des Sudan retten und sie in eine Wohnung bringen könnte, die so schön war wie meine. Ich wollte, dass sie so frei waren wie ich. Ich wusste genau, wie sie sich fühlten; ich wollte, dass sie nachempfinden konnten, wie ich mich fühlte, wie es mir ging, allein auf mich gestellt in dieser Stadt mit Namen *Fargo*.

Schließlich gewann die Müdigkeit die Oberhand. Meine lange Reise hatte mich erschöpft. Ich duschte und genoss die Stille in der Wohnung – in Kairo hatten wir dicht gedrängt gewohnt. Wenig später kletterte ich in mein neues Bett, das weichste Bett, das ich je zu spüren bekommen hatte. Wie ich so da im Dunkeln lag und versuchte, den Kopf frei zu machen, um dem Schlaf Raum zu geben, fielen mir die Kinder aus Gourion ein, die mit mir auf den Markt gegangen waren. Was war wohl mit Kwol geschehen? Kümmerte auch er sich immer noch um das Vieh eines *murahaliin*? Und was war mit Nyabol und Abuk? Die Mädchen, die auf Anweisung meiner Mutter auf mich hatten aufpassen sollen, würden jetzt erwachsene Frauen sein. Arbeiteten sie für arabische Familien? Waren sie vielleicht gar nicht so weit weg von Giemmas Hof? Ich hoffte, dass ihnen nichts Schlimmes passiert war; ich hoffte, dass auch sie geflohen und zu ihren Eltern zurückgekehrt waren.

Aber ich wusste nicht wirklich, was mit meinen Freunden aus meinem Dorf geschehen war. Ich weiß es bis heute nicht.

KAPITEL 15

WIEDER EIN GUTER ARBEITER, ABER JETZT BEZAHLT

Ich weiß nicht, wie oft ich in der Wohnung in Fargo in der Küche stand, *meiner* Küche, und auf all die Töpfe, Pfannen, Teller und Gläser starrte. Das alles konnte ich benutzen, wann immer ich wollte. Ich konnte nach draußen laufen, zurückkommen, die Tür abschließen und in jeden Raum gehen. Ins Bad, um mich zu waschen, ins Schlafzimmer, um mich hinzulegen und auszuruhen, in die Küche, um mir etwas zu essen zu holen, und zwar was immer ich wollte. Ich konnte mein Essen mit ins Wohnzimmer nehmen und mich damit vor den Fernseher setzen.

Hier kann ich tun und lassen, was ich will, dachte ich, wenn ich durch die Wohnung schlenderte, die sauber und frisch renoviert war, einfach eingerichtet, aber nach meinem Geschmack. Ich hatte eine Badewanne und eine Dusche nur für mich allein.

Hier konnte mir keiner sagen »Tu dies!« und »Tu jenes!«

Einen Tag zuvor war ich noch in Kairo gewesen, nervös wegen meiner Reise nach Amerika, und nun lag ich auf einem Bett in meiner eigenen Wohnung in Fargo, North Dakota. Es war wie ein Wunder!

Alles war optimal. Mit Ausnahme des Bettes. Es war zwar sauber und bequem, sicher auch neu für mich gekauft, mit schönen weißen Laken und einer warmen Decke von Wal-Mart, wie ich später herausfand, aber dieses Bett war viel zu kurz für mich. Es war ein Bett für Amerikaner, nicht für einen fast zwei Meter großen Dinka-Flüchtling.

Auch der Fernsehempfang war nicht besonders gut, und es gab nur einige wenige Kanäle. Es störte mich nicht sehr, denn ich verstand ohnehin nicht, was im Fernsehen gesagt wurde.

An dem ersten Morgen nach meiner Ankunft wachte ich hungrig auf. Noch einmal inspizierte ich die Dosen. Aus den Abbildungen schloss ich, dass einige Dosen Suppe enthielten, andere eine Sorte Obst, die ich nicht kannte. Aber ich hatte immer noch Angst davor, Essen zu mir zu nehmen, das ich nicht kannte. Stattdessen trank ich wieder von dem Saft. Zum Glück kam Ahmed vorbei, er wollte sehen, wie es mir ging, und ihm fiel auf, dass ich nichts gegessen hatte.

»Ich bin gleich wieder da«, sagte er.

Etwa eine halbe Stunde später kam er mit einer großen, flachen Schachtel zurück. Er hatte mir eine Pizza gekauft. Es sollte meine erste Pizza sein, die ich sah. Ahmed machte die Schachtel auf und präsentierte mir den Inhalt, als sei es ein Geschenk. Aber mir gefiel Ahmeds Geschenk nicht. Es sah für meine Begriffe nicht nach gutem Essen aus; es schien ein fürchterliches Durcheinander zu sein. Ahmed war sehr stolz auf seine Pizza, doch ich bekam keinen Bissen davon hinunter.

»Ich bin gleich wieder da«, sagte Ahmed nun wieder und verschwand ein zweites Mal. Bald darauf kam er mit einer Einkaufstüte mit Rindfleisch und Hühnerflügeln zurück. Das waren vertraute Lebensmittel für mich, und ich wusste, wie man sie zubereitete – und das tat ich dann auch. Die erste große Mahlzeit, die ich mir kochte, waren Eier und gekochtes Rindfleisch auf sudanesische Art mit Zwiebeln. Es schmeckte köstlich.

Die nächsten Wochen verbrachte ich damit, mich in meinem neuen Leben in Fargo zurechtzufinden. Ich begann damit, die Lebensmittel in der Wohnung genauer zu inspizieren und anhand der Abbildungen auf Dosen und Büchsen herauszufinden, was darin sein mochte. Ahmed half mir beim Lesen der Kochanleitungen, und wenn mir die Lebensmittel ausgingen, besorgte er mir neue. Solche Aufgaben übernahm auch Latetia. Sie war ursprünglich aus Liberia geflohen und wurde mir von den Lutheran Services als Sozialarbeiterin zugeteilt. Latetia kam fast täglich vorbei und überzeugte sich davon, wie es mir ging. Bald hatte ich herausgefunden, wo in der Nähe Geschäfte waren, und schließlich kaufte ich mir meine eigenen Lebensmittel mit dem Geld, das mir die Lutheraner gaben. Damit ich in der Stadt herumfahren konnte, hatten sie mir auch ein Fahrrad zur Verfügung gestellt. Es war gewiss ein komischer Anblick für die Amerikaner in der Gegend, wenn sie diesen hoch gewachsenen, hageren Afrikaner die Straße hinunterradeln sahen, der sein zweirädriges Gefährt nur mühsam unter Kontrolle halten konnte. Fahrradfahren hatte ich zwar in Ägypten gelernt, konnte es allerdings nicht besonders gut. Viele in der Stadt starrten mich an, als hätten sie solch einen baumlangen Dinka noch nie im Leben gesehen. Gelegentlich hörte ich »So welche wie du sind mir schon mal begegnet.« Sie meinten damit die anderen Dinka in der Umgebung von Fargo. Die Bewohner von Fargo schienen freundlich zu sein, keiner rief mir *»Hunga bunga«* hinterher wie die Leute in Kairo.

Wenn ich auf meine Zeit in Fargo zurückblicke, muss ich sagen, dass ich mich während meines gesamten Aufenthaltes dort eher ruhig und unauffällig verhalten habe. Nur ungern entfernte ich mich aus meiner näheren Umgebung, um die Stadt zu erkunden. Nachdem ich die Fülle des Wal-Mart-Supermarktes ganz in der Nähe entdeckt hatte, sah ich keinen Grund, noch irgendwo anders einzukaufen. Es gab dort einen Gang neben dem anderen, alle voll mit Waren, von denen ich die meisten nicht brauchte.

Ich hatte ein neues Leben begonnen, aber ich fühlte mich noch nicht wohl in diesem neuen Leben. Fargo war wie ein Paar Schuhe, das erst eingelaufen werden musste. Immer noch fürchtete ich Gefahren für meine Person und für mein Wohlergehen. Wenn ich unterwegs war, hatte ich Angst mich zu verlaufen. Ich blieb isoliert, weil Kenntnisse in Englisch praktisch nicht vorhanden waren. Und dann fiel mir immer wieder die Bemerkung von dem Mann ein, der in Kairo diese »Orientierungs«-Veranstaltung abgehalten hatte. Er hatte davor gewarnt, wie gefährlich Amerika sein könne. So bestrebt ich auch war, meine neue Freiheit zu genießen, ich fühlte mich doch noch immer eingeschränkt. Vielleicht lag es an meinem Misstrauen, der Angst vor Gefahren und meiner Verlegenheit.

Auch das Wetter behagte mir nicht. Der August in Fargo war brütend heiß. Meine Kindheit hatte ich damit verbracht, an Wasserstellen in der prallen Sonne zu stehen, die einem Mann das Blut zum Kochen bringen konnte; in Kairo konnte es im Sommer wochenlang an die vierzig Grad heiß sein, und das hielt ich gut aus. Aber in Fargo ließ mir die Hitze den Schweiß in Strömen den Körper herunterrinnen.

»Das ist die Luftfeuchtigkeit«, erklärte mir Ahmed. Seit Jahren lebte er schon in Fargo, und er versuchte, mir den Unterschied zwischen dem heißen Wüstenklima, das ich von Afrika her gewohnt war, und diesem feuchtschwülen amerikanischen Wetter zu erklären.

»Warte nur ab«, sagte er. »In ein paar Monaten wird es für dich erst richtig hart.«

Seine Worte machten mir Sorgen. Noch mehr *Härte* in meinem Leben konnte ich nun wirklich nicht gebrauchen. »Was wird mir denn dann passieren?«

Ahmed lachte. »Wenn es erst einmal November und Dezember ist, dann wird es richtig kalt«, erklärte er, »und es wird tagelang schneien. Diese Gegend ist bekannt für die schlimmsten Schneefälle überhaupt in Amerika.«

Ich zuckte mit den Schultern. Nach allem, was ich durchgemacht hatte, wie schlimm konnte Schnee schon für mich sein?

»Wir haben einen Arbeitsplatz für dich!«, verkündete mir Latetia am Telefon. Sofort begab ich mich zum Büro der Lutheran Social Services, wo Latetia mich einem ihrer Kollegen vorstellte, einem Kurden aus dem Irak, der arabisch sprach. Er hatte die Stelle für mich gefunden – acht Stunden am Tag, von fünfzehn bis dreiundzwanzig Uhr, an fünf Tagen die Woche, zu sieben Dollar die Stunde.

»Es war der einzige verfügbare Arbeitsplatz«, erklärte der Iraker mir. Den Betrieb konnte ich von meiner Wohnung aus einigermaßen bequem mit dem Fahrrad erreichen, und es spielte auch keine Rolle, ob ich englisch sprach oder nicht.

»Die stellen Paletten her.«

Ich hatte keine Ahnung, was eine Palette war.

Am Tag darauf war ich ein Palettenfertiger. Latetia und der Kurde fuhren mich zu dem Betrieb und stellten mich meinem Arbeitgeber vor. Ich erhielt eine Schutzbrille und einen Schutz für Nase und Mund und wurde in die Werkshalle geführt. Tatsächlich hatte ich diese hölzernen Dinger, die zum Stapeln und zum Verladen benutzt wurden, schon im Sudan und in Ägypten gesehen. Meine Aufgabe bestand darin, neue Paletten zu bauen, und zwar hauptsächlich aus dem Holz alter Paletten, die nicht mehr zu reparieren waren. Ein Vorarbeiter machte mich mit dem Ablauf vertraut: Ich musste vom Holzstapel der alten Palette so viele Holzlatten durch die Werkshalle zu einem großen Tisch bringen, wie ich konnte. Dort hatte ich das alte Holz mit einem Bolzenschießgerät zu neuen Paletten zusammenzunageln. Dann konnte ich die fertig gestellte Palette vom Arbeitstisch heben und auf die anderen neuen Paletten stapeln, von denen ein anderer Arbeiter dann jeweils zwanzig mit einem Gabelstapler wegschaffte. Ich musste dann den nächsten Schwung alte Holzlatten zum Arbeitstisch befördern. Das war meine Arbeit, den ganzen Tag lang, jeden Tag.

Am Ende der ersten Woche bekam ich meine erste Lohnabrechnung – zweihundertundachtzig Dollar, abzüglich Steuern.

»In Amerika muss jeder Steuern an die Regierung zahlen«, erklärte mir Latetia.

Ich nahm einen Scheck über zweihundertundvierzig Dollar mit nach Hause. Ich war aufgeregt. Ich hielt das erste Geld, das ich je für meine Arbeitskraft bekommen hatte, in Händen. Doch ich hatte keine Ahnung, wie man aus einem Scheck echtes Geld machte. Diesen ersten Scheck behielt ich einige Tage lang, bis mir Latetia zu Hilfe kam und mir zeigte, wie man ein Bankkonto eröffnet. Schnell wurde mir klar, dass ich in einem Monat fast eintausend Dollar beisammen hätte, ein Vermögen für Kairoer Verhältnisse. Meine Miete, die bis vor kurzem die Lutheran Services gezahlt hatten, belief sich auf nicht ganz zweihundert Dollar pro Monat. Vor meinem geistigen Auge sah ich schon, wie sich im Verlauf mehrerer Monate die Geldscheine stapelten, tausende von grünen Dollarnoten, die sich höher auftürmten als ein Stapel Paletten.

Leider bezweifelte ich, dass ich diese Arbeit noch eine weitere Woche durchhalten würde, geschweige denn mehrere Monate. Es war eine fürchterliche Arbeit, staubig und gefährlich. Wenn vier oder fünf Leute an den Sägen arbeiteten, verschwanden wir förmlich in Staub und Schmutz, und da half auch der Schutz für Mund und Nase nichts. Kaum hatte man ein paar Minuten gearbeitet, da roch und schmeckte man nur noch Paletten aus Holz. Manchmal rempelten mich andere Arbeiter an, weil sie mich nicht sahen – und ich sah sie auch nicht. Kleine Holzsplitter spritzten von meiner Kleidung und der Schutzbrille weg. Aber noch Besorgnis erregender waren die Nägel. Wir benutzten Bolzenschießgeräte, und es kam gar nicht so selten vor, dass die Nägel wie Gewehrkugeln an einem vorbeischwirrten. Wenn ich dann schließlich kurz vor Mitternacht mit dem Fahrrad durch die menschenleeren Straßen von Fargo zu meiner Wohnung fuhr, tat mir von dem vielen Palettenschleppen jeder einzelne Muskel weh. Bis auf die Haut drang der Schmutz und Staub. Dreißig Minuten lang stand ich jede Nacht unter der Dusche, bis ich mich vom Dreck befreit fühlte.

So lange Zeit hatte ich mit Giemmas Tieren arbeiten müssen, aber nicht einmal war ich so erschöpft und so verschmutzt nach Hause zurückgekommen wie nach meiner Spätschicht in dem Paletten-Betrieb.

Zwei Wochen hielt ich es dort aus – lange genug, um zu wissen, dass ich die Arbeit verabscheute, und um das auch auf Englisch sagen zu können. Aber Latetia oder sonst jemandem bei der Agentur erzählte ich das nicht. Sie waren dafür verantwortlich, mir beim Eingewöhnen in Fargo zu helfen und mir eine Arbeit zu besorgen. Nachdem sie das getan hatten, war ich auf mich allein gestellt. Schließlich war ich jetzt ein freier Mann, und ich beschloss, dass es meine erste freie Tat in Amerika sein würde, bei meiner Arbeitsstelle zu kündigen.

Great Plains Plastics Company – diesen Namen werde ich nie vergessen, auch nicht meine Arbeit dort, die darin bestand, am laufenden Band Schalthebelknöpfe für Fahrzeuge mit Gangschaltung zu produzieren. Ich lernte einen Mann aus dem Sudan kennen, der sich mit seiner Frau auch in der

Umgebung von Fargo niedergelassen hatte. Aufgrund einer leichten Körperbehinderung hatte er nicht in dem Paletten-Betrieb arbeiten können und hatte sich in der Stadt nach einer anderen Stelle umsehen müssen. Er sagte mir, ich solle es bei der Great Plains Plastics Company versuchen.

Zu dieser Fabrik ging ich von meiner Wohnung aus etwa fünfzehn Minuten zu Fuß. Auch hier hatte ich wieder die Spätschicht, diesmal von sechzehn Uhr bis Mitternacht. Aber die Arbeit war sehr viel leichter und sauberer, und Mohammed, mein Vorarbeiter, ein weiterer Kurde aus dem Irak, sprach arabisch. Mohammed brachte mich zu einer Maschine und zeigte mir, was ich zu tun hatte: Dicht bei dieser großen Maschine musste ich auf einem Stuhl sitzen, dann nahm ich eine Lage von einem Kunststoffmaterial, legte es am einen Ende der Maschine an und wartete, bis es am anderen Ende der Maschine in Form eines ganzen Bündels von Schalthebelknöpfen wieder herauskam. Wenn einige der Knöpfe immer noch am ursprünglichen Material festklebten, musste ich sie mit einer Schere herausschneiden. Die fertigen Knöpfe wanderten dann in eine große Kiste.

Einfach. Aber ebenfalls gefährlich. Immer wieder einmal blieb der Kunststoff in der Maschine stecken. Als mir das zum ersten Mal passierte, versuchte ich, ihn herauszuziehen – und hätte beinahe meine Hand verloren. Mohammed ermahnte mich, immer erst die Maschine abzuschalten, bevor ich versuchte, einen Stau zu beseitigen, und ich befolgte seinen Rat. Während der zehn Jahre im nördlichen Teil des Sudan war es mir gelungen, all meine Körperteile zu behalten, und jetzt wollte ich ganz bestimmt keinen an eine amerikanische Maschine verlieren.

Auch die Bezahlung in dieser Fabrik war gut. Erstaunlicherweise bekam ich nach nur zwei Wochen Zugehörigkeit zur amerikanischen arbeitenden Bevölkerung eine Lohnerhöhung. Die Great Plains Plastics Company zahlte mir acht Dollar die Stunde.

»Du musst tüchtig arbeiten«, ermahnte mich Mohammed. »Das macht man so hier in Amerika. Es sind schon Leute gefeuert worden, weil sie die Arbeit, die du hier hast, nicht ordentlich gemacht haben. Also wenn der Chef in der Nähe ist, arbeitest du lieber tüchtig.«

Der Chef, ein Amerikaner, dessen Namen ich nicht mehr weiß, war ein netter Kerl. Ab und zu blieb er bei mir stehen und sagte: »Du bist ein guter Arbeiter. Wirklich gut.« Ich redete nicht gerade viel mit den anderen Arbeitern, und ich überzog auch meine Kaffeepause nicht, wie einige andere das gern taten. Oft war ich der Letzte, der seine Maschine abschaltete, wenn es Zeit zur Kaffeepause war, oder ging ein paar Minuten vor dem offiziellen Ende der Pause wieder an meinen Arbeitsplatz zurück.

Doch so gern ich auch arbeitete, meine Zurückhaltung lag wohl mehr in der Tatsache begründet, dass ich Gesprächen mit anderen lieber aus dem Weg ging. Die meisten meiner etwa zwanzig Kollegen waren Amerikaner, und Englisch strömte ihnen schneller aus dem Mund, als mein Gehirn es erfassen konnte. Manchmal lief etwas schief, und so sehr ich mich dann auch bemühte, das Problem zu beschreiben, die Amerikaner und Bosnier, die in dem Werk arbeiteten, verstanden mich nicht. Die einzige Lösung, so beschloss ich, bestand darin, einfach nie irgendetwas falsch zu machen. Mein schlechtes Englisch wurde zur Hauptantriebsfeder dafür, dass ich hart arbeitete. Es gab auch noch andere Leute, die arabisch sprachen, außer Mohammed vier weitere Kurden, einen Somalier und einige Leute aus Liberia. Mit einem der Liberianer freundete ich mich schließlich an, er war um die zwanzig, also etwa in meinem Alter, und er arbeitete schon sieben Jahre in dem Werk. Er hatte einen Namen, den ich nur unter großen Mühen aussprechen konnte, also vermied ich es, ihn bei seinem Namen zu rufen, womöglich habe ihn deshalb auch vergessen. Mein Kollege wohnte bei mir in der Nähe, und manchmal kam er nach der Arbeit mit zu mir. Sein Englisch schien recht gut zu sein, und wenn wir uns unterhielten, versuchte ich, besonders gut darauf zu achten, wie er sich ausdrückte, und mich an die Wörter zu erinnern, die er gebrauchte. Das war die Methode gewesen, die mir geholfen hatte, Arabisch zu lernen, und so hörte ich jetzt genau hin, wenn Leute bei der Arbeit oder im Fernsehen englisch sprachen, wiederholte einzelne Wörter und unterhielt mich mit meinem Freund aus Liberia.

Bis in die Nacht zu arbeiten stellte meinen Tagesablauf auf den Kopf. Wenn ich nach Mitternacht nach Hause kam, machte ich mir etwas zu essen, sah fern oder hörte Radio. Später ging ich schlafen. Mein Leben in Fargo drehte sich um die Arbeit, ich ging zur Arbeit, kam von der Arbeit nach Hause, ruhte mich aus, um wieder fit für die Arbeit zu sein. Die Wochen vergingen, dann die Monate, und allmählich spürte ich eine Art Kälte in der Luft, wie ich sie vorher noch nie erlebt hatte. Wenn ich Fahrrad fuhr, konnte ich kaum den Lenker halten, so kalt war er; der Wind biss mir in die Wangen. Ich kaufte mir eine warme Mütze und ein Paar Handschuhe. Gegen die Hitze im Sudan und in Ägypten hatte ich nichts ausrichten können, und hier in Fargo war es nun die Kälte, mit der ich lernen musste zu leben. Glücklicherweise konnte ich es mir leisten, warme Kleidung zu kaufen, die ich brauchte, und meine Wohnung ordentlich zu heizen.

Eines Tages wachte ich auf und wunderte mich, wie dunkel es immer noch in der Wohnung war. Es war schon Vormittag, eine Zeit, zu der das Zimmer normalerweise schon hell war. Aber ich konnte nicht einmal aus dem Fenster sehen. Ich zog die Jalousie hoch und stellte fest, dass das

Fenster draußen von etwas bedeckt zu sein schien. Ich versuchte, es zu öffnen, bekam es aber nicht auf.

Als ich nach draußen ging, mochte ich kaum meinen Augen trauen, so viel *Weiß* war überall. Seit ich von der Arbeit nach Hause gekommen war, hatte es so heftig geschneit, dass das Erdgeschoss des Gebäudes beinahe im Schnee begraben lag. Ich streckte meine Hand aus. Der Schnee war kalt. Er schmolz in meiner Hand. Ich bekam Angst. So viel Schnee kam mir einfach nicht normal vor. Ich benötigte Milch und andere Lebensmittel aus dem Geschäft und sah zur Straße hinüber. Ein Lastwagen pflügte sich durch die Straßen und warf den Schnee zum Straßenrand, wo sich Schneeberge bildeten. Der Bürgersteig in der Nähe des Hauses war frei von Schnee. Ich trat hinaus – und wäre beinahe hingefallen. Der Bürgersteig glänzte, und meine Füße schlitterten und rutschten. Aber ich sah, dass die Autos auf der Fahrbahn gut vorankamen. Also beschloss ich, mit dem Fahrrad einkaufen zu fahren.

Ein Riesenfehler. Ich machte mich auf den Weg, die Straße hinunter, und kam auch erst gut vorwärts. Doch als ich an die Ecke kam und auf die Bremse trat, blockierten die Räder. Aber das Fahrrad fuhr noch ein Stück weiter, bevor es umkippte. Ich fiel kopfüber in einen großen Schneehaufen. Ich klopfte mir den Schnee aus der Kleidung, richtete mein Fahrrad auf und stieg wieder auf. Doch auch dieses Mal schlingerte und schlitterte ich. Weil ich nicht wollte, dass mein nächster Sturz mich womöglich direkt vor ein Auto befördern würde, stieg ich vom Rad und schob es bis zu dem Laden, in dem ich die Milch und die anderen Sachen kaufen wollte. Auch zu Fuß gab es eine Rutschpartie auf dem glatten Boden. Ahmeds Worte fielen mir ein: »Diese Gegend ist bekannt für die schlimmsten Schneefälle überhaupt in Amerika.«

Ich war einsam in Fargo. Nach der Arbeit sah ich mir Sportsendungen im Fernsehen an oder hörte Radio. Auf den Partys in Kairo hatten wir meist sehr viel amerikanische Musik gehört, Rock 'n' Roll und Hip-Hop. Ich hörte gern alle möglichen Musikstile, und in Fargo bedeutete das Country Music, klassische Musik und Jazz. In Kairo hatte ich einen großen Freundes- und Bekanntenkreis gehabt. Die Dinka dort hatten wenig Geld, waren dafür aber reich an Zeit, und wir verbrachten unsere viele Freizeit mit anderen Sudanesen aus dem Süden. Von Latetia und Ahmed erfuhr ich, dass es einige hundert Dinka hier in der Gegend gab, dazu etwa viertausend Nuer, Angehörige des zweitgrößten Stammes im Südsudan, die, wie ich später herausfand, fünfundsechzig Prozent der siebzehntausend Südsudanesen in den USA ausmachen. Diese Leute wollte ich unbedingt treffen und mich mit ihnen in meiner Sprache oder auf Arabisch unterhalten. Aber diese anderen Afrikaner wohnten zu weit weg. Ich kam weder mit dem Fahrrad noch mit öffentlichen Verkehrsmitteln gut dorthin. Die Amerikaner schienen alle ein Auto zu besitzen.

Die Lutheran Services waren bei dem Versuch behilflich, die Leute aus dem Südsudan zusammenzubringen, um uns den Übergang in ein neues Leben in Amerika zu erleichtern. Aber die uralten Spannungen zwischen den Nuer und den Dinka waren uns bis nach Amerika gefolgt. Schließlich lernte ich ein paar Leute aus dem Nuba-Gebirge und aus Juba kennen, der Stadt tief im Süden des Sudan, in die mein Vater öfter ging, um Geschäfte zu tätigen. Aber diese Leute waren Abkömmlinge anderer Stämme, und mit Ausnahme unseres Status als Flüchtlinge hatten wir nur wenig Gemeinsamkeiten.

Ich hatte gehört, dass es in Iowa etliche Dinka geben sollte, in einer Stadt namens Des Moines und an einem anderen Ort mit Namen Ames. Ich traf einen Dinka aus Sioux

Falls in South Dakota, der vorher in Fargo gewohnt hatte und gerade bei Freunden zu Besuch war. Auch er hatte in Kairo gewohnt. Und zufälligerweise beabsichtigte er, in sechs Monaten nach Ames zu ziehen, um näher bei anderen Freunden aus Kairo zu leben – Leuten aus Aweil, die auch ich in Kairo kennen gelernt hatte.

Die ganze Zeit hatte ich mich schon gefragt, was wohl aus Adel geworden war, aus ihrem Ehemann und den Kindern und aus Adels zwei Brüdern, vor allem aus Dau Dau. Auf dessen Abschiedsparty in Kairo war ich einen Monat vor meiner eigenen Abreise gewesen. Sie waren Angehörige einer weithin bekannten und einflussreichen Familie aus Aweil. Ich hatte keine Ahnung gehabt, dass sie ganz in meiner Nähe lebten. Der Mann aus Sioux Falls gab mir Adels Telefonnummer, und ich rief sie sofort an. Adel freute sich, von mir zu hören, und erzählte mir, dass es in Ames eine große Gemeinde von Leuten aus Aweil gebe. Sie erwähnte auch andere Freunde von mir aus der Kairoer Zeit, die in Des Moines wohnten. Sofort war mir klar, dass ich nach Iowa musste. Ich erzählte Adel, dass ich trotz der gut bezahlten Arbeit und der schönen Wohnung in Fargo nicht glücklich sei.

»Du bist jederzeit willkommen«, sagte sie. »Du kannst bei uns wohnen.«

Ich musste nicht lange über das Angebot nachdenken. Am nächsten Tag sprach ich mit den Helfern von den Lutheran Services. Ich erklärte ihnen, dass ich Fargo verlassen würde, dass meine Freunde in Ames mich eingeladen hätten und ich bei ihnen wohnen könne. Ich würde mir in Ames einen Arbeitsplatz suchen. Latetia und Ahmed freuten sich für mich. Sie wünschten mir alles Gute, und ich bedankte mich bei ihnen für all ihre Unterstützung. Ich packte meine Sachen und ging zum Busbahnhof, um mir eine Fahrkarte zu kaufen. Ich konnte einen Platz im Bus nach

Minneapolis reservieren, von wo ich dann mit einem anderen Bus weiterfahren konnte, mit dem ich ohne Umsteigen nach Ames käme. Das Abreisedatum war der 1. Januar 2000.

Natürlich sagten mir alle, ich müsse verrückt sein, an diesem bedeutenden Datum, dem Anfang des neuen Millenniums reisen zu wollen. Manche warnten mich davor, dass es gefährlich werden könne. Wer konnte schließlich wissen, was an einem solch ungewöhnlichen Tag passieren konnte? Andere sagten, es sei ein Tag, an dem groß gefeiert würde, und ich würde den ganzen Spaß versäumen.

Aber ich wollte unbedingt nach Ames. Ich wollte in der Nähe meiner Freunde aus Aweil sein, mit denen ich nicht nur die Sprache, sondern auch die Sitten und Gebräuche gemeinsam hatte. Und da ich jetzt ein freier Mann in einem freien Land war und das Geld für eine Busfahrkarte in der Tasche hatte, schien es mir wenig sinnvoll, in einer, wenn auch sehr schönen, Wohnung herumsitzen zu müssen und keinen zum Reden und zum Lachen zu haben. Alle sagten, der 1. Januar 2000 sei der Anfang eines neuen Millenniums und deshalb etwas Besonderes. Aber das war ohne Bedeutung für mich.

Ich beschloss, dass der 1. Januar 2000 ein neuer Anfang für mich sein sollte – der Anfang meines Lebens in Amerika unter meinen eigenen Leuten.

Am Busbahnhof in Ames warteten sie auf mich – Adel und ihr Bruder Dau Dau. Seit 1998, als sie aus Kairo abreisten, hatte ich sie nicht mehr gesehen. Sie umarmten mich herzlich und brachten mich zu sich nach Hause. So stellte ich mir nun wirklich ein frohes neues Jahr vor!

Ich zog in ihr großes Haus in Ames, einem Ort, der fast schon ein Dinka-Dorf war; und bei ihnen im Haus wohnten auch ihre Verwandten: Adels Mutter, ihr Mann und ihre drei

Kinder, ihre beiden Brüder, diverse Onkel und Cousins und Cousinen. Alles in allem zwölf Leute. Und alle aus der Gegend um Aweil.

Ja, ich hatte meine eigene Wohnung aufgegeben, um mir von nun an ein Zimmer mit Dau Dau zu teilen. Aber ich war heilfroh, wieder in Gesellschaft zu leben. In Fargo hatte ich keinen gehabt, mit dem ich regelmäßig in meiner eigenen Sprache sprechen konnte. Jetzt war ich in einem Haus voller Leute aller Altersstufen, mit denen ich mich verständigen konnte und die mir dabei halfen, das Leben in Amerika besser zu verstehen. Wenn ich auf Englisch etwas Falsches sagte, lachten sie mich aus. Das war mir jedoch gleichgültig, denn anschließend sagten sie mir, wie ich es richtig machen müsste. Sie waren in Afrika, in Ägypten und in den Staaten zur Schule gegangen. Manche gingen sogar aufs College. Dau Dau sprach nicht nur recht gut englisch, er konnte auch arabisch lesen und schreiben.

Ich fand es wunderbar, so viele Leute um mich zu haben. Der Musikgeschmack der jungen Leute war kultivierter als meiner, und nach und nach machten sie mich vertraut mit ihren Lieblings-Hip-Hop-Platten, Hip-Hop war bald auch meine Lieblingsmusik. Dann entdeckte ich den Reggae, der inzwischen meine Lieblingsmusik geworden ist.

Dau Dau half mir, eine Stelle bei der Burke Corporation zu bekommen, der Fleischwarenfabrik, bei der er auch arbeitete. Ich hatte die Nachtschicht – von neunzehn bis sieben Uhr –, und meine Aufgabe bestand darin, die Maschinen und die Fußböden mit chemischen Reinigungsmitteln zu putzen. Ein paar Wochen später nahm ich zusätzlich noch eine zweite Stelle an, und zwar beim Reinigungspersonal des Holiday Inn im Ort; zunächst arbeitete ich sechs Stunden täglich, doch bald konnte ich dort Vollzeit arbeiten. Direkt von der Fleischwarenfabrik ging ich in das Motel, sodass ich sechzehn Stunden täglich schuftete. Ich verdiente sechshundertundneunzig Dollar die Woche – neun Dollar fünfundzwanzig die Stunde bei Burke, plus acht Dollar die Stunde im Holiday Inn.

Amerika war großzügig zu mir. In Kairo hatten alle gesagt, das Leben in Amerika sei großartig, und bis jetzt konnte ich dem nicht widersprechen. Amerika gefiel mir, und ich gab mir alle Mühe, mich anzupassen. Meine Freunde zogen mich schon allmählich damit auf, dass ich so *amerikanisiert* sei. Ich mochte amerikanische Kleidung. Ich hatte vier oder fünf Paar echt coole Turnschuhe, Jeans und Hemden im Hip-Hop-Stil. Ein ganzes Regal voller Baseball-Mützen. Ich mochte schöne Kleidung, und da ich nun Geld hatte, konnte ich mir nicht nur kaufen, was ich unbedingt brauchte, sondern auch, was mir besonders gut gefiel. Fremde waren regelmäßig überrascht, wenn sie herausfanden, dass ich erst seit kurzem in Amerika lebte. Ich hatte mir eine Nickelbrille zugelegt, wie ich sie bei den College-Studenten gesehen hatte. Ich ging in einen Laden und zeigte auf ein bestimmtes Gestell.

»Tragen Sie Kontaktlinsen?«, fragte die Verkäuferin.

Ich antwortete ihr, dass meine Augen völlig in Ordnung seien. »Ich will die Brille nur zum Spaß.«

Sie schien überrascht, dass ich offenbar freiwillig ein Brillengestell für über einhundert Dollar kaufen wollte, »nur zum Spaß«.

Ich fand es gut, wie ich mit der Brille aussah. Manchmal kaufte ich Sachen, weil es mich glücklich machte. Ich hatte so viel Traurigkeit und Elend erlebt, dass ich es nun vorzog, glücklich zu sein – und manchmal ging ich bummeln und kaufte mir ein wenig Glück.

So gern ich auch bei Adel und ihrer Familie lebte, suchte ich doch bald ein eigenes Haus, das ich mit einem meiner neuen Freunde teilen wollte, die ich durch Adels immer größer werdenden Kreis von Dinka in Ames und Des

Moines kennen gelernt hatte. Außerdem wollte ich endlich eine Schule besuchen. Mir wurde allmählich klar, dass die Dinka in meinem Bekanntenkreis, die eine einigermaßen gute Schulbildung hatten, erfolgreicher waren als die anderen.

In Amerika schienen alle eine gute Schulbildung zu haben. Von meinen Leuten im Sudan waren nur wenige zur Schule gegangen. In Amerika erlebte ich, dass sogar Dreijährige zur Schule gingen. Man brauchte kein Geld, um in den Genuss einer Ausbildung zu kommen. Amerika bemühte sich, jedem eine Chance zu geben. Wenn man zur Schule ging und hart arbeitete, konnte man seiner Familie ein gutes Leben bieten. Den Eindruck gewann ich zumindest, wenn ich mich umschaute, und zwar nicht nur bei den amerikanischen Familien, sondern auch bei meinen Freunden, die Dinka waren. Im Sudan und in Ägypten standen die Chancen auf ein gutes Leben nur einigen wenigen offen. In Amerika schienen die Chancen grenzenlos zu sein – für alle, auch für uns Einwanderer. In Iowa traf ich Leute, die ich in Kairo kennen gelernt hatte und die damals genauso arm wie ich gewesen waren. Jetzt hatten sie einen Arbeitsplatz, Geld, schöne Kleidung und Autos. Manche gingen sogar schon aufs College, sie wollten versuchen, danach einen noch besseren Arbeitsplatz zu bekommen.

»Es mag dir unmöglich erscheinen, das zu erreichen, was du erreichen willst«, sagten sie zu mir. »Aber wenn du erst eine Weile in Amerika bist, wirst du begreifen, dass du genau das bekommen kannst, was wir haben – einen guten Arbeitsplatz, ein schönes Haus, ein Auto –, alles, was du willst.« Aber besser englisch zu sprechen war dabei von entscheidender Bedeutung, und eine möglichst gute Schulbildung war genauso wichtig. Ich nahm mir vor, hart zu arbeiten und genug Geld zu verdienen und dann etwas Zeit abzuzweigen, um zur Schule zu gehen. Es gab so vieles, was man über die Welt lernen konnte, und ich wusste so wenig.

Ich machte Fortschritte. Meine Englischkenntnisse waren bald so gut, dass ich mich in meinem Betrieb mit meinen amerikanischen Kollegen verständigen konnte. Für meine Tätigkeit musste ich lernen, einfache Arbeitsanweisungen zu lesen; mit Hilfe von Freunden und Kollegen entzifferte ich allmählich Stellenausschreibungen und andere Formulare und Unterlagen. Selbst wenn ich mit dem Bus fahren wollte, musste ich Schilder und Plakate lesen können. Und wie jeder Teenager wollte ich unbedingt Auto fahren lernen. Es gefiel mir ganz und gar nicht, darauf angewiesen zu sein, dass mich jemand aus dem Haus zur Arbeit fuhr und wieder abholte. Adel brachte mir das Autofahren bei und half mir bei der Fahrprüfung. Einwanderer mit Sprachproblemen durften während der Fahrprüfung einen Dolmetscher dabeihaben. Als ich meinen Führerschein hatte, lieh Adel mir eines der vier Autos der Familie, sodass ich abends zur Arbeit fahren und den Wagen Dau Dau übergeben konnte, wenn ich morgens zurückkam und er sich auf den Weg zu seiner Schicht in der Fleischwarenfabrik machen musste.

In meiner wenigen Freizeit begann ich, Basketball zu spielen. In Kairo hatte ich Amerikaner spielen sehen, und in Fargo war ich großer Fan der Los Angeles Lakers geworden, deren Spiele ich mir im Fernsehen ansah. Shaquille O'Neal und Kobe Bryant von den Los Angeles Lakers waren unschlagbar, und ich wollte ebenfalls unschlagbar werden. In Ames spielte ich zum ersten Mal in meinem Leben Basketball. Wir wohnten in der Nähe der Iowa State University, und Anwohnern war es gestattet, die Sporthalle der Universität zu benutzen. Ich schloss mich einer Gruppe von Dinka an, die regelmäßig dort spielten. Meine Begeisterung war enorm, meine Trefferquote miserabel.

Nach zwei Monaten hatte ich in Ames genug Geld verdient, um mir für vierhundertundzwanzig Dollar im Monat ein Haus mit zwei Schlafzimmern zu mieten, das ich mir mit meinem Freund Aguan Aguan teilte, auch einem Dinka, der seit 1995 in Amerika lebte. Trotz der Miete und der Lebenshaltungskosten konnte ich immer noch so viel Geld sparen, dass ich einem Freund in Kairo dreihundertundfünfzig Dollar schicken konnte; die UNO hatte ihn abgewiesen, und er fand keine Arbeit. Es machte mir so viel Freude, jemandem Geld schicken zu können. So viele Menschen hatten mir geholfen, halfen mir im Grunde immer noch, sodass ich all das Gute zur Abwechslung einmal zurückgeben wollte.

Das Leben in Ames, Iowa, war wirklich angenehm. Nach zwölf Jahren Sklaverei und Exil hatte ich endlich das Gefühl, ein Zuhause gefunden zu haben.

Im April 2000 erhielt ich einen Anruf aus Boston. Damals ahnte ich noch nicht, welche Folgen dieser Anruf für mein weiteres Leben haben sollte.

KAPITEL 16

DIE GEGNER DER SKLAVEREI

Als das Telefon klingelte, war ich bei der Arbeit, und mein Mitbewohner Aguan Aguan ging an den Apparat. Der Anrufer sagte, er arbeite für eine Gruppe, die gegen die Sklaverei sei, und Franco Majok habe ihm von mir berichtet. Der Anrufer hinterließ seinen Namen und seine Nummer und bat mich um Rückruf.

Mit Franco, dem Englischlehrer, der mein UNO-Formular ausgefüllt hatte, stand ich immer noch in Kontakt. Franco lebte jetzt bei Boston und war als Sozialarbeiter für die Lutheran Social Services tätig. Er hatte diesem Amerikaner meine Telefonnummer gegeben. Aber ich hatte keine Lust, über Sklaverei zu reden. Ich hatte mir alle Mühe gegeben, den Sudan hinter mir zu lassen und mir hier in Iowa ein neues Leben aufzubauen. Ich versuchte in Ames, das Leben wiederzufinden, das ich verloren hatte. Ich war ein Dinka. Aber ich wusste nicht viel über mein Volk, über unseren Lebensstil und über unsere Kultur. Im Alter von sieben war ich entführt worden, und so hatte ich die entscheidenden Stadien des Erwachsenwerdens in unserem Dorf im Südteil des Sudan verpasst. Meine Erziehung zum Mann hatte ich damit begonnen, mit anderen Jungen meines Alters zu spielen und kleine Kühe aus Lehm zu formen. Aber alles andere, was nach Meinung meines Volkes zum Erwachsenwerden eines Dinka-Mannes gehörte, hatte ich verpasst: Knoten schlingen, um die Kühe zum Melken an einen Pfahl zu binden, die Aufsicht über die Ziegen, die Rinder meines Vaters übernehmen, mit anderen Jungen unter einem schattigen Baum sitzen, aus Kuhdung qualmende Feuer machen, um Mücken fernzuhalten, und dabei Lieder singen und mit den anderen Jungen Rätsel lösen.

Ich hatte mir zwar die Zeichen der Dinka Malwal auf die Stirn ritzen lassen, aber das war hunderte von Kilometern von meinem Dorf entfernt in einem Flüchtlingslager passiert. Ich war zwanzig geworden, ohne dass ich den traditionellen Initiationsritus erlebt hatte, der einen Dinka-Jungen im Alter von siebzehn oder achtzehn zum Mann macht. Nach Dinka-Brauch war ich immer noch ein Junge. Dinka-Jungen dürfen sich erst mit Mädchen treffen, wenn sie die Initiationszeremonie durchgemacht haben.

In Amerika versuchte ich, ein Dinka zu werden; im Kreis der Dinka in Iowa erlernte ich die Gebräuche meines Volkes. Es drängte mich ganz und gar nicht danach, Menschen aus Boston von der Sklaverei zu erzählen.

Den Namen und die Telefonnummer, die Aguan Aguan mir gab, warf ich weg.

Doch der Anrufer gab nicht auf. Er rief noch mehrere Male an. Seinen Namen kannte ich mittlerweile auswendig: Jesse Sage. Ich weiß nicht mehr, wie oft er anrief, weil ich die Nachrichten, die er hinterließ, nicht beachtete. Er schrieb sogar E-Mails an Aguan, der einen Computer hatte und mir die E-Mails ausdruckte. Ich sah keinen Grund dafür, diesem Jesse Sage aus Boston von mir zu erzählen: dass es mir gut ging in Ames, dass ich kein Sklave mehr war, dass ich zwei Jobs gleichzeitig hatte, dass ich nicht mehr im Sudan lebte ... Ich warf die E-Mail-Ausdrucke weg.

Dann rief mich Franco an, der mir erzählte, dass die Amerikanische Anti-Sklaverei-Liga eine einflussreiche Gruppierung sei. Er kannte Charles Jacobs, den Mann, der die Organisation gegründet hatte, und er hatte auch die Bekanntschaft von Jesse Sage gemacht, der mit Charles zusammenarbeitete. Sie leisteten Bedeutendes und halfen so unserem Volk. Er gestand, dass er den Leuten von mir erzählt hätte, dass er berichtet hätte, wie er geholfen hatte, das Formular auszufüllen, mit dem ich bei der UNO den Flüchtlingsstatus beantragt hatte.

»Es wird nicht nur dir eine Hilfe sein, wenn du deine Geschichte erzählst«, erklärte mir Franco, »sondern du wirst im Namen deines Volkes sprechen können, im Namen derer, die immer noch so leiden, wie du einmal gelitten hast.«

Franco konnte ich nichts abschlagen; er hatte schließlich dazu beigetragen, dass sich mein Leben zum Besseren wendete. Aber ich erklärte Franco, dass ich nicht versprechen könne, mit dieser Organisation zu arbeiten. Ich war oft umgezogen, und ich wusste, wie schwer es war, sich in einer fremden Stadt heimisch zu fühlen. Ich hatte zwei gut bezahlte Arbeitsstellen. Ich sparte mein Geld, um auf die Schule zu gehen. Ich unterstützte sogar Leute in Kairo. Ich arbeitete an meinem Englisch. Ich hatte immer noch diesen Traum, eines Tages jemand zu sein in dieser Welt, jemand Bedeutendes. In Ames war ich endlich in der Lage, mein Leben zum Besseren zu wenden. Weshalb sollte ich nach Boston gehen und noch einmal ganz von vorn anfangen?

»Ich werde nach Boston fahren und mir mal ansehen, was die so machen«, sagte ich zu Franco, der mir Jesse Sages Telefonnummer gab.

Ich rief Jesse Sage an, sagte ihm, ich würde gern mit ihm sprechen, aber er müsse mich am Wochenende anrufen, wenn ich mehr Zeit hätte. Als wir schließlich redeten, stellte mir Jesse Sage einige Fragen zu meiner Lebensgeschichte, und wir unterhielten uns etwa eine Stunde lang. Er erklärte mir, dass seine Organisation, die Amerikanische Anti-Sklaverei-Liga, gegründet worden sei, um Überlebenden der Sklaverei Gelegenheit zu geben, ihre Geschichte der Öffentlichkeit zu erzählen. Die Liga habe bereits mit einem ehemaligen Sklaven aus Mauretanien zusammengearbeitet sowie mit einer Dinka-Frau, die sich bei zwei Überfällen von Sklavenjägern hatte retten können und jetzt in der Gegend von Boston lebte. Nachdem die Leute von der AASL von Franco meine Geschichte gehört hatten, meinten sie, ich könne ihnen dabei behilflich sein, die Amerikaner dazu zu bewegen, mehr für die Dinka im Sudan zu tun. Als ich ihm bestätigte, dass ich zehn Jahre lang Sklave gewesen sei, meinte Jesse Sage, dass ich den Kampf der Organisation gegen die Sklaverei im Sudan weit wirkungsvoller vorantreiben könne, als das bisher der Fall gewesen sei. Er sei nur ein Amerikaner, der sich gegen die Sklaverei empörte, während ich ein Mann sei, der die Sklaverei nicht nur mit eigenen Augen gesehen, sondern sie zehn Jahre lang am eigenen Leib erlebt hatte.

»Wir wollen Ihnen dabei helfen, Ihre Geschichte bekannt zu machen«, sagte er und fügte hinzu, er sähe es gern, wenn ich nach Boston käme und mich von der Arbeit, die sie leisteten, überzeugte.

»Aber ich habe zwei Arbeitsstellen«, antwortete ich darauf. »Ich habe keine Zeit, nach Boston zu reisen.«

Jesse Sage schlug vor, dass ich, wenn ich am Freitag nach der Arbeit nach Boston käme und am Sonntagabend zurückfahren würde, keinen Tag auf der Arbeit versäumen müsste. Die AASL würde alle Reisevorkehrungen treffen und mir das Flugticket bezahlen. Ich müsste weiter nichts, als pünktlich auf dem Flughafen sein.

Als ich nach Mitternacht auf dem Bostoner Flughafen aus der Maschine stieg, wartete zu meiner großen Überraschung ein sehr junger Mann auf mich. Es stellte sich heraus, dass dieser amerikanische Sklavereigegner gerade einmal zwei Jahre älter war als ich. Jesse Sage brachte mich zu seiner Wohnung, wo ich seine Mitbewohner kennen lernte, und die unterhielten sich darüber, was ich mir bei meinem ersten Besuch in Boston ansehen sollte; in der Zwischenzeit machte mir Jesse Rühreier, die so breiig waren, dass ich ihn fragte, ob ich sie noch ein wenig länger braten dürfte. Ich glaube, ihm gefiel das nicht. Die Nacht verbrachte ich auf seinem Bettsofa. Und das gefiel dann mir nicht.

Am nächsten Tag gingen wir zum Harvard Square, wo vor allem Studenten unterwegs waren. Während wir an den Geschäften vorbeispazierten, stellte mir Jesse viele Fragen über mein Leben im Sudan. Die Leute von der UNO und von der Einwanderungsbehörde hatten mir Fragen zu meiner Geschichte gestellt, Franco hatte mir wieder und wieder eingetrichtert, dass ich die Geschichte ohne alle Abweichungen erzählen müsse, aber bis zu diesem Tag hatte mich noch keiner gefragt »Was hast du da gedacht?« oder »Was ist dir durch den Kopf gegangen, als das passierte?«

Ich hatte auf Jesses Fragen viel zu antworten.

Jesse führte mich in ein großes Gebäude, in dem sich nur Bücher befanden. »Das ist die zweitgrößte Bibliothek in Amerika«, erklärte er mir.

Eine Bibliothek hatte ich noch nicht gesehen, und ich war völlig überrascht darüber, dass ein einziges Gebäude so viele Bücher beherbergen konnte – Bücher, die ich alle nicht lesen konnte. Im Gebäude zeigte er mir eine Schautafel, aus der hervorging, wie Harvard ausgesehen hatte, als die Universität vor sehr, sehr langer Zeit gegründet worden war, wie die Stadt im 19. Jahrhundert ausgesehen hatte, und schließlich, wie es hier vor siebzig Jahren war.

Es war mir gleichgültig. Von Harvard hatte ich nie im Leben gehört. Ich bin ja nicht einmal in einer Grundschule gewesen. Da sagte mir Jesses Vorschlag, in einer typischen Studentenkneipe ganz in der Nähe ein Sandwich zu essen, schon mehr zu. Dort erzählte er mir dann von den Bemühungen seiner Organisation, das publik zu machen, was im Sudan geschah, und die amerikanische Regierung zu bewegen, etwas gegen die Sklaverei und Unterdrückung zu unternehmen.

»Du könntest uns sehr helfen«, sagte Jesse.

Ich nickte nur. Womöglich konnte ich ihnen tatsächlich helfen, aber von Ames, Iowa, würde ich nicht wegziehen wollen. Das war sicher. Nach dem Essen führte mich Jesse in den Büroräumen herum, die nicht anders aussahen als die Büroräume, die ich in Kairo, in Fargo und in Ames gesehen hatte: Schreibtische, Stühle, Computer und viel Papier. Als Angestellter der Burke Company, der die Maschinen reinigte, und als Putzmann im Holiday Inn hätte ich hier liebend gern zugepackt und für ein bisschen Ordnung gesorgt.

Dann sah ich die Fotos an den Wänden – Fotos von Dinka und ihren Dörfern. Da waren Fotos von Jungen, die die Narben an ihren Handgelenken zeigten, Handgelenken, die sie sich wund und blutig gescheuert hatten, als sie mit Lederriemen gefesselt gewesen waren. Ich hatte genau solche Narben von jener Nacht, als mich Giemma beim Fluchtversuch abgefangen hatte und als er mir angedroht hatte, er würde mich umbringen. Es gab sogar ein Foto eines Jungen im Teenager-Alter, der nur einen Arm hatte. Jesse erklärte, dass man dem Jungen im Jahr 1995 bei einem Überfall der Sklavenjäger in den Arm geschossen hatte. Einer der Männer von der Miliz hatte ihn an sein Pferd gebunden und ihn so lange auf dem Boden herumgeschleift, bis ihm der verletzte Arm abriss, und dann hatte er ihn für tot gehalten und liegen lassen. Aber der Junge hatte überlebt und war als Beweis für die Grausamkeit der *murahaliin* fotografiert worden. Ich starrte auf das Bild. Der Junge auf dem Bild blickte dem Betrachter in die Augen. Das Foto zeigte ihn bis zur Taille, er hielt die blanke Brust in die Kamera, ein gesunder Dinka mit zwei kräftigen Schultern – aber nur einem Arm. Er hatte das Gesicht eines Dinka in meinem Alter, aber die traurigen Augen eines alten Mannes. Ich sah mir die Kinder mit den vernarbten Handgelenken an und dann wieder den einarmigen Jungen. Solche Augen, die ins Leere blickten, hatte ich schon früher bei den Jungen an den Wasserstellen gesehen, bei den Kindern, die aufgehört hatten zu lächeln. Und als ich dem Jungen auf dem Foto in die Augen sah, da sah ich mich selbst.

An der Wand des Büros gab es auch Fotos von Dinka, die in die Kamera lächelten, Fotos von Frauen und Jungen, die vor Lebensfreude strotzten. Und sie freuten sich deshalb so sehr, erklärte mir Jesse, weil sie gerade aus der Sklaverei befreit worden seien. Die Anti-Sklaverei-Liga arbeitete mit einer Gruppe in Europa zusammen, einer christlichen Organisation, die bereitwillig Geld spendete, um die Freiheit der Sklaven zu erkaufen.[3] Auch deren Gesichter rührten mich. Es waren Dinka, wie ich, die versklavt worden waren. Aber im Gegensatz zu mir hatten sie nicht ihr Leben aufs Spiel setzen müssen, um zu fliehen. Sie hatten ihre Freiheit wiedererlangt dank der Amerikanischen Anti-Sklaverei-Liga

---

[3] Die Christian Solidarity International (CSI) hat ihren Sitz in der Schweiz und arbeitet mit einem ganzen Netz arabisch sprechender Moslems zusammen, die als so genannte Rückholer fungieren, das heißt, sie geben sich als Sklavenbesitzer aus, die ihren Bestand auffüllen wollen, kaufen die Sklaven und übergeben sie dann der CSI für etwa fünfunddreißig Dollar pro Person (was dem Wert von zwei Ziegen entspricht). Manchmal gelingt es der CSI auch, mit arabischen Stammesältesten ins Geschäft zu kommen; und ganz selten einmal können sich die Rückholer einen unbeaufsichtigten Sklaven greifen und ihn in Freiheit setzen. John Eibner, Vorsitzender der CSI, hat mich tatkräftig unterstützt, was ich an späterer Stelle noch ausführen werde.

und der europäischen Organisation, die für ihre Freiheit bezahlt hatte.

Dies waren Bilder aus dem Sudan, den auch ich kannte. Zum ersten Mal, seit Jesse mit mir in Kontakt getreten war, begriff ich, dass diese Organisation womöglich doch etwas Wichtiges leistete. Auf einmal sah ich, wie ich meinem Volk helfen konnte. In Ägypten und später in Fargo hatte ich mich gefragt, was ich in Freiheit für die Leute im Südsudan tun könnte. Jesse gab mir die Antwort darauf.

Am darauf folgenden Tag machte mich Jesse mit Charles Jacobs bekannt, der die Amerikanische Anti-Sklaverei-Liga (AASL) im Jahr 1993 gegründet hatte. Charles erzählte, dass er in der Zeitung einen Artikel über Sklaverei im Sudan gelesen hatte. Und das hatte ihn erschüttert. Er hatte gedacht, Sklaverei sei etwas, das der Vergangenheit angehöre. Aber er zog einige Erkundigungen ein, die ihn eines Besseren belehrten: Es gab siebenundzwanzig Millionen Sklaven auf der Welt, und da beschloss er, etwas zu unternehmen. Er kündigte bei seiner Firma und benutzte seine Ersparnisse zur Gründung einer Vereinigung, die gegen die Sklaverei vorgehen sollte. Das fand ich höchst erstaunlich: ein einziger Zeitungsartikel, und dieser Amerikaner änderte sein Leben, um Menschen wie mir zu helfen. Hätte ich an seiner Stelle dasselbe getan?

Ich mochte Charles. Er war freundlich und verbindlich. Jesse drängte mich, meine Geschichte noch einmal zu erzählen. Mein Englisch war furchtbar, aber mit Jesses Hilfe konnte ich sie eindringlich schildern. Gemeinsam schafften wir es, zu erklären, wie es mir ergangen war. Charles hörte einfach nur zu. Was ich ihm erzählte, war genau das, was er gelesen und auch von seinen Freunden gehört hatte, die mit anderen Sklaven gesprochen hatten.

»Francis«, sagte Charles zu mir. »Wir möchten gern, dass Sie mit uns arbeiten.«

Ich schwieg. Ich weiß nur noch, dass ich den Kopf schüttelte. Davon wollte ich nichts wissen.

»Wir hätten Sie gern in unserem Team«, sagte Charles. Er sagte noch, er wolle mir beim Umzug nach Boston behilflich sein und würde auch eine finanzielle Unterstützung für mich ausfindig machen. Er erklärte mir, er wolle mich mit bedeutenden Persönlichkeiten in Kontakt bringen; so könne ich meine Geschichte einflussreichen Leuten erzählen, die dann meinem Volk in Afrika helfen würden. »Sie können uns dabei unterstützen, die Geschichte der Sklaverei im Sudan wesentlich eindringlicher zu schildern«, meinte er. »Und wegen Ihres Englisch machen Sie sich keine Sorgen.«

Ich schwieg. Ich war nicht ganz sicher, ob ich alles verstand, was er mir gesagt hatte, aber es war offensichtlich, dass Charles und Jesse es gern sähen, wenn ich nach Boston umzog und mit ihnen arbeitete. Ich schüttelte einfach nur den Kopf. Ich machte mir sehr wohl Sorgen wegen meines Englisch. Außerdem lebte ich gern in Ames, und ich mochte meine Freunde. Nach Boston war ich gekommen, weil Franco das von mir verlangt hatte. Hinzu kam, dass ich neugierig war und sehen wollte, was eine Anti-Sklaverei-Liga so tat. Aber mein Leben wollte ich nicht schon wieder auf den Kopf stellen. Ich hatte meine beiden Arbeitsstellen, mein Einkommen, meinen Traum davon, zur Schule zu gehen.

Ich erwähnte Charles gegenüber meine Bedenken. Wie sollte ich in Boston leben und für mich sorgen? Was würde seine Organisation für mich tun?

Sie würden eine Unterkunft für mich suchen; sie würden mich finanziell unterstützen. »Sie haben doch gesagt, Sie wollen zur Schule gehen.« Da hatte Charles einen wichtigen Punkt angesprochen. »Dabei können wir Ihnen behilflich sein.«

Die Schule war mein neuer Traum. Aber Schulen gab es auch in Iowa. Immer noch schüttelte ich den Kopf. Ich wollte mich einfach nicht darauf einlassen. Aber dann hörte ich Charles fragen:

»Wollen Sie zu uns kommen?«

Das wollte ich nicht. Aber die Ereignisse des Tages gingen mir noch einmal blitzartig durch den Kopf – die Fotos von den Kindern mit den Narben und das Bild von dem einarmigen Jungen, die lächelnden Frauen und Kinder, die man befreit hatte, die Erklärung von Charles, weshalb er sich für die Befreiung von Sklaven wie mir einsetzte.

»Ja«, hörte ich mich antworten. Auf einmal stimmte ich zu, genau das zu tun, was ich eigentlich gar nicht tun wollte, jedenfalls hatte ich mir das selbst zuvor eingeredet. Aber sie brauchten mich – Charles, Jesse und die Sklaven, die immer noch im Norden des Sudan lebten. Noch nie hatte mir einer gesagt, dass er mich brauchte. Ich hatte mir vorgenommen, dass ich nun, da ich frei war, etwas Gutes tun wollte. Mein Vater hatte immer zu mir gesagt, dass ich eines Tages etwas Bedeutendes leisten würde. Und jetzt hatte ich die Gelegenheit dazu.

Charles und Jesse schienen überrascht zu sein, dass ich so schnell zustimmte, bald nach Boston zu kommen, aber sie waren sicher nicht so überrascht, wie ich es war. Jesse fragte mich, wie schnell ich den Umzug bewerkstelligen könne.

»In einer Woche«, antwortete ich. Ich würde nach Ames fliegen, meine beiden Arbeitsstellen kündigen, meine Sachen zusammenpacken, mich von meinen Freunden verabschieden und nach Boston zurückkehren. Ich wollte mir nicht zu viel Zeit lassen, womöglich noch meine Meinung zu ändern.

Am 14. Mai 2000 saß ich auf dem Weg nach Boston wieder im Flugzeug. Ich hatte mich von Adel, Dau Dau, Aguan Aguan und all den anderen Dinka verabschiedet, mit denen ich mich in Iowa angefreundet hatte. Anfangs mochten sie nicht so recht glauben, dass ich nach Boston umziehen wollte. »Dir geht es doch gut hier«, sagten sie. »Du verdienst viel Geld.« Andere warnten mich davor, dass die sudanesische Regierung nicht gerade erfreut wäre, wenn ein Mann aus dem Südsudan in der Öffentlichkeit spräche. »Das ist ganz gefährlich, was du da vorhast.«

Mit all dem hatten meine Freunde Recht. Ich nahm ein beträchtliches Risiko auf mich, wenn ich so viele Freunde zurückließ; und es gab auch ganz reale Gefahren – an die Charles und Jesse wahrscheinlich nicht einmal gedacht hatten. Sie wollten meine Lebensgeschichte dazu benutzen, ihr Anliegen publik zu machen. Und genau diese Publizität würde die Art Gefahr heraufbeschwören, die ich so angestrengt und seit so langer Zeit hinter mir zu lassen versucht hatte. Aber ich musste es tun. Meinen Freunden in Ames versuchte ich, zu erklären, dass ich nicht für den Rest meines Lebens in einer Fleischwarenfabrik arbeiten oder Zimmer im Holiday Inn sauber machen wollte. Hatten sie mir denn nicht geraten, Gebrauch von den Freiheiten zu machen, die Amerika verhieß, die Chancen zu nutzen, die sich uns boten, auch wenn wir nur arme Flüchtlinge waren? Hatten sie mir nicht gesagt, ich solle mich um eine gute Ausbildung bemühen? Die Stadt Boston sah ich als nächsten Schritt bei der Verwirklichung meiner beiden neuen Träume: zur Schule zu gehen und durch das Schildern meiner Lebensgeschichte dazu beizutragen, dass es meinem Volk besser ging. Charles hatte versprochen, mir dabei zu helfen, auf eine Schule zu kommen. Außerdem hatte er zugesagt, die AASL werde für meinen Unterhalt aufkommen; und wenn ich dann schließlich allein unterwegs war, um in der Öffentlichkeit meine Geschichte zu erzählen, würde ich eine Art Gehalt bekommen. Ich wollte etwas Sinnvolles mit meinem Leben anfangen, und die Arbeit bei der AASL sah ich als Schritt in diese Richtung.

Außerdem arbeitete diese Amerikanische Anti-Sklaverei-Liga mit Leuten im Sudan zusammen, die Sklaven befreien halfen. Vielleicht konnten ja diese Leute etwas über meine Eltern in Erfahrung bringen.

Die ersten Nächte in Boston schlief ich auf Jesses Bettsofa. Jesse, dieser amerikanische Junge, der gerade einmal zwei Jahre älter war als ich, wünschte sich das Ende der Sklaverei genauso glühend wie ich, dabei wusste er aber weit mehr über Geschichte und Politik meines Landes als ich. Um mit diesen jungen Amerikanern Schritt zu halten, musste ich unbedingt auf die Schule. Aber als Erstes brauchte ich eine Unterkunft. Charles fand für mich ein Zimmer im Haus eines Nachbarn. Die nächsten drei oder vier Monate würde ich bei Dr. Dick Baler und seiner Frau Lynn wohnen, und die beiden interessierten sich nicht nur für Afrika, sie waren auch schon dort gewesen. Bei ihnen hatte ich ein eigenes Zimmer, und sie behandelten mich wie ein Mitglied der Familie. Fast jeden Abend aß ich zusammen mit ihnen. Außerdem nahm ich meine Arbeit für die AASL auf, ich erfuhr, wie die Liga sich bemühte, die Amerikaner von der Sklaverei im Sudan zu unterrichten. Jesse entwarf eine Website für die Liga – iAbolish.com –, und ich versuchte, einiges von dem Informationsmaterial zu lesen, das sie über den Krieg im Sudan zusammengetragen hatten.

Und dann, etwa eine Woche nach meinem Umzug nach Boston, kündigte Charles an, er habe etwas arrangiert: Ich sollte meine Geschichte der Baptistengemeinde in Roxbury schildern.

»Erzähl den Leuten einfach, was dir passiert ist«, sagte er und erklärte mir, dass mein Publikum hauptsächlich aus Afro-Amerikanern bestehen würde, die ganz bestimmt den Wunsch hätten, beim Kampf gegen die moderne Sklaverei zu helfen, wenn sie erst einmal meine Geschichte gehört hätten. Sie würden anderen Kirchengemeinden von mir erzählen, meinte Charles, und er wies mich darauf hin, dass die afro-amerikanischen Christen einflussreiche Verbündete sein könnten. Jesse und er würden mir bei der Vorbereitung meines Vortrags helfen.

Ich brauchte die richtige Kleidung. Ich konnte doch den Baptisten in Roxbury nicht von meinem Leben in der Sklaverei erzählen, wenn ich aussah, als wäre ich einem Hip-Hop-Video auf MTV entsprungen. Ich glaube, Charles und Jesse amüsierten sich ziemlich über meine T-Shirts und meine sackartigen Jeans, über die Baseball-Mützen und Trainingsanzüge und die diversen Turnschuhe. Anzug und Krawatte besaß ich nicht; ich hatte nicht mal ein Hemd, das ich zu einer Krawatte hätte tragen können. Charles veranlasste einen der studentischen Helfer im Büro – bei der AASL volontierten immer viele Studenten –, mit mir zum Men's Warehouse ganz in der Nähe zu gehen, damit ich mir Jackett, Hemd und Hose kaufen konnte. Ich fand ein braunes Jackett, das mir gut gefiel, und dazu schwarze Hosen, aber ich hatte folgendes Problem: Jedes Hemd, das mir von der Armlänge her passte, war viel zu groß für meinen mageren Hals. Als wir ohne Hemd zur AASL zurückkamen, nahm mich Jesse mit in einen Laden für Übergrößen, der ebenfalls in der Nähe war. Weil ich zwar groß war, nicht aber auch das entsprechende Gewicht hatte – ich wog etwa einhundertundfünfzig Pfund –, hatten auch sie kein Hemd, das mir passte. »Sie werden sich Ihre Hemden anfertigen lassen müssen«, meinte der Verkäufer zu uns. Das war schon eine ziemlich komische Situation. Charles und

Jesse kämpften gegen die Sklaverei auf der Welt; sie arrangierten Treffen mit reichen Amerikanern, um Geld zu beschaffen, und redeten mit wichtigen Politikern, aber ein passendes Hemd für mich aufzutreiben schien beinahe unmöglich zu sein. Schließlich ging Jesse noch einmal mit mir zum Men's Warehouse. Hier fanden wir ein kurzärmeliges Hemd für mich, das auch von der Halsweite her gut passte.

Meine nächste Herausforderung war ein Frühstück mit einem Zeitungsreporter. Jesse hatte ein Treffen mit Charles Radin vom *Boston Globe* verabredet; Radin hatte im Jahr zuvor einen Artikel über einen entlaufenen Sklaven aus Mauritius gebracht, der auch für die AASL arbeitete. Abgesprochen war, dass Radin ein Interview mit mir machen, mich zu meinem Vortrag in die Baptistengemeinde begleiten und dann aus dem Material einen Artikel verfassen sollte. Wir trafen uns in einem Diner in Brookline, wo ich mein erstes Interview gab und zum ersten Mal Waffeln frühstückte. Der Reporter vom *Globe* stellte mir zahlreiche Fragen über mein Leben. Mein Englisch war immer noch rudimentär, und vieles von dem, was er sagte, verstand ich nicht. Jesse half uns, alles in den Griff zu bekommen.

Bevor der Reporter ging, sagte er: »Wissen Sie, Jesse, diese Storys über entlaufene Sklaven kann ich nur einmal im Jahr bringen.«

Ich verstand nicht, was er damit meinte. Es war falsch, Menschen zu Sklaven zu machen. Es war ein Übel, gegen das sich das amerikanische Volk zur Wehr setzte. Und wenn es tatsächlich siebenundzwanzig Millionen Sklaven auf der Welt gab, sollte es dann nicht jeden Tag einen Artikel in der Zeitung geben, der diese Tatsache vehement anprangerte?

Es war der Gottesdienst am Sonntagmorgen, und in der Southern Baptist Church drängten sich Gemeindemitglieder und andere, die gehört hatten, dass ein Ex-Sklave einen Vortrag halten würde. Charles hatte mich zur Kirche gefahren und mich dem Prediger Gerald Bell vorgestellt, einem Afro-Amerikaner, der ein Freund von Charles war und außerdem Vorstandsmitglied der AASL. Jemand machte ein Foto von uns. Ich war sehr nervös. Vor so vielen Menschen, die mir alle unbekannt waren, hatte ich noch nie geredet. Und in einer Kirche zu sprechen war auch völlig neu für mich. Auch Charles und Jesse zuliebe wollte ich meine Sache gut machen. Pastor Bell wandte sich an seine zum größten Teil aus Afro-Amerikanern bestehende Gemeinde: »Meine lieben jungen Freunde, das müsst ihr euch anhören! So ist es einmal auch uns ergangen.«

»Amen«, antworteten einige.

»Wir waren Sklaven, und keiner wollte uns glauben«, sagte der Prediger. »O ja, Herr!«

Jetzt war ich an der Reihe. Ich holte tief Luft und entschuldigte mich für mein schlechtes Englisch. Und dann erzählte ich ihnen von dem Tag, als ich auf den Markt ging, um Erdnüsse und Eier für meine Mutter zu verkaufen, und dass uns die Miliz angriff und ich fortgebracht wurde, um zehn Jahre lang für Giemma Abdullah zu arbeiten, ich erzählte, dass ich meine Familie nach jenem Tag nie mehr wiedergesehen habe. Charles und Jesse hatten mir geholfen, die Geschichte aufzuschreiben, aber ich sprach auswendig, und in der Kirche war es vollkommen still. Als ich geendet hatte, begannen alle zu klatschen und zu jubeln. Ich schaute in die Gesichter der Menschen, lachende und weinende. Es war ein merkwürdiges Gefühl, so sehr Mittelpunkt der Aufmerksamkeit zu sein und solche Emotionen auszulösen. Meine Geschichte hatte an die Gefühle der

Leute gerührt, und ich spürte, wie diese Gefühle in diesem Augenblick zu mir zurückkamen.

Charles lächelte mir zu und gab mir mit Zeichen zu verstehen, dass ich meine Sache gut gemacht hatte.

Pastor Bell bat alle, aufzustehen und näher zu mir zu kommen. »Berührt ihn«, sagte er. »Hebt diesen Bruder aus seiner Niedergeschlagenheit! Stützt ihn! Gebt ihm Stärke!«

Alle kamen seiner Aufforderung nach, stellten sich um mich, streckten die Hände aus und berührten mich.

»Wir werden deinem Volk helfen«, versprachen sie. »Du brauchst dich nicht einsam zu fühlen, wir werden uns um dich kümmern.« Sie sagten: »Betrachte uns als deine Familie.« Es war anrührend und aufregend für mich, von all diesen schwarzen amerikanischen Menschen willkommen geheißen zu werden, diesen Nachfahren von Sklaven, die mir und dem Dinka-Volk helfen wollten.

Nach meinem Vortrag kamen einige zu mir und schüttelten mir die Hand. »Das ist auch mit unseren Vorfahren geschehen«, sagten sie, »und wir werden deiner Bitte um Hilfe entsprechen.«

Am nächsten Tag im Büro schilderte ich Jesse, wie ergreifend es für mich gewesen sei, zu diesen Afro-Amerikanern zu sprechen, von ihnen berührt zu werden, zu hören, wie sie sich verpflichtet hatten zu helfen.

Charles meinte, ich hätte die Menschen mit meiner Geschichte erreicht, sie hätten mit mir gefühlt – und dann wartete er mit einer weiteren Überraschung auf. »Morgen reisen wir nach Washington, D. C.«, kündigte Charles an. »Francis, Sie werden im Kapitol sprechen.«

Wenn ich jetzt auf diesen Moment damals zurückblicke, glaube ich kaum, dass ich diesen Satz auch nur annähernd verstanden hatte. Damals hatte ich schon lange genug in den Vereinigten Staaten gelebt, um zu wissen, dass Washington, D. C., die Hauptstadt der USA war. Ich hatte mir Nachrichtensendungen im Fernsehen angeschaut, aber ich hatte keine Ahnung, wie die amerikanische Regierung eigentlich arbeitete, und in Fargo und in Ames war ich zu beschäftigt damit gewesen, meinen Lebensunterhalt zu verdienen und zu begreifen, was meine Bosse von mir wollten. Dass ich selbst auf dem Weg ins Zentrum der amerikanischen Regierung war und meine Geschichte dort erzählen sollte, war kaum vorstellbar für mich.

Natürlich hatte Charles vorhergesehen, dass ich sehr nervös sein würde. Er erklärte, dass die AASL seit Monaten schon mit anderen Gruppen der Sudan-Kampagne zusammenarbeitete, in dem Bemühen, die Amerikaner im Allgemeinen und die Politiker im Besonderen über die Sklaverei im Sudan zu informieren. Charles selbst hatte den größten Teil des Monats in Washington verbracht; dort war er mit den Vorbereitungen der Veranstaltung beschäftigt, und die Eröffnungsvorträge würden in demselben Gebäude stattfinden, in dem auch der Kongress tagte. Und Charles wollte, dass ich bei der Eröffnung einen Vortrag hielt.[4]

Ich weigerte mich. Mein Englisch war einfach nicht gut genug. Charles bestand darauf: Beim Gottesdienst der Baptistengemeinde sei ich großartig gewesen, meinte er, und er

---

[4] Freedom House, die älteste Menschenrechtsorganisation der USA, begründete die Sudan Campaign of Conscience, der sich bald weitere Organisationen anschlossen, die sich gegen Menschenrechtsverletzungen im Sudan wandten. Als ich im Jahr 2000 nach Washington kam und an dem teilnahm, was inzwischen in Sudan-Kampagne umgetauft worden war, arbeitete die AASL bereits mit Freedom House zusammen. Gemeinsam war es ihnen gelungen, ein außerordentliches Bündnis zusammenzustellen; Gruppierungen von allen Seiten des politischen Spektrums trafen sich wöchentlich und richteten Veranstaltungen aus, die sich über mehrere Monate erstreckten; außerdem bemühten sie sich im Kongress um eine stärkere Haltung der USA gegen Gewalt und Sklaverei im Sudan. Diesem Bündnis gehören diverse Menschenrechtsorganisationen an sowie etliche Angehörige des Senats beziehungsweise des Repräsentantenhauses, und zwar beider großer Parteien (Demokraten und Republikaner).

versicherte mir, dass ich in Washington weiter nichts zu tun hätte als eine Wiederholung meines Auftritts in der Kirche in Roxbury.

Am nächsten Morgen in aller Frühe saßen wir im Pendelflugzeug nach Washington, und Charles und Jesse versuchten mir zu erklären, welche Aufgaben der Kongress der Vereinigten Staaten hatte. Ich verstand kein Wort. Von Politik hatte ich keine Ahnung, vor allem nicht von der demokratischen Politik der US-Amerikaner. Ich wusste nicht, was mich erwartete, auch von der Größenordnung des Ereignisses ahnte ich nichts. Um elf Uhr befand ich mich schließlich in einem der größten Sitzungssäle des Kongressgebäudes und mit mir eine Gruppe afro-amerikanischer Pfarrer, einige Abgeordnete des Kongresses und ein Senator. Charles stellte uns einer Zuhörerschaft von etwa fünfhundert Personen vor. Dass es sich hier um etwas Bedeutendes handelte, verstand ich sehr wohl. Kaum hatte ich den Raum betreten, kamen Reporter auf mich zu und wollten mich interviewen. Einige waren mit Kameras und riesigen Mikrofonen bewaffnet, die sie auf mich richteten. Ich wurde zu einem Tisch geführt, und da sah ich den Namen *Francis Bok* gedruckt auf einem Schildchen und daneben ein weiteres mit dem Namenszug *Joe Madison*, von dem ich später erfuhr, dass er eine eigene Radiosendung hatte. Für mich war dies eine regelrecht surreale Erfahrung. Auch Pyo war anwesend – der Mann, bei dem ich in Kairo gewohnt hatte, der Erste, der mir riet, bei der UNO den Flüchtlingsstatus zu beantragen. Ich hatte Charles erzählt, dass er in der Umgebung von Washington wohnte, und Charles hatte auch ihn eingeladen, einen Vortrag zu halten. Es war großartig, Pyo wiederzusehen, und wir umarmten uns und wunderten uns über die Umstände dieses Zusammentreffens so weit weg von Kairo. Sultan Pyo und Francis Bok im Kapitol, als Redner vor fünfhundert Leuten. Wer in Kairo damals hätte das wohl je für möglich gehalten?

Als der erste Redner mit seinem Vortrag begann, sah ich mir die Zuhörer an: Es waren viele Erwachsene anwesend, die meisten gut gekleidet, sie wirkten wichtig, außerdem waren jede Menge Reporter und Fotografen gekommen, sie hatten Fernsehkameras und Mikrofone aufgestellt.

Allmählich wurde ich immer nervöser, viel nervöser als ich es in der Baptistenkirche gewesen war. Es war mehr als bloß die Angst, in schlechtem Englisch vor Fremden reden zu müssen. Im Sudan war ich von der Geheimpolizei verhaftet worden, nachdem ich meine Geschichte in der Öffentlichkeit erzählt hatte. Und wenn ich auch weit weg war von Khartoum, so war mir doch bewusst, dass das, was ich einem amerikanischem Publikum zu sagen hatte – noch dazu in Washington und vor laufenden Kameras –, die Regierung in Khartoum geheim halten wollte.

Unter den Zuhörern befanden sich auch Araber.

Welche Gefahr das Reden in der Öffentlichkeit für mich mit sich bringen konnte, wusste ich. In die Büroräume der AASL zu gehen und mich über die Politik im Sudan zu informieren, später einen Vortrag vor Fremden zu halten, war zwar eine scheinbar leichtere Arbeit als Paletten zu fertigen, die Maschinen in einer Fleischwarenfabrik oder die Zimmer im Holiday Inn zu säubern, doch der Kampf gegen die Sklaverei barg andere Gefahren. Charles und Jesse hatten mir erzählt, dass sie im Büro manchmal Drohbriefe und Drohanrufe bekamen, hauptsächlich von Arabern aus dem Nordsudan, die in den USA lebten und die wütend behaupteten, dass es im Sudan keine Sklaverei gäbe. In den Lagern in Khartoum hatte es Spitzel gegeben, und ich war sicher, dass es auch in Washington Spitzel gab. Was in diesem Raum gesagt wurde – und wahrscheinlich auch mein Name und ein Foto von mir –, würde an die Regierung im Sudan weitergeleitet werden.[5]

Doch ich hatte die Konsequenzen, die meine neue Tätigkeit haben würde, akzeptiert. Indem ich mich einverstanden erklärte, mit der AASL zu arbeiten, hatte ich entschieden, dass meine Sicherheit nicht so wichtig war wie mein Bedürfnis, die Amerikaner über Sklaverei im Sudan zu informieren. An den Wänden des Sitzungssaals hatte jemand vergrößerte Fotos von Dinka gehängt, die Opfer der Sklaverei geworden waren. Bilder wie die, die mich bei meinem ersten Besuch in den Büroräumen der AASL in Boston so bewegt hatten. Diese Abbildungen von entflohenen Sklaven, von Dinka, die bei Bombenangriffen schwer verwundet oder von ihren Besitzern verstümmelt worden waren, erinnerten mich daran, wie wichtig es war, den Amerikanern von den schrecklichen Dingen zu erzählen, die man meinem Volk antat. Meine Entscheidung war gefallen. Aber während ich in diesem Saal im Kapitol stand, krampfte sich mir der Magen zusammen, und Schweiß tropfte mir von der Stirn. Ich hatte solche Angst, dass ich Gott um Hilfe anflehte. »Gib mir die Kraft, das hier zu tun«, betete ich.

Als Charles mich vorstellte, ging ich mit der zweiseitigen Erklärung zum Podium, die ich mit Jesses Hilfe vorbereitet hatte. Ich schaute ins Publikum. Dort saßen all diese wichtigen Größen aus Washington, die gekommen waren, um etwas über die Sklaverei im Sudan zu erfahren. Ich war mir im Klaren darüber, dass ich über dieses Thema besser

---

[5] Dr. Hamouda Fathelrahman war der Redner nach mir. Er ist Generalsekretär der sudanesischen Menschenrechtsorganisation in Kairo, und er ist einer der wenigen Nordsudanesen, der ein ausgesprochener Gegner des Kriegs gegen den Süden ist. Seine Organisation hatte einen Bericht über Sklaverei im Sudan veröffentlicht. Khartoum würde unsere Kampagne für den Sudan nicht ignorieren können.

Bescheid wusste als irgendeiner meiner Zuhörer. Meine Geschichte musste ich nicht vorlesen. Ich kannte sie auswendig, und so kamen, mit Gottes Hilfe, die Worte immer flüssiger aus mir heraus. Ich schilderte, wie ich entführt und gezwungen worden war, zehn Jahre lang für Giemma zu arbeiten, bis mir die Flucht gelang. Ich erzählte, wie man mich geschlagen und wie ein Tier behandelt hatte. Als ich sprach, zuckten die Blitze der Fotoapparate auf. Während ich sprach, herrschte Stille in dem Raum. Ich rief das amerikanische Volk, vor allem meine afro-amerikanischen Brüder und Schwestern, auf, Stellung zu beziehen und meinem Volk zu helfen. Und dann bedankte ich mich bei den Zuhörern, dass sie mir erlaubt hatten, zu ihnen zu sprechen.

Ich hatte es geschafft. Ich hatte im Kapitol gesprochen. Und ich hatte es überlebt.

Und dann setzte auf einmal der Applaus ein. Die Leute applaudierten, dann standen sie auf und applaudierten immer weiter. In der Vergangenheit hatte ich Applaus als peinlich empfunden, doch nun war ich stolz. Fünfhundert Amerikaner, und alle waren aufgestanden und applaudierten einem Einundzwanzigjährigen aus dem Südsudan.

Als der Applaus allmählich schwächer wurde, kam ein Mann auf mich zu und schüttelte mir die Hand; mehrere afro-amerikanische Prediger waren bei ihm.[6] Sie bedankten sich bei mir dafür, dass ich ihnen von der Sklaverei in meinem Land erzählt hatte. Für sie war Sklaverei etwas gewesen, das an einem entlegenen Ort in Afrika passierte, an den sie kaum je einen Gedanken verschwendet hatten. Nach

---

[6] Wer diese Leute waren, wusste ich nicht. Aber später erfuhr ich von Jesse, dass derjenige, der mir als Erster die Hand geschüttelt hatte, Senator Sam Brownback aus Kansas gewesen war, und bei einem der Prediger handelte es sich um T. D. Jakes, einen bekannten afro-amerikanischen Pfarrer mit einer großen Gemeinde und einer beliebten Fernsehshow. Ein Jahr später zeigte mir Jesse Reverend Jakes' Foto auf der Titelseite des *Time Magazine*, das ihn zu »Amerikas bestem Prediger« ernannt hatte.

dem Vortrag verbanden sie Sklaverei mit einer Person, die sie gesehen hatten, mit einem jungen Sudanesen, dem sie die Hand geschüttelt hatten. Als wir das Gebäude verließen, sah ich einige protestierende Araber, die Handzettel verteilten, mit denen sie die Existenz von Sklaverei im Sudan leugneten.

Als wir wieder in Boston waren, zeigte Jesse mir eine Ausgabe des *Boston Globe*. Ich war überrascht. Denn auf der zweiten Seite in Bostons wichtigster Tageszeitung war ein Foto von mir in der Kirche abgebildet, und darunter war in Großbuchstaben zu lesen:

LEIBHAFTIGER ZEUGE FÜR DIE
WUNDEN DER SKLAVEREI:
GESCHICHTE EINES ÜBERLEBENDEN SCHÄRFT
DAS BEWUSSTSEIN DER AMERIKANER FÜR
LEIBEIGENSCHAFT IM SUDAN

Bei all der Aufregung über meinen Vortrag in Washington hatte ich das Interview für den *Globe* ganz vergessen. Die Zeitung hatte sich entschlossen, den Bericht über meinen Auftritt in der Baptistenkirche genau an dem Tag zu bringen, an dem ich in Washington sprach. Der Artikel ging über fast eine halbe Seite. Ich versuchte, ihn zu lesen, aber alles, was ich entziffern konnte, waren einige der Worte, die ich gesagt hatte. Doch die Botschaft verstand ich: Was ich in der Kirche und im Kapitol gemacht hatte, war wichtig genug, dass eine große Zeitung darüber berichtete und amerikanische Senatoren einem ehemaligen Sklaven zuhörten, der nie im Leben eine Schule besucht hatte.

Am 5. Juni flog ich erneut nach Washington, um während der letzten beiden Tage der Kampagne für den Sudan anwesend zu sein. Es begann am Vormittag mit einer Pressekonferenz am Lincoln-Denkmal; zugegen war eine Gruppe von Fünftklässlern aus Denver, Colorado. Die Lehrerin Barbara Vogel hatte den Kindern einen Artikel aus einer Zeitung über Sklaverei im Sudan vorgelesen, und die Schüler hatten beschlossen, selbst aktiv zu werden: Sie hatten Briefe nach Washington geschrieben, Geld gesammelt und waren in den Nachrichten des Senders CBS zu sehen gewesen. Und weil die Politiker ein ganzes Jahr lang nicht auf ihre Eingaben reagiert hatten, waren sie nun persönlich nach Washington gefahren. Auf dem Weg zum Lincoln Memorial erklärte mir Jesse, dass Abraham Lincoln der amerikanische Präsident gewesen sei, der die Sklaven befreit hatte und zu dem Zweck sogar bereit gewesen war, einen Bürgerkrieg zu riskieren.

Diesen Tag werde ich nie vergessen: Das Lincoln Memorial war weiß und schimmerte in der Sonne. Die amerikanischen Schulkinder waren so aufgeregt, dass sie hier sein durften; sie waren reichlich nervös bei dem Gedanken, in der Öffentlichkeit sprechen zu müssen. Ich redete einige Minuten, erzählte noch einmal meine Lebensgeschichte und bedankte mich bei den amerikanischen Schulkindern für ihren Einsatz. Die Kinder engagierten sich dafür, die schrecklichen Dinge, die im Sudan passierten, an die Öffentlichkeit zu bringen, obwohl sie ein angenehmes, sorgenfreies Leben hatten und für sie keinerlei Notwendigkeit bestand, sich um die Vorkommnisse im Sudan zu kümmern.

Als ich mit meinem Vortrag am Ende war, kamen die Kinder und umarmten mich und schüttelten mir die Hand. Manchen liefen die Tränen die Wangen hinunter. Inzwischen hatte ich meine Geschichte in der Kirche in Roxbury und im Kapitol erzählt. Aber an diesem Tag hatte ich vor einem Denkmal gesprochen, das an einen amerikanischen Führer erinnerte, der die Sklaven in seinem Land befreit hatte, und als mich diese Kinder mit Tränen in den Augen umarmten, begriff ich allmählich, wie groß die Macht der Worte sein konnte.

Die Kinder sollten noch einige Kongressabgeordnete aufsuchen, darunter ihren eigenen Abgeordneten, den Republikaner Tom Tancrello. Bald darauf saß ich im Büro von Donald Payne, Angehöriger der Demokratischen Partei aus New Jersey; er war Vorsitzender des Gremiums für Belange von Afro-Amerikanern im Kongress, und er sagte den Kindern, wie sehr er sich über ihren Einsatz freue. Als ich diesen Mann, einen einflussreichen Amerikaner, dessen Vorfahren als Sklaven gelebt hatten, sah, fragte ich mich, ob es im Sudan jemals so weit kommen könne.

Vom Lincoln Memorial gingen wir zu den Büroräumen der Kongressabgeordneten. Auf einmal nahm eine Schülerin meine Hand, und wir gingen zusammen weiter. Christy hieß sie. Sie reichte mir gerade bis zur Taille, und wenn es für andere auch so ausgesehen haben mag, als führte ich die Kleine durch die Stadt, hatte doch in Wahrheit Christy meine Hand genommen. Ich weiß nicht genau, warum. Aber für mich war das ein Beispiel dafür, wie einfach es doch für Menschen war, miteinander zu leben: Man brauchte nichts weiter zu tun, als auf den anderen zuzugehen und ihm die Hand zu reichen.

Schließlich kamen wir in einen Raum mit einem langen Tisch, und vor jedem Stuhl befand sich ein Namenskärtchen. Jesse erklärte mir, dass dies ein besonderer Raum für die Sitzungen einer Gruppe einflussreicher Senatoren sei, die sich mit Problemen im Ausland beschäftigten.[7] Die Kinder waren immer noch aufgeregt. Ich war erschöpft. Auf einmal betrat ein Mann mit Gehstock den Raum. Allen

---

7 Der Sitzungssaal des Senate Foreign Relations Committee (Ausschuss für Internationale Beziehungen im Senat), Vorsitzender des Ausschusses derzeit: Jesse Helms, Senator aus North Carolina.

Kindern schüttelte er die Hand, und mir auch. Es war Jesse Helms. Die Kinder erläuterten, weshalb sie nach Washington gekommen seien. Im Sudan würden Kinder zu Sklaven gemacht, so wie es mir ergangen war, und der Rest der Welt tue nichts dagegen. Ich erzählte ihm, wie es mir ergangen war. Er hörte einfach nur zu, aber ich konnte in seinen Augen die Gefühlsregung ablesen. Er umarmte die Kinder und schüttelte mir die Hand, und dabei standen ihm die Tränen in den Augen.

»Ich verspreche Ihnen«, sagte er, »wir werden Ihrem Volk helfen.«

Helms sagte weiter, dass er die Kinder und mich gern noch einmal in Washington sähe, damit wir vor seinem Ausschuss sprechen könnten. Außerdem schlug er vor, wir sollten im Außenministerium mit der Außenministerin Madeleine Albright reden. Also begaben wir uns alle zu dem Gebäude, aber die Außenministerin war unabkömmlich. Stattdessen empfing uns Susan Rice, Staatssekretärin für afrikanische Angelegenheiten. Ich sprach mit ihr über meine Situation, und die Kinder erhielten Gelegenheit, noch einmal ihre Besorgnis darüber zum Ausdruck zu bringen, dass die USA nicht genug gegen die Sklaverei im Sudan unternahmen.

»Wieso unternimmt denn eigentlich Präsident Clinton nichts?«, fragten die Kinder zum Schluss.

Die Staatssekretärin erwiderte, sie werde Madeleine Albright das Anliegen der Kinder vortragen. Außerdem versicherte sie uns, dass Präsident Clinton wegen der Sklaverei im Sudan sehr besorgt sei und sich bald in aller Deutlichkeit dagegen aussprechen werde. Sie dankte uns für unseren Besuch.

An diesem Tag verstand ich, was an Amerika so beeindruckend war. Als man mich im UNO-Büro in Ägypten bei der Anhörung gefragt hatte, in welches Land ich ausreisen wollte, hatte ich geantwortet, das sei mir egal; ich wollte einfach nur frei sein. Viele Sudanesen wollten jedoch nach Amerika. Ich dachte, wenn ich erst einmal hier sein und sehen würde, wie reich alle waren, würde ich begreifen, weshalb es so viele Menschen reizte, nach Amerika zu gehen. Aber in diesen zwei Tagen in Washington wurde mir klar, was das eigentlich Faszinierende an Amerika war: Bedeutende Senatoren und Experten für Afrika-Angelegenheiten widmeten nicht nur ihre Zeit einer Gruppe von Schulkindern und einem Flüchtling aus dem Sudan; nein, sie waren sogar zu Tränen gerührt von dem, was wir erzählten. Im Sudan, als ich in Jabarona die Wahrheit gesagt hatte, warf mich die Geheimpolizei ins Gefängnis; sogar in Kairo, wo wir die Freiheit hatten, auf der Straße alles zu sagen, was wir wollten, hörte uns Südsudanesen niemand mit wirklichem politischen Einfluss zu. Als ich nach Boston zog, hätte ich noch nicht gedacht, dass ein einzelner ungebildeter Dinka-Junge tatsächlich viel erreichen könnte. Aber nach meinen beiden Besuchen in Washington, D. C., begann ich allmählich daran zu glauben, dass Francis Bok aus dem Dorf Gourion in der Provinz Aweil im Süden des Sudan die Lage seines Volkes tatsächlich zum Besseren wenden konnte.

In Washington zu reden war ein wichtiger Wendepunkt in meinem Leben – nicht nur, weil ich Gelegenheit gehabt hatte, meine Geschichte vor bedeutenden Leuten zu erzählen oder weil ich womöglich Einfluss genommen hätte auf die US-amerikanischen Beziehungen zum Sudan. An diesem Tag hatte ich nämlich auch endlich den Mann kennen gelernt, der für die lächelnden Gesichter der Kinder und Frauen des Dinka-Volkes auf dem Foto im Büro der AASL verantwortlich war: John Eibner, Leiter der Christian Solidarity International. John Eibner widmete sein Leben dem Bemühen, meinem Volk zu helfen. Er war ebenfalls einer derjenigen, die die Sudan-Kampagne unterstützten. Er ist ein ganz außergewöhnlicher Mensch, gleichsam bedeutend und bescheiden. Ich hatte viele Christen darüber reden hören, wie wichtig es sei, dass man »seinen Nächsten liebe«. Aber Johns Leben ist Tag für Tag ein Beispiel der christlichen Liebe. Noch bevor ich mich überhaupt für seine Hilfe im Kampf gegen die Sklaverei bedanken konnte, half er mir auch persönlich. John erzählte mir, dass er bald in den Südsudan zurückkehren werde, in die Provinz Aweil, und wenn ich ihm die Namen meiner Eltern und meines Dorfes geben würde, wollte er versuchen, etwas über meine Familie in Erfahrung zu bringen.

KAPITEL 17

NEUIGKEITEN AUS DEM SUDAN

Nach dem Vortrag in Washington nahm ich mir vor, intensiver an meinem Englisch zu arbeiten. Ich erinnerte Charles und Jesse daran, dass sie mir versprochen hatten, mir zu helfen, eine Schule zu suchen. Jesse tätigte etliche Telefonate und fand bald heraus, dass es gar nicht so einfach sein würde, für einen Einundzwanzigjährigen ohne bisherige nennenswerte Schulbildung eine passende Schule zu finden. Dass ich mich bei einer gewöhnlichen Grundschule anmeldete, kam nicht in Frage. So gern ich auch lernen wollte, so wollte ich doch nicht gemeinsam mit Kindern die Schulbank drücken, die mir gerade bis zur Hüfte reichten, selbst wenn eine Schule bereit gewesen wäre, mich aufzunehmen, was zudem fraglich schien. Mich würde auch keine High School nehmen, weil mir die Vorbildung fehlte und ich zu alt war. Außerdem wünschte ich eine Einrichtung, bei der der Unterricht abends stattfand, damit ich tagsüber für die AASL arbeiten konnte. Jesse stellte schließlich eine Liste mit Schulen in Boston zusammen, bei denen ich mein Englisch verbessern konnte, und ich suchte sie der Reihe nach auf.

In diesen ersten Monaten in Boston richtete ich meine Aufmerksamkeit so sehr darauf, an meinem Englisch zu arbeiten und eine Schule zu finden, dass ich John Eibners Reise in den Sudan darüber ganz vergaß – bis er mich im Büro anrief. Im Juni war er im Sudan gewesen, und wie versprochen war er in mein Dorf gefahren und hatte einen Mann ausfindig gemacht, der zum Stamm meines Vaters gehörte und der meine Familie gut gekannt hatte. John hatte ihm mitgeteilt, dass ich am Leben sei, dass es mir gut gehe, dass ich in Amerika lebe und unbedingt in Erfahrung bringen wolle, was mit meinen Eltern und Geschwistern geschehen war. John hatte die Antwort des Mannes auf Video aufgezeichnet. Am Telefon hörte ich zu, was dieser Mann von unserem Stamm zu sagen hatte: An demselben Tag, an dem die Miliz den Marktplatz in Nyamlell überfallen hatte, war sie auch über unser Dorf hergefallen. Mein Vater war getötet worden. Da war sich der Mann ganz sicher. Und er glaubte, dass auch meine Mutter und meine beiden Schwestern umgekommen waren. Er sagte, er sei sehr glücklich, dass ich überlebt hätte und jetzt in den Vereinigten Staaten in Sicherheit sei. John sagte, er würde mir ein Foto von diesem Mann schicken, der meine Familie gekannt hatte.

Ich dankte John für seine Hilfe. Die Träume, die ich zwölf Jahre lang gehegt hatte, waren innerhalb weniger Minuten zerstört worden. Wie ich den Hörer aufgelegt hatte und was ich als Nächstes tat, daran erinnere ich mich nicht mehr. In meinem Kopf schwirrte es von Gedanken – Schuld, Ärger, Traurigkeit und Verwirrung, weil ich nicht wusste, was ich jetzt machen sollte. Ich hatte so viel Zeit damit verbracht, mein Leben in Boston in geordnete Bahnen zu bringen und gegen die Sklaverei im Sudan zu arbeiten, dass ich an meine eigene Familie kaum mehr gedacht hatte. Viele Jahre lang war mein Vater, wenn ich an ihn gedacht hatte, lebendig und mir ganz nah gewesen. Aber in der ganzen Zeit, die ich davon geträumt hatte, in sein Haus zurückzukehren, von ihm auf seine Schultern gehoben zu werden, gab es ihn schon nicht mehr; während der ganzen Zeit, in der ich bei Giemma gelebt hatte, war mein Vater tot gewesen. Und ich lebte. Es war schwierig für mich zu akzeptieren, dass ich meinen Vater nie mehr wiedersehen würde. Ich betete zu Gott, sich seiner Seele anzunehmen, und ich dankte meinem Vater für all das, was er mir gegeben hatte, als ich noch Kind war – und während meiner Zeit als Sklave.

Ich musste der Tatsache ins Auge sehen, dass auch meine Mutter und meine Schwestern wahrscheinlich nicht mehr am Leben waren. Aber was war mit meinem älteren Bruder? An dem Tag, als ich mich auf den Weg zum Markt machte, war er nicht zu Hause gewesen; seit einigen Wochen schon war er damals zu Besuch bei Verwandten, die in einem weit entfernten Dorf wohnten. War auch dieses Dorf überfallen worden? War auch er tot? Ich rechnete mit dem Schlimmsten. Ich sah mich in dem Büro um. Die Leute von der AASL saßen über ihrer Arbeit, die darin bestand, meinem Volk zu helfen. Sie unterhielten sich und lachten und machten Pläne für den Abend. Sie hatten keine Ahnung, dass meine Eltern tot waren. Fast dreizehn Jahre lang hatte ich in der Annahme gelebt, dass sie noch am Leben waren. Zumindest erinnere ich mich nicht daran, dass ich je gedacht hätte, sie könnten an demselben Tag bei einem Angriff ums Leben gekommen sein, an dem die *murahaliin* den Marktplatz überfallen hatten. Als die Miliz uns Kinder aufteilte, wünschte ich mir nichts sehnlicher, als bei meinen Eltern zu sein. Als ich mit Giemma auf seinem großen Pferd saß und durch die schwarze Nacht ritt, weinte ich nach meiner Mutter. Als ich bei Giemma ankam und seine Kinder mich zu prügeln anfingen, sehnte ich nach meinen Eltern. Allein in diesen ersten Nächten, auf dem Schlafplatz so nah bei den Tieren, war ich überzeugt, meine Eltern würden kommen und mich retten. Und praktisch jeden einzelnen Tag während der nächsten zehn Jahre lebte ich nur dafür, dass ich irgendwann meine Eltern wiedersehen würde.

Dass sie tot sein könnten, daran hatte ich nie gedacht. Das konnte und wollte ich mir einfach nicht vorstellen. Wenn mir an diesem ersten Tag jemand erzählt hätte, meine Eltern seien tot, wäre ich verrückt geworden. Und jetzt saß ich also in den Büroräumen der AASL, und John Eibners Neuigkeiten lasteten mir schwer auf der Brust. Und in diesem Augenblick begriff ich, dass meine Eltern mir das Leben gerettet hatten. Denn hätte ich damals nicht diesen Traum von meiner Rückkehr geglaubt, hätte ich wohl nicht den starken Willen gehabt, mein Dasein bei Giemma und seiner Familie zu überleben. Womöglich hätte ich zu einem Zeitpunkt versucht zu fliehen, als ich noch zu jung war. Womöglich hätte ich etwas Dummes getan, etwas gesagt, wofür man mir den Arm abgehackt hätte. Ich wäre sicher nicht so sehr auf Giemma eingegangen, dass ich ihn dazu gebracht hätte, mein doppeltes Spiel mitzuspielen.

Den Tod meiner Eltern beweinte ich nicht. Ich war auch nicht überrascht. Kein Dinka in meinem Alter, der in Khartoum und Kairo gelebt hatte oder auch in den Gemeinden der Südsudanesen in Fargo, Ames, Manchester oder Lynn, wäre durch den Tod von Verwandten und Freunden in den vergangenen fünfzehn Jahren erschüttert gewesen. Ich hatte wirklich daran geglaubt, dass ich meine Familie schließlich wiederfinden würde – bis ich in die Flüchtlingslager von Khartoum kam. In Jabarona und anderswo hatte ich schnell herausgefunden, dass Millionen von Dinka meine Lebensgeschichte voller Gewalt und Verlust teilten. Alle, die ich kannte, hatten Verwandte und Freunde verloren. Da sah ich dann erstmals der Möglichkeit ins Auge, dass ich meine Eltern vielleicht nie wiedersehen würde. Ich kann mich nicht erinnern, dass ich mir das so gesagt hätte; ich kann mich nicht erinnern, dass ich es so klar durchdacht hätte. Aber als John Eibner mir dann die schlimme Nachricht mitteilte, war das keine Überraschung mehr für mich. Es war ein Schock, aber es war der Schock des Unvermeidlichen, etwas, worauf ich mich innerlich während der vergangenen vier Jahre vorbereitet hatte. Für mich war dies ein weiterer Grund, die Regierung des Sudan zu verabscheuen: Die Politiker hatten nicht nur zugelassen, dass meine Eltern getötet wurden, sondern diese über zwanzig Jahre an etwa zwei Millionen Menschen ausgeübte Gewalt hatte mich der Möglichkeit beraubt, über diesen Verlust Tränen zu vergießen.

In meiner Erinnerung lebte meine Familie fort. Immer noch spürte ich die Liebe, die sie für mich empfanden. Ich war dankbar, dass sie mir das Leben geschenkt hatten. Aber an dem Tag, an dem ich in den Büroräumen der AASL die traurige Nachricht hörte, wurde mir klar, dass ich nun ohne den Traum, meine Eltern wiederzusehen, weiterleben musste.

KAPITEL 18

DIE ERZIEHUNG DES FRANCIS BOK

Ich stürzte mich in die Arbeit für die Schule. Ich hatte mich bei den Jewish Vocational Services eingeschrieben, einer Art Berufsschule, von der Jesse mir erzählt hatte. Dort konnte ich mein Englisch verbessern, aber mir auch Grundkenntnisse im Umgang mit dem Computer aneignen. Das schien mir eine sinnvolle Kombination zu sein. Auch ich, der kaum etwas über die moderne Welt wusste, erkannte, dass Computerkenntnisse hilfreich sein würden. Ich könnte beispielsweise die Computer im Büro benutzen, um über E-Mail mit meinen Freunden in Ames in Kontakt zu bleiben. Die Jewish Vocational Services war außerdem die einzige Schule, die bereit war, mich aufzunehmen.

Ich hatte Schwierigkeiten. In einem Klassenzimmer zu sitzen und zuzuhören, was ein Lehrer und andere Schüler sagten, war ich nicht gewohnt. Ich musste all meine Konzentrationsfähigkeit aufbringen, um aufmerksam den Anweisungen zu folgen, die ich kaum verstand. Den größten Teil meines ersten Sommers in Boston verbrachte ich in dieser Klasse. Es ging meist mehr um Computer als um die Vermittlung von Englischkenntnissen; mit Englisch beschäftigten wir uns nur an einem Tag in der Woche. Ich lernte an der Computer-Tastatur schreiben, und ich eignete mir auch Kenntnisse im Umgang mit Microsoft Word, Excel und PowerPoint an. Doch bald wurde mir klar, dass ich außer schlechtem Englisch wenig mit meinen Mitschülern gemeinsam hatte. Die anderen in der Klasse waren größtenteils Erwachsene, die schon eine eigene Familie hatten. Die meisten meiner Mitschüler waren früher schon zur Schule gegangen. Lesen und Schreiben konnten sie schon. Manche waren in ihrem jeweiligen Heimatland sogar zur Universität gegangen und wollten sich hier lediglich Computer-Kenntnisse aneignen, um beruflich weiterzukommen. Ich hingegen hatte einen Job, und es erschien mir wenig sinnvoll, mein Englisch unter Schülern verbessern zu wollen, deren Englisch genauso schlecht oder sogar schlechter war als meins. In Boston lebten viele, die vor kurzem erst eingewandert waren – Russen, Serben, Mexikaner, Asiaten und auch andere Afrikaner –, aber wenn man sie nach der Schule fragte, dann redeten sie alle nur von Schulen, an denen man Englisch als Fremdsprache lernte. Ich war überzeugt, dass ich in Englisch schnellere Fortschritte machen würde, wenn ich eine Klasse mit Schülern besuchte, deren Muttersprache Englisch war. So hatte ich schließlich schon mal eine Sprache gelernt. Außerdem wollte ich außer Englisch auch noch etwas anderes lernen: Geschichte, Mathematik und andere Naturwissenschaften zum Beispiel. Ich wollte wissen, was in der Welt vorging. Ich wollte Bücher lesen können. Um sinnvoll bei der AASL arbeiten zu können, um dazu beizutragen, dass sich das Leben im Sudan änderte, brauchte ich mehr als Computerkenntnisse und fließendes Englisch – ich brauchte Wissen.

Jesse erzählte mir eines Tages von der Boston Evening Academy, einer Abendschule. Der Freund eines Freundes von Jesse unterrichte dort. Es schien die ideale Schule für mich zu sein: Unterricht am Nachmittag und Abend, gemeinsam mit jungen Leuten, hauptsächlich solchen, die die High-School abgebrochen hatten, mit jeweils ganz unterschiedlichem Bildungshintergrund, und die meisten arbeiteten, während sie versuchten, ihren High-School-Abschluss zu machen. Ich musste Kurse belegen in Geschichte und Kulturwissenschaften, Mathematik und Naturwissenschaften und Englisch – jedoch englische Literatur, nicht Englisch als Fremdsprache. Und ein weiterer Vorteil war, dass die Regierung die Schulausbildung förderte, was bedeutete, dass ich für meine Ausbildung dort nichts zu zahlen brauchte.

Am Tag der Einschreibung im September 2000 kam ich in die Boston Evening Academy und fand eine Reihe von Tischen vor, und man sagte mir, ich könne mich dort für verschiedene Kurse eintragen. Ich ging zum ersten Tisch und fühlte mich schon verloren: Ich hatte keine Ahnung, wie ich das Formular ausfüllen sollte. Eine der Angestellten sprach mich an.

»Ich heiße Michelle«, sagte sie lächelnd. Sie bot an, mir zu helfen. Es stellte sich heraus, dass ich bei den zu belegenden Fächern keine Wahl hatte. Ich benötigte die Grundlagen: Kurse in Wissenschaft und Technik, Mathematik, Geschichte und englische Literatur sowie Persönlichkeitsentfaltung.

Am nächsten Tag saß ich im Alter von einundzwanzig Jahren zum ersten Mal in meinem Leben in einer richtigen Schule. Ich war unglaublich aufgeregt. Doch die ersten Erfahrungen als Schüler habe ich nicht in guter Erinnerung.

»Wie groß bist du?«, fragten mich einige Schüler.

»Zwei Meter«, sagte ich.

Meine Mitschüler kicherten. Sie amüsierten sich über meine Größe, meine Stimme und meinen Akzent. Und wenn ich im Unterricht Fragen stellte, lachten sie. Als ich zugab, dass ich Schwierigkeiten mit dem Lesen und Schreiben hätte, lachten sie noch mehr.

»Wieso hast du denn nie Lesen und schreiben gelernt?«, fragten sie.

Ich antwortete, ich sei in meinem ganzen Leben nie in einer Schule gewesen.

»Wieso nicht?«, fragten sie. »Wie konnte das denn passieren?«

Ich wollte diesen jungen Menschen nichts über mein Leben im Sudan erzählen, auch nicht über den Krieg und die Politik. Ich verstand das schließlich kaum selbst. Außerdem befürchtete ich, dass es ihnen gleichgültig sein würde, was ich zu erzählen hatte. Vom Sudan hatten sie noch nicht einmal gehört. Das waren junge Amerikaner, eine bunt zusammengewürfelte Gruppe aus Teenagern, darunter Weiße, Schwarze, Hispanier und Asiaten, die meisten in Amerika geboren. Sie hatten die Schule entweder abgebrochen oder waren hinausgeworfen worden. Die Ältesten waren siebzehn oder achtzehn. An ihrem Benehmen in der Klasse – dem Herumalbern, dem Witzeln, den kleinen, dummen Spielchen – erkannte ich, dass sie anders waren als die Studenten vom College, die bei der AASL arbeiteten und die sich dafür interessierten, was in Afrika los war. Es kam mir so vor, als dürften amerikanische Jugendliche alles sagen, was sie wollten. Und sie schienen damit durchzukommen. Außerhalb der Klasse übertraten sie sämtliche Regeln und prahlten noch damit. Sie machten sich über die Lehrer lustig, also war es auch nicht weiter verwunderlich, dass sie sich über einen hoch gewachsenen Afrikaner lustig machten, der älter und größer war als sie, der aber wesentlich ungebildeter war und eine außergewöhnliche Stimme und einen ungewohnten Akzent hatte. Sobald ich etwas nicht korrekt aussprach, begannen sie zu lachen. Einer machte meine Stimme und meinen Akzent und mein falsches Englisch nach, und die anderen lachten auch noch so schallend, als wäre er der ulkigste Mensch der ganzen Welt.

Am liebsten hätte ich sie dafür geschlagen.

Aber ich widerstand dem Drang, mich auf ihr Spiel einzulassen. Ich ermahnte mich. Ich musste meine Gefühle unter Kontrolle halten, auch wenn sie etwas Gemeines oder Grausames zu mir sagten. Diese amerikanischen Jugendliche kannten solche Probleme, wie ich sie gehabt hatte, nicht, sie hatten zumeist eine unbeschwerte Jugend gehabt.

Am liebsten hätte ich den jungen Leuten in meiner Klasse gesagt, wie gut sie es doch hatten. Amerikanische Kinder konnten schon im Alter von drei Jahren zur Schule gehen. Und selbst Teenagern, die die Schule abgebrochen hatten oder von der Schule verwiesen worden waren, gab man eine zweite Chance, ihren High-School-Abschluss zu machen. Außerdem hätte ich ihnen gern gesagt, dass ich mir unbedingt Wissen aneignen wollte, ganz gleich, wie lange es dauerte, und ganz gleich, wie sehr sie mich auch aufziehen mochten.

Es schmerzte, was sie sagten.

»Guckt euch den Typen an! Der ist so dämlich, der kann nicht mal lesen.«

Tag für Tag, wenn ich das Schulgebäude verließ, zogen meine Mitschüler mich auf und machten sich lustig über mich. Ich war wütend. Allerdings war mir auch klar, dass ihre Worte mir längst nicht so wehtaten wie Giemmas Peitsche. Die Boston Evening Academy war kein Flüchtlingslager. Ich war froh, dass ich dorthin gehen durfte, trotz dieser Ignoranten, die nur über ihre Fernsehshows, ihre Lieblingsmusik und über Sport redeten, aber keine Ahnung zu haben schienen von den furchtbaren Dingen, die in der übrigen Welt vor sich gingen.

»Eines Tages werde ich euch erklären, was mir zugestoßen ist«, sagte ich zu einigen meiner Mitschüler. »Im Augenblick kann ich nicht darüber reden. Ich kann es nicht klar und deutlich in Worte fassen. Aber eines Tages werde ich euch erklären, wieso ich nie zur Schule gegangen bin.«

Ich erzählte keinem in der Schule von meiner Arbeit bei der Amerikanischen Anti-Sklaverei-Liga, von Washington, von den Vorträgen, die ich hielt. Auch den langen Artikel über mich im *Boston Globe* zeigte ich ihnen nicht.

Charles war auserwählt worden als Erster Preisträger des jährlich zu vergebenden *Boston Freedom Award*. Die feierliche Preisverleihung würde im Old South Meeting House in der Bostoner Innenstadt stattfinden, einem Versammlungssaal, in dem amerikanische Gegner der Sklaverei sich bereits vor dem Bürgerkrieg Mitte des 19. Jahrhunderts für die Abschaffung der Sklaverei eingesetzt hatten. Der Bürgermeister würde anwesend sein, und es war geplant, dass Coretta Scott King, die Witwe des Bürgerrechtlers Martin Luther King, Charles den Preis überreichen sollte. Dass Charles mich gebeten hatte zu reden, verstand ich als große Ehre. Schließlich sollte es ja der große Abend von Charles werden. Und doch machte er das festliche Ereignis auch für mich zu einem unvergesslichen Abend. Die Witwe von Martin Luther King und ich würden bei derselben Veranstaltung reden! Ich hatte noch viel über Amerika zu lernen, aber wer Martin Luther King war, das wusste ich. Der Freund, mit dem ich mir in Ames ein Apartment geteilt habe, hatte ein Foto von King an der Wand. Charles, der schon in den 60er-Jahren ein Bürgerrechtsaktivist gewesen war, erklärte mir, dass King ein sehr bekannter afro-amerikanischer Prediger gewesen sei, der sich für die Rechte der Schwarzen in seinem Land eingesetzt habe. Außerdem zeigte mir Charles ein Video mit der Rede von King, in der der berühmte Satz *»I have a dream«* fällt, und das fand ich sehr bewegend.

Ich traf Coretta King im Hotel und überreichte ihr ein

Foto von Frauen und Kindern der Dinka, die aus der Sklaverei befreit worden waren.

»Machen Sie weiter so, helfen Sie Ihrem Volk«, sagte Coretta King zu mir. »Das ist eine Gabe, die Gott Ihnen verliehen hat.«

Sie erzählte mir, dass ihr Mann sein Leben der Wahrheit gewidmet hatte, ungeachtet der Konsequenzen. Ich konnte es kaum erwarten, Aguan Aguan zu berichten, dass ich die Frau von Martin Luther King kennen gelernt hatte.

Im Old South Meeting House drängten sich an die fünfhundert Menschen, von denen viele, wie Jesse mir erzählte, in Boston sehr berühmt waren. Auch viele Südsudanesen waren gekommen, um meinen Vortrag zu hören. Wieder hatte Jesse mir mit meinem Vortrag geholfen. Er war diesmal etwas länger. Meine Lebensgeschichte stand schließlich im Kontext des historischen Kampfes gegen die Sklaverei, der von Boston aus seinen Anfang genommen hatte – und das sogar in genau diesem Gebäude –, wo die Gegner der Sklaverei die entsetzlichen Erlebnisse von Männern, Frauen und Kindern öffentlich benannt hatten, die wie Tiere behandelt worden waren. Ich war der lebende Beweis dafür, dass diese entsetzlichen Erlebnisse nicht etwa mit dem amerikanischen Bürgerkrieg im Jahr 1865 zu Ende gegangen waren.

Innerhalb einer Woche machte ich mich zum zweiten Mal auf den Weg nach Washington, um vor dem Senate Foreign Relations Committee, dem Senatsausschuss für Internationale Beziehungen, auszusagen. Die Mitarbeiter von Senator Helms hatten angerufen und mich gebeten, mit fünf Schülern aus Barbara Vogels Klasse herzukommen, um den Senat aufzufordern, effektivere Schritte gegen die Sklaverei im Sudan zu unternehmen. Zuerst sprachen die Kinder.

»Ich heiße Dong Cho«, sagte ein Junge. »Ich gehe auf

die Gemeinde-Grundschule in Aurora, Colorado. Jeden Tag muss ich zur Schule gehen. Und zu Hause muss ich Hausaufgaben machen und auch sonst noch einige Arbeiten erledigen. Aber trotzdem habe ich noch die Zeit, um mich für die Befreiung von Sklaven einzusetzen. Ist der Kongress etwa zu beschäftigt?«

Der Saal tobte. Die Leute applaudierten. Der Kommentar saß.

Als ich an die Reihe kam, erklärte ich dem Komitee, wie stolz es mich mache, dass ich im Namen meines Volkes, der Leute, die man tötete und versklavte, vor amerikanischen Senatoren reden dürfe. Ich erzählte ihnen meine Geschichte, erzählte ihnen von der Entführung, von meinem Leben bei Giemmas Familie, davon, wie sie mir verdorbenes Essen gegeben und mich geschlagen hatten und mir sagten, ich sei nur »ein Tier«. Ich erklärte ihnen, dass ich zehn Jahre lang niemanden gehabt hatte, mit dem ich lachen konnte, der mir seine Liebe gezeigt hatte. Ich schilderte, wie ich im Alter von siebzehn Jahren schließlich geflüchtet war, dann aber von der Polizei erneut zum Sklaven gemacht wurde. Ich erzählte ihnen, wie der arabische Lastwagenfahrer mich mit zu sich nach Hause genommen und mir dann geholfen hatte, nach Khartoum zu kommen, wo ich monatelang im Gefängnis saß. Ich berichtete, wie ich mich nach Kairo durchgeschlagen hatte, ein von der UNO anerkannter Flüchtling geworden war und 1999 in die Vereinigten Staaten ausreiste. Ich erzählte ihnen auch davon, dass die AASL mich in Iowa aufgespürt und mich gebeten hatte, in Boston für sie zu arbeiten, wo ich dann zum ersten Mal in meinem Leben eine Schule besuchte.

Jesse und ich hatten vorher darüber diskutiert, wie wir diesen Vortrag ein wenig anders gestalten könnten. Da ich gemeinsam mit den Schulkindern auftreten würde, beschlossen wir, die Senatoren daran zu erinnern, dass es immer noch Millionen von Kindern gab, die sich in derselben schrecklichen Lage befanden wie ich vor gar nicht allzu langer Zeit.

Mit diesen Worten beendete ich meinen Vortrag:

»Ich bin ein glücklicher Mensch. Ich bin frei. Aber mein Volk stirbt. Und auf der Welt gibt es insgesamt siebenundzwanzig Millionen Sklaven, die keine Sprache haben. Heute muss ich für sie sprechen. Sehr geehrte Damen und Herren Senatoren, wir haben drängende Fragen: Weshalb schweigt Präsident Clinton zur Sklaverei im Sudan? Und weshalb schweigt die Welt? Wir befinden uns hier in einem Land, das seine Sklaven befreit hat. Aber immer noch leben Menschen als Sklaven. Werden die Vereinigten Staaten uns befreien?

Als ich noch als Sklave bei Giemma Abdullah lebte, lag ich nachts oft wach. Ich konnte nicht schlafen. Immer wieder fragte ich mich: Wie werde ich nur wieder befreit werden? Wird jemand kommen und mich befreien? Zu dieser Stunde gibt es im Sudan und überall auf der Welt Kinder, die nachts nicht schlafen können. Sie liegen auf der Erde und warten darauf, dass starke Leute sie holen kommen. Geehrte Damen und Herren Senatoren, Sie sind alle starke Leute. Sie haben eine mächtige Stimme und starke Arme. Sie können die Sklaven befreien! Ich stehe hier allein vor Ihnen. Ich habe keine Familie mehr. Sie – die Bürger der Vereinigten Staaten –, Sie sind jetzt meine Familie. Ich weiß, Sie werden meine Brüder und Schwestern befreien.

Im Namen all der Menschen, die immer noch im Sudan als Sklaven leben, sage ich Ihnen: Danke.«

Nach der Anhörung suchten wir Senator Helms in seinem Büro auf, wo ich auch seine Frau kennen lernte. Erneut arrangierte er einen Termin im Außenministerium, und diesmal trafen wir mit Madeleine Albright, der US-amerikanischen Außenministerin, zusammen. Sie hörte sich tatsächlich an, was wir zu sagen hatten. Als wir sie dringend ersuchten, die Regierung Clinton zu überzeugen, eine offizielle Erklärung gegen die Sklaverei im Sudan abzugeben, versicherte sie uns, dass der Präsident angesichts der Vorkommnisse im Sudan durchaus besorgt sei.

An diesem Tag aß ich mit Perry Farrell zu Abend, dem Sänger der Rockgruppe *Jane's Addiction*. Ich kannte Farrell nicht und wusste auch nicht, weshalb er in Washington war. Jesse erklärte, der Rocksänger sei mit einem Aktivisten der Anti-Sklaverei-Kampagne namens Aaron Cohen befreundet, der ihn zu den Anhörungen mitgenommen hatte. Jemand erzählte mir, Perry habe während meiner Ausführungen geweint.

»Ich muss in der Angelegenheit irgendetwas unternehmen«, sagte er mir später.

Fünf von Pyos Söhnen setzten sich im Restaurant zu uns. Wir hatten ein Menge Spaß. Es war kaum zu glauben, dass diese Gruppe junger Dinka, die vor gar nicht allzu langer Zeit als verzweifelte Flüchtlinge in Kairo zusammengewohnt hatte, nun mit einem Rockstar an einem Tisch in einem exklusiven Restaurant in der amerikanischen Hauptstadt saß und über meine Rede vor dem Senatsausschuss für Internationale Beziehungen und über ein Treffen mit der Außenministerin der Vereinigten Staaten sprach.

Ich lebte erst seit etwas über einem Jahr in den USA, und schon war mein Foto im *Boston Globe* zu sehen, schon traf ich mich mit dem Vorsitzenden des Senatsausschusses für Internationale Beziehungen und wurde mit Coretta Scott King und der Außenministerin fotografiert.

In all den Träumen, denen ich nachgehangen hatte, hätte ich mir nie im Leben solche Dinge vorstellen können. Aber ich hatte gelernt, wie wichtig es war, einen Traum zu haben, etwas, wofür man kämpft, etwas, wofür man leben will. Ich war geflohen, war nach Amerika gekommen und hatte begonnen, meinem Volk zu helfen. Meine Entscheidung, nach Boston zu kommen, war richtig gewesen. Und ich hatte einen neuen Traum: meinen High-School-Abschluss zu machen und zu studieren.

Ich arbeitete fleißig für den Unterricht an der Boston Evening Academy; jeden Tag machte ich meine Hausaufgaben. Meine Lehrer waren großartig, immer hilfsbereit. Ryan Oliver, mein Lehrer in den geisteswissenschaftlichen Fächern, der zufällig ein Freund von Jesses Freund war, der mich auf die Boston Evening Academy aufmerksam gemacht hatte, wurde mein Tutor und nahm seine Aufgabe sehr ernst. Stundenlang saß er mit mir über meinen Hausaufgaben, eine nach der anderen ging er mit mir durch. Immer wenn ich frustriert darüber war, wie viel ich noch zu lernen hatte, um auf den Stand noch der dümmsten meiner Klassenkameraden zu kommen, ermutigte mich Mr. Oliver.

»Wenn du weiterhin hart arbeitest«, sagte er mir immer wieder, »wird das schon werden.«

Die jungen Leute vom College beim AASL halfen mir ebenfalls, sie beantworteten geduldig meine Fragen und unterstützten mich bei den Mathematik-Hausaufgaben und bei diversen Schulprojekten, die für sie im Grunde Kleinkinderkram waren. Im Geschichtsunterricht fingen wir zum Beispiel bei Christopher Columbus an und arbeiteten uns nach und nach durch die Weltgeschichte. Jedes Ereignis war eine Offenbarung für mich. Ich staunte über all die Könige und Königinnen, Generäle und Forscher, die den Verlauf der Weltgeschichte beeinflusst hatten. Jahrhunderte der Geschichte, über die wir im Sudan nichts wussten. Anfangs machte es mir zu schaffen, dass ich nur so wenig Wissen hatte. Doch durch meine politische Arbeit bei der AASL hatte ich erfahren, dass in Afrika vieles passierte, von dem die meisten Amerikaner ebenfalls keine Ahnung hatten. Ich stellte viele Fragen, weit mehr als meine Mitschüler, für die dies alles vertrauter Lehrstoff war.

Eines Nachmittags nahm mich Mr. Martyn, mein Geschichtslehrer, nach dem Unterricht zur Seite. Er habe von meinen Erlebnissen gehört, sagte er. Er habe sogar auf der AASL-Website nachgeschaut und über mich gelesen. Ihm sei bewusst, dass die anderen Schüler sich über mich lustig machten.

»Beachte sie einfach nicht«, riet er mir. »Eines Tages werde ich denen deine Geschichte erzählen.«

Mr. Martyn ermutigte mich immer, im Unterricht Fragen zu stellen. Außerdem schlug er vor, ich solle einen Aufsatz über das Leben im Sudan schreiben, darüber, wie mein Volk lebte und arbeitete. Ich stimmte zu und machte mich an die Arbeit. Informationen über das Alltagsleben im Südsudan zusammenzutragen erinnerte mich an das, was ich hinter mir gelassen hatte. Dies war nun meine Gelegenheit, den anderen Schülern etwas über ein Land beizubringen, von dem sie noch nie im Leben gehört hatten – obwohl der Sudan der größte Staat auf dem größten Kontinent war. Ich bastelte sogar ein großes Poster mit Fotos, die ich im Büro der AASL gefunden hatte, Fotos von sudanesischen Häusern, vom Vieh und von allerlei Gebräuchen. Nachdem ich mein Projekt in der Klasse vorgestellt hatte, ging Mr. Martyn ins Internet und wählte die Website iAbolish.com der AASL an, und da konnte man mein Foto sehen und nachlesen, welche Vorträge ich bereits gehalten hatte.

»Das ist Francis«, sagte er zu der Klasse und zeigte auf mein Foto.

Meine Mitschüler starrten ungläubig auf den Bildschirm.

»Das nächste Mal, wenn Francis in Boston oder der näheren Umgebung spricht«, kündigte Mr. Martyn der Klasse an, »gehen wir hin und hören uns an, was er berichtet.«

Doch meinen nächsten Vortrag hielt ich nicht in Boston, sondern in New York vor den Vereinten Nationen. Der Sudan sollte in den Sicherheitsrat der UNO gewählt werden, und die Anti-Sklaverei-Bewegungen wollten im Oktober eine Pressekonferenz vor der UNO abhalten und sich gegen dieses skandalöse Vorhaben strengstens verwahren. Charles und ich reisten nach New York, um dort zu sprechen. Ich stellte mich als lebenden Beweis dafür vor, dass es dem Sudan nicht zustehe, gleichberechtigtes Mitglied in einer Organisation von weltweiter Bedeutung zu werden, die sich dem Frieden verschrieben hatte. Wieder einmal konnte ich kaum glauben, zu was ich fähig war. Ich, ein von der UNO offiziell anerkannter Flüchtling, stand vor dem Hauptsitz der Vereinten Nationen in New York City und sprach darüber, wer Teil des wichtigsten Organs der UNO werden sollte und wer nicht.

Und wieder einmal trugen die Aktionen dazu bei, dass sich etwas änderte: Kurz nach unserer Demonstration nahmen Außenministerin Albright und Richard Holbrooke, US-amerikanischer Botschafter bei der UNO, auf afrikanische Delegierte Einfluss, die schließlich Mauritius auf den freien Platz im Sicherheitsrat wählten und nicht den Sudan. Die Sudan-Kampagne, die während meines ersten Monats in Washington begonnen hatte und während des ganzen Sommers lief, um Widerstand gegen das grausame Regime von Khartoum zu wecken, hatte einen beachtlichen Erfolg erzielt. Und noch eines war klar: Ich hatte mir in Khartoum noch mehr Feinde gemacht.

Für den Dezember war geplant, dass ich an einer Konferenz in Harvard teilnehmen sollte, und ich erzählte Mr. Martyn davon. Die Harvard-Studenten, die im Büro der AASL arbeiteten, hatten die Leitung des Lehrstuhls für Politik an der Harvard Kennedy School überredet, ein Symposium zum *Sklavenhandel im 21. Jahrhundert* abzuhalten. Jay Williams, einer der Harvard-Studenten, der mit John Eibner im Sudan gewesen war, würde einen Vortrag halten. Auch Jesse Sage würde sprechen, und ich würde meine Geschichte erzählen. Auch die Regierung in Washington sollte ihren Standpunkt vertreten, und dazu hatte Harvard Wendy Patten eingeladen, die Spezialistin für Menschenhandel im Nationalen Sicherheitsrat der Regierung Clinton.

Die Studenten drängten sich im Hörsaal. Mindestens fünfhundert Zuhörer hatten sich eingefunden und saßen und standen nun dicht gedrängt um uns herum. Die Erwartungen waren hoch. Jesse beschrieb die Atmosphäre im Saal mit dem Wort »elektrisch«. Auch ich war aufgeregt, und als ich mich umsah und unter den Zuhörern Mr. Martyn und Mr. Fried, den Direktor der Boston Evening Academy, entdeckte sowie etwa einhundert der Schüler meiner Schule, drängte es mich noch mehr danach zu reden. Wir saßen an einem Tisch hinter unseren jeweiligen Namenskärtchen, genau wie bei einer Anhörung im Senat. Jay Williams erzählte von seinen Erfahrungen bei der Befreiung von zweitausend Sklaven im Sudan, ich erzählte meine Geschichte, diesmal ohne mir zuvor Notizen gemacht zu haben.

Jesse brachte die Angelegenheit auf den Punkt und sagte, einer der Gründe dafür, dass die amerikanische Regierung zur Sklaverei auf der Welt geschwiegen habe, sei die Tatsache, dass bisher das amerikanische Volk geschwiegen habe.

Die Frau aus dem Weißen Haus sprach zuletzt. Sie schien

keine Expertin zu sein, was den Sudan betraf, und berichtete über das Problem des Sklavenhandels im Allgemeinen. Allerdings betonte sie, dass die Sklaverei im Sudan ein Problem sei, das Präsident Clinton durchaus mit Besorgnis zur Kenntnis nehme. Während der Fragestunde äußerten einige nochmals ihr Erstaunen darüber, dass die amerikanische Regierung nicht schon längst mehr unternommen hatte. Jesse machte seinen Standpunkt noch einmal klar, indem er erklärte, dass die Politiker weniger geneigt sind, zur Tat zu schreiten, wenn das Volk sich nicht beklagt; er legte dar, dass die meisten Amerikaner nicht einmal wissen, dass im Sudan seit Jahrzehnten ein Bürgerkrieg tobt, oder gar, dass es Sklaverei dort gibt. Wir müssten der Regierung in Washington gegenüber deutlich unsere Meinung zu dieser Frage zum Ausdruck bringen, und er wies darauf hin, dass an diesem Abend tatsächlich eine Vertreterin der Regierung unter uns sei.

»Sie alle sollten sie wissen lassen, dass Sklaverei von uns Amerikanern unter keinen Umständen geduldet wird«, sagte Jesse nachdrücklich.

Plötzlich saß Wendy Patton auf dem heißen Stuhl. Eine junge Frau stand auf und sagte, sie sei eine Mitschülerin von Francis Bok bei der Boston Evening Academy.

»Ich habe eine Frage an die Dame aus dem Weißen Haus«, sagte sie. »Wieso schweigt Präsident Clinton zu diesen Geschehnissen? Ich begreife das nicht. Er darf doch dazu nicht schweigen. Wieso sagt er denn nichts dazu, wenn das sogar jemandem aus meiner Schule passiert ist?«

Zuhörer um Zuhörer stand auf und wiederholte diese Kritik. Die Wut im Saal konnte man förmlich spüren. Die Frau aus dem Weißen Haus tat mir allmählich schon Leid. Aber offenbar drang die Botschaft zu ihr durch. Vier Tage später – am Tag der Menschenrechte – hielt Präsident Clinton eine Rede, in der er unter anderem erklärte, die USA müssten sich gegen Menschenrechtsverletzungen aussprechen, gleichgültig wo auf der Welt sie passierten, vor allem gegen »die Geißel der Sklaverei im Sudan«. Und dann, als er fortfuhr, schien er direkt auf die Leistungen der AASL Bezug zu nehmen:

»Vor allem den Studenten, den Religionsgemeinschaften und den Menschenrechtsaktivisten, die so viel dazu beigetragen haben, die Grausamkeiten im Sudan an die Öffentlichkeit zu bringen, möchte ich Folgendes sagen: Amerika darf nicht nachlassen in dem Bemühen, auf ein Ende dieser entsetzlichen Praktiken zu drängen, und muss deutlich zum Ausdruck bringen, dass die sudanesische Regierung der Gemeinschaft der Nationen erst dann beitreten könne, wenn sich an dieser Situation wirklich Grundlegendes geändert hat.«

Ich lauschte Clintons Worten. Ich hatte tatsächlich eine Rolle dabei gespielt, den amerikanischen Präsidenten dazu zu bewegen, sich zum ersten Mal überhaupt gegen den Sudan auszusprechen! Aber die Veranstaltung in Harvard zeitigte für mich persönlich sogar ein noch angenehmeres Resultat. Meine Mitschüler von der Boston Evening Academy hatten entdeckt, dass ich vielleicht doch nicht so dumm war, wie sie gedacht hatten. Einige Wochen später, als ein neuer Schüler sich darüber wunderte, was es mit diesem hoch gewachsenen, mageren Afrikaner mit dem ulkigen Akzent auf sich hatte, hörte ich zufällig mit an, wie ein Klassenkamerad sagte: »Der Junge leistet fantastische Arbeit.«

In der Schule tat ich mich, was den Lehrstoff betraf, immer noch schwer. Beim Lesen war ich alles andere als vollkommen. Im Schreiben war ich auch nicht besser. Jemand riet mir, doch einfach so zu schreiben, wie ich redete, und mir nicht allzu viele Sorgen über Grammatik und

Zeichensetzung zu machen. Irgendwann würde ich den Dreh schon noch heraushaben. Um ehrlich zu sein, ich mogelte mich die meiste Zeit eben so durch. Ich war nicht überzeugt davon, dass mein Englisch tatsächlich besser wurde. Gegen die Kurse in Englisch als Fremdsprache hatte ich mich gewehrt, und an der Boston Evening Academy gab es solche Kurse nicht. Aber wieder kam mir Michelle Goldin zu Hilfe.

»Wir wissen, dass Ihre Geschichte ganz anders ist als die der meisten jungen Leute hier«, sagte sie. »Das ist das erste Mal, dass wir jemanden wie Sie hier haben.«

Kurz darauf wurde sie meine inoffizielle Lehrerin im Fach Englisch als Fremdsprache. Mr. Oliver, mein Tutor *und* Lehrer, arbeitete ebenfalls weiterhin mit mir. Und noch eine Lehrerin, Maggie Samp, achtete darauf, dass ich meine Hausaufgaben machte, und schlug vor, dass ich den Sommer über vielleicht versuchen könnte, mit einigen Tutoren zu arbeiten, um meinen Rückstand in etlichen Fächern aufzuholen.

Ich arbeitete hart und gab mir die größte Mühe. Ich glaube, meine Lehrer erkannten das an. »Arbeiten Sie weiter fleißig«, sagten sie, und ich befolgte ihren Rat. Ich lernte viele neue Vokabeln. Wenn mir ein Wort unbekannt war, schlug ich es im Wörterbuch nach und schrieb mir dann die Bedeutung dazu auf. Manchmal hatte ein Wort verschiedene Bedeutungen, dann schrieb ich alle auf. Ich führte Vokabellisten. Meine Schulbücher las ich nie, ohne ein Wörterbuch daneben zu legen. Selbst wenn ich eine Fernsehsendung sah, lag ein Wörterbuch in greifbarer Nähe.

Das erste Buch, das ich las, war *Kaffir Boy* (Kaffernjunge), die Autobiografie von Mark Mathabane, dem schwarzen Autor aus Südafrika. Ein Lehrer einer anderen Schule im selben Gebäude wie die Boston Evening Academy, der mich ebenfalls in Harvard hatte sprechen hören, gab mir das Buch.

»Das ist ein gutes Buch«, sagte er. »Der Autor hat vielleicht Ähnliches gefühlt wie Sie. Er hat in der Öffentlichkeit gesprochen und gegen das protestiert, was in Südafrika vor sich ging.«

Also begann ich, *Kaffir Boy* zu lesen, und war erstaunt, dass sich die Verhältnisse in einem Land, in dem die Schwarzen einmal strikt von den Weißen getrennt gelebt hatten, so schnell hatten ändern können. Mathabane beschreibt seine Kindheit in einer ärmlichen Hütte im Schwarzenghetto von Johannesburg unter einem Apartheid-System, das er verabscheute. Eine Lebensgeschichte, die mir durchaus vertraut war. Auch er wollte der Gewalt und dem Rassismus seiner Kindheit entfliehen. Mathabane fand den Weg in die Freiheit über ein Stipendium an einem kleinen College in South Carolina, das er im Jahr 1979 erhielt. Als er in den USA lebte, erfuhr er, dass sich die Afro-Amerikaner hier erst vor relativ kurzer Zeit erfolgreich gegen den Rassismus aufgelehnt hatten. Und da fragte er sich, ob das nicht auch den Schwarzen in Südafrika gelingen könnte. Er beschloss, sich für gesellschaftliche und politische Veränderungen in seinem Land einzusetzen, und zwar nicht mit Gewalt, sondern mit Worten – als Journalist. Und während ich mich mit Hilfe des Wörterbuchs durch diese Autobiografie arbeitete, fragte ich mich, ob sich die Verhältnisse im Sudan nicht auch ändern könnten.

So hart ich in der Schule auch an meinem Englisch arbeitete, ich lernte die Sprache hauptsächlich durch meine Vortragsreisen. Ende 2001 und während der ersten Monate des Jahres 2002 sprach ich trotz meines schlechten Satzbaus und meines dürftigen Vokabulars, trotz meines harten Akzents, regelmäßig in Kirchen, Synagogen, Schulen und Universitäten. Tausende von Leuten hörten meine Geschichte. Anfangs ging ich mit Charles zu diesen Terminen. Der saß dann unter den Zuhörern und machte seitenlange Notizen mit Wörtern, die ich falsch benutzt hatte, mit Sätzen, die ich verdreht hatte, und mit Empfehlungen, an einigen Stellen meinen Tonfall abzuändern. Nach jedem Vortrag gingen wir dann seine Notizen durch, und Charles gab mir Ratschläge. Anfangs war mein Vokabular dürftig, ich kannte mich mit den Pronomen nicht richtig aus – noch heute sage ich manchmal »sie«, wenn ich »er« meine –, und auch die verschiedenen Zeiten der Verben beherrschte ich nur mäßig. Oft wurde mir mitten in einem Vortrag bewusst, dass der Satz, den ich gerade sagte, völlig verdreht gewesen war, aber meine Zuhörer schienen mich zu verstehen. Ich bemerkte es selbst nicht, wenn ich meine ureigenste Variante des Englischen sprach, die außer mir eigentlich niemand verstehen konnte. Ich verwechselte zum Beispiel einzelne Buchstaben und entstellte damit Wörter bis zur Unkenntlichkeit. Aber da Charles ständig mit mir arbeitete, verbesserte sich meine Ausdrucksfähigkeit langsam, aber kontinuierlich, und meine übergroße Angst, vor Publikum reden zu müssen, verringerte sich und verschwand schließlich ganz. Bald reiste ich allein mit Bahn oder Flugzeug in etliche Städte entlang der Ostküste und sogar bis nach Kalifornien. Ich hielt zuweilen über zehn Vorträge im Monat. Vor jedem neuen Publikum entschuldigte ich mich zunächst für mein schlechtes Englisch und begann dann mit meinem Bericht über den Tag, an dem meine Mutter mich mit den älteren Kindern auf den Markt geschickt hatte, damit ich Eier und Erdnüsse für sie verkaufte.

Als ich in Harvard auftrat, war mir klar, dass ich meine Geschichte schon so oft erzählt hatte, dass ich nicht auf ein

Manuskript angewiesen war. Tatsächlich waren meine Lesekünste weit weniger verlässlich als mein Gedächtnis, das sich als sehr gut herausgestellt hatte. Ich hatte mich darüber gewundert, wie Charles vor seinen Zuhörern stehen und eine Rede halten konnte, ohne ein einziges Wort vom Blatt abzulesen. Jetzt machte ich es genauso: Ich stand einfach da und redete. Ich wusste, wie die Geschichte anfing und wie sie aufhörte. Und was dazwischen passiert war, würde ich wohl kaum je vergessen. Es war schließlich meine Geschichte. Es war mein Leben.

Und ich schaffte es nicht nur, dass die Zuhörer verstanden, was ich sagte, es gelang mir sogar, sie mitfühlen zu lassen. In jeder neuen Zuhörerschaft sah ich Menschen, die sich die Tränen wegwischten. Viele brachten ihre Empörung darüber zum Ausdruck, dass sowohl die sudanesische als auch die amerikanische Regierung zuließen, dass derartige Schrecken weiterhin auf der Welt existierten.

Indem ich derart viele Reden hielt, entwickelte ich mich allmählich zu einem Profi; ich konnte meine Zuhörer einschätzen, ich erkannte schnell die Mitfühlenden, und ich versuchte, die Skeptiker zu überzeugen. Im Großen und Ganzen interessierten sich die Leute, die zu diesen Veranstaltungen erschienen, bereits für das Problem der Sklaverei oder waren zumindest neugierig. Ich brauchte ihnen nur zu erzählen, was mir passiert war, und schon war eine emotionale Verbindung zu meinen Zuhörern hergestellt. Meine Gefühle wurden ihre Gefühle. Meine Leidenschaft wurde ihre Leidenschaft.

Bei fast jedem Vortrag gab es unter den Zuhörern jemanden, der mich fragte: »Wie haben Sie das nur durchhalten können?«

Am Anfang, so erzählte ich ihnen, sei mein Wunsch, meine Eltern wiederzusehen, sehr stark ausgeprägt gewesen. Aber ohne Gottes Hilfe, davon war ich immer fest überzeugt gewesen, hätte ich das alles nie geschafft. Jedes Mal erwähne ich Gott in meinen Vorträgen. Gott ist schließlich von großer Bedeutung in meinem Leben. Er hat mich beschützt, und er hat mich erlöst. Deshalb bin ich in Amerika. Auch wenn ich nicht oft in der Bibel lese, glaube ich doch unerschütterlich an Gott. Wenn es im Leben etwas Übles gibt, bei dem einem niemand helfen kann, dann hilft es, zu Gott zu beten. Als Sklave hatte ich niemanden, mit dem ich hätte reden können, niemanden, der mein Freund gewesen wäre. Ich bat Gott, mich für ein besseres Leben aufzusparen, mir zu helfen, die Freunde aus meiner Kinderzeit wiederzufinden. Immer wenn ich ein Problem hatte, wandte ich mich an Gott. Er machte mir Mut. Das spürte ich in meinem Herzen. Ich sah andere Kinder, die ein Bein verloren hatten, die ernsthaft krank geworden waren. So etwas ist mir nie passiert. Immer wieder habe ich zu Gott gebetet, er solle mich beschützen. Mein Überleben, meine Flucht aus der Sklaverei und meine Arbeit für mein Volk sehe ich als Beweis dafür, dass meine Gebete erhört wurden.

Meine angenehmsten und erfolgreichsten Auftritte hatte ich vor Schulkindern.

Nach meinem Vortrag in einer jüdischen Grundschule in Newton, Massachusetts, stand während der allgemeinen Fragerunde ein kleiner Junge auf und sagte: »Ich habe keine Frage, ich möchte nur etwas sagen.« Seine ruhige Haltung beeindruckte mich. Er klang wie ein Nachrichtensprecher aus dem Fernsehen, allerdings hatte er von dem nur ein Drittel der Größe. Er fuhr fort:

»Die Leute sagen immer, dass Filmstars und Sportler Helden sind. Das sind keine Helden, das sind *Berühmtheiten*. Aber Sie sind ein Held. Sie sind mein Held.«

Das werde ich nie vergessen. Was für ein beeindruckender Satz! Damals hatte ich schon viele Vorträge gehalten; und nach meinen diversen Reisen nach Washington begriff ich allmählich, dass meine Arbeit Wirkung zeigte. Aber als Held hatte ich mich nie gesehen.

Jedoch nicht alle meine Zuhörer waren so großzügig oder mir so wohl gesonnen. Manche haben sich nicht nur gegen meine Botschaft gesträubt, sie waren mir gegenüber, aber auch dem gegenüber, was ich zu sagen hatte, spürbar feindselig. Zu meiner härtesten Bewährungsprobe kam es nach einer Rede, die ich in diesem ersten Jahr auf Vortragstour an der Pennsylvania State University hielt. Ich hatte gerade meine Geschichte beendet und wollte wissen, ob jemand noch eine Frage hätte, als ein Mann die Hand hob und aufstand. Er stellte sich vor und sagte, er stamme aus dem Nordsudan, und fing an, eine Erklärung auf Arabisch abzugeben, die er für die Zuhörer übersetzte.

»Das ist keine wahre Geschichte«, meinte er. »Es gibt keine Sklaverei im Sudan.«

Ich unterbrach ihn und erklärte ihm, dass ich derjenige sei, den man eingeladen habe, um hier einen Vortrag zu halten. Ich hätte die Leute aufgefordert, Fragen zu stellen und nicht eine politische Erklärung abzugeben, die die Meinung der sudanesischen Regierung wiedergäbe. »Sie wollen einen weiteren Konflikt heraufbeschwören«, sagte ich. »Ich bin hergekommen, um einen Vortrag zu halten und eine wahre Geschichte zu erzählen.«

Weitere Leute standen auf, ebenfalls Araber, die wahrscheinlich in der Gegend wohnten, weil sie älter zu sein schienen als die Studenten. Sie behaupteten, dass die Dinka ein wunderbares Leben im Norden führten. Gewalt gäbe es ausschließlich im Süden, so meinten sie, und die sei eine Folge von »Stammeskonflikten«. Es gäbe zwar Entführungen, aber nur aufgrund der Tatsache, dass der eine Stamm die Kinder und das Vieh des anderen Stammes stehle, etwas, das in der Region seit Jahrhunderten schon vorkomme.

»Das sind die Lügner«, sagte ich zu den Zuhörern und erklärte, dass es nur Moslems wie ihnen möglich sei, ein wunderbares Leben zu führen. »Woher sollten *diese* Männer wissen, was mir zugestoßen ist?« Ich argumentierte, dass ich wüsste, weshalb sie zu meinem Vortrag gekommen seien, aber dass ich auch wüsste, weshalb ich nach Amerika gekommen sei. Die Südsudanesen lebten im Konflikt mit den Leuten aus dem Norden. Als Nordsudanesen verteidigten sie ihre Position, so wie ich meine verteidigte. Doch da wäre ein Unterschied: Sie gaben nur wieder, was die Regierung sagte, ohne in Erwägung zu ziehen, dass die Regierung womöglich nicht die Wahrheit sagte. Ich sei hier erschienen, um den Zuhörern die Wahrheit über die Zustände im Sudan zu erzählen. Und das war eine Wahrheit, die ich am eigenen Leib vor geladener Waffe und unter Peitschenhieben erfahren hatte.

Dann stand ein amerikanischer Student auf und berichtete den Anwesenden, dass er hier nicht zum ersten Mal von Sklaverei im Sudan gehört habe. Wenn er auch nie im Sudan gewesen sei, so habe er doch über das Thema Sklaverei Zeitungsartikel gelesen. »Was er sagt, ist wahr«, erklärte er den anderen Studenten. »Und wir müssen ihm gut zuhören.« Andere Studenten unterstützten ihn und schlugen den Nordsudanesen vor, sich meine Seite der Geschichte anzuhören.

Ich mischte mich wieder ein und wies darauf hin, dass ich erst vor wenigen Jahren in Khartoum gewesen sei und Leute wie diese Männer gesehen hätte, die in großen Häusern in der Stadt wohnten, die einkaufen gingen, in Restaurants aßen und ihre Kinder zur Schule schickten, während die Angehörigen meines Volkes in Flüchtlingslagern weit weg von der Stadt hausten, in denen es nicht einmal Elektrizität und ausreichend frisches Wasser gab. Entsprach das etwa ihrer Vorstellung von einem »wunderbaren Leben«?

Darauf schienen die Männer nichts mehr zu sagen zu haben. Und dann kam mir eine Idee, und ich konnte nicht widerstehen, ich musste ihnen das noch entgegenhalten: »Ich bin im Übrigen ganz froh, dass Sie hier vor all diesen Leuten erschienen sind«, sagte ich, »denn Sie haben ihnen Gelegenheit gegeben, solche Menschen zu sehen und zu hören, über die ich in meinen Vorträgen rede, Menschen, die mein Volk versklaven, Menschen aus dem Nordsudan, die sich mit dem Mord an Millionen von Dinka arrangiert haben.«

Weitere Araber standen auf und begannen, mit mir zu diskutieren. Es war deutlich zu spüren, dass einige Leute im Publikum allmählich Angst bekamen. Aber die Studenten, die für die Veranstaltung verantwortlich waren, riefen den Protestierenden zu, dass sie mich ausreden lassen sollten. Als meine Zeit um war, begleiteten mich meine Gastgeber aus dem Raum und brachten mich in mein Hotel. Offenbar hatten sie kurz nach Bekanntgabe meines Vortragstermins auf dem Campus erfahren, dass es Arabern aus dem Sudan, die hier in der Gegend lebten, missfiel, dass jemand aus dem Südsudan öffentlich reden dürfe. Sie hatten sich Sorgen gemacht, dass es möglicherweise heiß hergehen könnte, und als während der Fragestunde dieser Streit ausbrach, hatten sie große Bedenken, was meine Sicherheit anging.

Wenn ich meine Vorträge halte, werde ich oft unterbrochen. Ich bin schon so oft, auch im Radio, angegriffen worden, dass ich die Vorfälle nicht mehr zählen kann. Mit meinen Gegnern umzugehen habe ich im Lauf der Zeit gelernt, und zwar aufgrund der Antworten, die ich den Nordsudanesen gab, die mich seinerzeit an der Pennsylvania State University attackiert hatten. Sie vertraten den Standpunkt der Regierung, ich erzählte, was ich selbst erlebt und erlitten hatte. Wenn sie behaupten, dass ich nicht nur gegen die sudanesische Regierung sei (was stimmt), sondern auch gegen den Islam (was nicht stimmt), weise ich darauf hin, dass die Sklaverei im Sudan von internationalen Organisationen, Menschenrechtsgruppierungen und Journalisten ausreichend dokumentiert ist. Die Vereinten Nationen und die US-amerikanische Regierung haben die Gräuel bestätigt, die der Sudan über die Menschen aus dem Süden gebracht hatte. Außerdem betone ich immer wieder, dass die Leute im Norden des Sudan nur das zu hören bekommen, was die Regierung sie hören lassen will. Hier in Amerika, einem freien Land, kann ich meine Geschichte erzählen, und ich werde sie immer wieder erzählen. Und ich berichte auch davon, dass einer der Menschen, die bei meiner Flucht eine wichtige Rolle gespielt hatten, ein moslemischer Lastwagenfahrer war, der mich von Mutari nach Ed Da-ein gebracht, mich bei sich aufgenommen, mir zu essen gegeben und mir schließlich sogar eine Busfahrkarte nach Khartoum gekauft hatte. Er war ein guter Mann. Ich bin nicht gegen den Islam.

Es kommt auch schon mal vor, dass ich von einem meiner Kritiker bedroht werde. Beispielsweise warnte mich einmal ein Araber: »Sei vorsichtig, du bist zu jung; du weißt nicht genug über das, was im Sudan wirklich vor sich geht.«

»Ich weiß, was ich erlebt habe«, antwortete ich ihm. »Ich mag kein Experte sein, was die Geschichte des Sudan betrifft, aber ich weiß, was ich durchgemacht habe, was ich gesehen habe.« Ich riet ihm, für einen Moment die ganze Politik zu vergessen. Ich erzählte *meine* Geschichte.

Wenn meine Kritiker sehen, dass ich mich nicht einschüchtern lasse und dass die Zuhörer auf meiner Seite sind, verhalten sie sich normalerweise ruhig. Ich habe keine Angst davor, mit der moralischen Kraft meiner Erlebnisse zurückzuschlagen.

»Ich denke mir das alles nicht aus«, versichere ich meinen Zuhörern immer wieder. Mein Körper und meine Seele tragen die Narben des Rassismus des Nordsudan.

KAPITEL 19

WIESO?

Wieso hat man ihnen das angetan? Wie konnten diese Menschen Sie so quälen? Wieso gibt es immer noch Sklaverei im 21. Jahrhundert? Solche und andere Fragen mehr beschäftigten die Zuhörer meiner Vorträge.

Ich erzählte ihnen von dem langjährigen Krieg im Sudan zwischen den moslemischen Arabern im Norden und den Menschen im Süden, von denen viele, wie meine Eltern, Christen waren, die meisten aber Animisten, Anhänger der traditionellen Religionen, in deren Mittelpunkt der Glaube an die Geister der Vorfahren steht. Ich erklärte meinen Zuhörern, dass die islamische Regierung des Nordens es auf unser Vieh, unser Land und die ungeheuren Erdölvorkommen im Boden absah und sie uns Dinka als billige Arbeitskräfte oder Sklaven missbrauchte. Die Regierung in Khartoum gab zu, dass sie es am liebsten sähe, wenn alle Sudanesen Moslems würden. Es gab Dinka-Jungen, die zwangsweise zu Moslems umerzogen und zugleich als Soldaten ausgebildet wurden. Und dann wurden sie in den Süden zurückgeschickt, um gegen ihr eigenes Volk zu kämpfen. Fast die ganzen 80er- und 90er-Jahre hindurch ließ die Regierung zu, dass Militäreinheiten und örtliche Miliztruppen im Grenzgebiet zwischen dem Norden und dem Süden über die Dörfer der Dinka herfielen – und über die Dörfer der Nuer und der Nuba. Dabei wurden die meisten Männer getötet, Frauen und Kinder versklavt und ganze Dörfer niedergebrannt. Die Überlebenden waren gezwungen, in den Norden zu ziehen. Berichten internationaler Hilfstruppen zufolge waren zwei Millionen Südsudanesen getötet und gut vier Millionen zu Flüchtlingen gemacht worden.

Und der Rest der Welt nahm dieses ganze Grauen nicht zur Kenntnis.

Das war alles, was ich über die Hintergründe wusste, dass ich zum Sklaven gemacht worden war und dass meine Eltern getötet worden waren. Und gelernt hatte ich es durch Gespräche mit anderen Dinka in den Lagern in Khartoum, in denen die meisten Leute aus Angst vor Regierungsspitzeln nur ungern darüber sprachen. Meine politische Erziehung setzte jedoch erst in Kairo ein, wo wir Dinka endlich frei über die Politik in unserem eigenen Land reden konnten, ohne Sanktionsmaßnahmen befürchten zu müssen. Es gab einen schon lang andauernden Krieg, und die *murahaliin* besorgten zu ihrem eigenen Vorteil das Töten und Stehlen für die Regierung. Jeder einzelne Dinka, den ich in den Lagern und in Kairo kennen lernte, war Opfer dieser Situation.

Doch wenn Zuhörer mich fragten, *wieso* das alles geschah, stellte ich jedes Mal fest, dass ich nicht genug wusste, um ihre Fragen in angemessener Weise beantworten zu können. Und das, obwohl ich schon mehrere Monate bei der AASL arbeitete. Wohl informierte Studenten, Mitglieder kirchlicher Gemeinden und Zuhörer in Synagogen wollten immer wieder gern über Detailfragen der sudanesischen Politik diskutieren, über den heiligen Krieg und darüber, weshalb die islamischen Regierungen in Khartoum offenbar immer wieder durch noch radikalere islamische Regierungen abgelöst wurden; und sie wollten mehr wissen über die politischen Spannungen innerhalb der SPLA – der Sudanese People's Liberation Army, der Befreiungsarmee des Sudanesischen Volkes, die von Dinka- und Nuer-Rebellen geführt wurde. Und was war mit den ganzen Erdölvorkommen im Süden? Antworten darauf hatte ich keine. Ich entschuldigte mich und gestand ein, dass ich nur gekommen sei, um ihnen meine eigene Geschichte zu erzählen und ihr Bewusstsein für das Problem der Sklaverei im Sudan zu wecken. Die tragische Geschichte meines Landes war eine ganz andere Sache, die zurzeit noch über meinen Horizont ging. Nach dem 11. September 2001 wuchs das Interesse meine Zuhörer am Islam und am Dschihad, dem heiligen Krieg, noch, und viele waren mittlerweile auch besser informiert darüber.

Ich war fest entschlossen, mehr über den Sudan zu lernen. Ich wollte die Fragen, die mir im Anschluss an meine Vorträge gestellt wurden, beantworten können. Außerdem wollte ich in der Lage sein, wirkungsvoller mit meinen Kritikern umzugehen. Wenn Nordsudanesen beteuerten, dass alles, was ich erzählte, gelogen sei, dass es im Sudan keine Sklaverei gebe, wollte ich in der Lage sein, sie mit historischen und politischen Tatsachen über ihr Land – das auch mein Land war – ein für alle Mal zum Schweigen zu bringen. Außerdem wollte ich mich in die Lage versetzen, eine Verbindung herzustellen zwischen dem, was im Sudan passierte, und dem amerikanischen Feldzug gegen den Terror. Mir war sehr daran gelegen, die Ähnlichkeiten zwischen der Taliban-Regierung in Afghanistan und dem Regime in Khartoum erklären zu können. Allmählich lernte ich mehr über die Hintergründe der Sklaverei im Sudan. Ich sprach mit Experten, darunter Wissenschaftler vom Stamm der Dinka, die in den Vereinigten Staaten lebten. Je mehr ich an der Boston Evening Academy über die Geschichte Amerikas und über die Weltgeschichte lernte, desto klarer wurde mir, dass das, was in der Vergangenheit geschehen war, oft half, zu begreifen, was im Hier und Jetzt passierte. Das Buch *Kaffir Boy* verhalf mir zu der Erkenntnis, dass die Erfahrungen eines kleinen schwarzen

Jungen unter dem Apartheidsregime in Südafrika mir helfen konnten, den Hass und die Gräuel des Rassismus allgemein zu hinterfragen, und zu verstehen, wie man beides aus der Welt schaffen konnte. Ich begriff, dass die erfolgreiche Art, in der andere Nationen mit dem Rassismus umgingen, einer besseren Zukunft im Sudan den Weg weisen konnte.

In einem meiner Kurse an der Schule sollten wir eines Tages *Eine Geschichte zweier Städte* von Charles Dickens lesen. Ein solch umfängliches Buch war eine wirkliche Herausforderung für mich. Wie viele meiner Mitschüler fragte ich mich, was eine vor weit mehr als einhundert Jahren geschriebene Geschichte, die von der Französischen Revolution handelte – die wiederum einhundert Jahre vor der Erstveröffentlichung des Romans stattgefunden hatte, mit unserem modernen Leben in Boston zu tun haben mochte.

Ich las den ersten Satz von der *Geschichte zweier Städte*: »Es war die beste, es war die schlechteste aller Zeiten.«

Die Bedeutung dieser Worte erschloss sich mir sofort. Als Kind hatte ich im Sudan die beste aller Zeiten erlebt, aber ich hatte auch die schlechteste aller Zeiten kennen gelernt. Mein Land machte nun schon sehr lange die schlechteste aller Zeiten durch, und der Rest der Welt sollte endlich davon erfahren – und etwas unternehmen, damit die beste aller Zeiten im Sudan wieder einkehren könnte. Aus Büchern und durch die Beschäftigung mit der Geschichte hatte ich gelernt, dass jedes Land gute und schlechte Zeiten durchmacht. Die Vereinigten Staaten hatten ihre Revolution gehabt, ihren Bürgerkrieg, und hatten in weiteren Kriegen im Ausland gekämpft. Doch die beste aller Zeiten erlebte Amerika weit häufiger als Jahre voller Sorgen. Wie viel mir die Leute auch über die Wunderwelt Amerika erzählt haben mochten, es hatte mich doch nicht darauf vorbereiten können, was dieses Land Flüchtlingen wie mir zu bieten hat, denen das große Glück zuteil wird, hier zu landen. Ich wollte unbedingt herausfinden, weshalb es manchen Ländern so gut ging, während in anderen Ländern, wie meinem Land zum Beispiel, katastrophale Zustände herrschten.

Vor allem wollte ich wissen, weshalb in meinem Land Sudanesen andere Sudanesen ermordeten oder versklavten. Dass ich zehn Jahre lang Sklave gewesen war, habe ich Ihnen berichtet. Dass meine Familie getötet wurde, habe ich selbst erst vor kurzem erfahren. Ich will im Folgenden versuchen, den Grund dafür zu erklären, dass mir und meiner Familie derart schreckliche, unvorstellbare und grausame Dinge widerfahren sind – und nicht nur meiner Familie, sondern mehreren Millionen Leuten aus dem Südsudan.[8]

Der Sudan ist der größte Staat in Afrika und erstreckt sich über eine Fläche von mehr als einer Million Quadratkilometern. Das Land reicht vom Roten Meer im Osten über die Nubische und über die Libysche Wüste, im Norden begrenzt durch Ägypten und Libyen, bis zu den Regenwäldern der Zentralafrikanischen Republik, von Zaire und von Uganda im Süden. Die Dinka sind das zahlenmäßig größte Volk im Sudan; sie leben am Fluss Bahr el-Arab, der den

---

[8] Über mein Volk und mein Land lernte ich hauptsächlich etwas durch Gespräche mit Charles Jacobs, Jesse Sage und John Eibner; hinzu kamen Berichte internationaler Menschenrechtsorganisationen, und als sehr hilfreich erwiesen sich zwei Bücher von Dinka-Wissenschaftlern, und es ist mir eine besondere Ehre, diese beiden Männer zu meinen Freunden zu zählen; bei den Büchern handelt es sich um *The Dinka of the Sudan* von Francis Mading Deng (Waveland Press 1982) und um Jok Maduk Joks Buch *War and Slavery in Sudan* (University of Pennsylvania Press 2001). Mein historischer Abriss ist eine laienhafte Zusammenfassung sudanesischer Politik, vor allem der Politik, die meinen Stamm betraf, die Dinka Malwal in West-Aweil im Süden des Sudan. Jedem, der tiefer in diese Materie einsteigen möchte, seien die beiden genannten Bücher empfohlen.

Nordsudan vom Süden trennt, und dort, in der Nähe des Oberen Nil, hüten sie seit langer Zeit ihr Vieh und bewirtschaften ihre Höfe.

Der Sudan ist aber auch Schauplatz des am längsten tobenden Kriegs in Afrika, eines Kriegs, der üblicherweise als Bürgerkrieg bezeichnet wird, ein Krieg zwischen den Streitkräften der Regierung und den Truppen der Rebellen, die gegenwärtig von der Sudanese People's Liberation Army (SPLA), der Befreiungsarmee des Sudanesischen Volkes, angeführt werden. Tatsache ist, dass sich die südsudanesischen Truppen von der Regierung gelöst haben.

Der Kampf zwischen den verschiedenen Völkern des Nordens und des Südens hält schon seit Jahrzehnten an. Und doch überdeckt, soweit ich es beurteilen kann, all das Gerede von »Rebellen« und »Bürgerkrieg« und »Norden gegen Süden« die tiefer liegenden Diskrepanzen zwischen den beiden Seiten, die so offensichtlich, wenn auch tiefer sind als der Fluss, der die beiden Seiten trennt, der Fluss, der bei den Arabern Bahr el-Arab und bei den Dinka Kiir heißt. Den am längsten anhaltenden Krieg in ganz Afrika würde es nicht geben, gäbe es nicht Jahrhunderte des Rassismus nördlich des Flusses und dazu beinahe zwanzig Jahre religiöser Arroganz und Grausamkeit. Das war hier in Amerika nicht immer ein bequemes Argument – jedenfalls bis zum 11. September 2001. Während das, was die Taliban den Menschen in Afghanistan antaten, den Menschen im Westen fremd erscheinen mag, sind für uns Südsudanesen die Schrecken und die Gräueltaten einer solch extremen Form des Islam so vertraut wie unsere Häuser aus Holz, Lehm und Stroh, die unsere Feinde gern in Brand stecken, auch wenn sich noch Frauen und Kinder in den Häusern befinden. Und während Osama bin Laden den meisten Amerikanern als irrer Terrorist aus Saudi-Arabien erscheint, erinnern wir Sudanesen uns daran, dass er, bevor er nach

Afghanistan ging, im Sudan lebte und dort unter dem Schutz einer genauso fanatischen islamischen Regierung stand, die immer noch an der Macht ist. Stellen Sie sich ein Land voller Osama bin Ladens vor und dass solche Anschauungen – ein radikaler Islam im ununterbrochenen Krieg gegen die Christen und die animistischen »Ungläubigen« in ihrem eigenen Land – offizielle Regierungspolitik sind. So unwahrscheinlich das erscheinen mag; es ist seit Jahrzehnten im Leben der Dinka Realität.

Meinen Nachforschungen zufolge geht es bei dem, was mir zustieß, um Rassismus und Religion – vor allem um Religion. Seit 1983 haben verschiedene Regierungen in Khartoum es zum Gesetz erhoben, dass die Sudanesen nur eine Religion praktizieren dürfen, nämlich die der Regierung genehme Variante des Islam. Wer sich dem widersetzt, auch wenn es sich um einen Moslem handelt, wird als »Ungläubiger« gebrandmarkt und zum Freiwild in Khartoums »heiligem Krieg« mit dem Zweck, einen islamischen Idealstaat zu errichten – und solcher fundamentalistischer Eifer hat auch schon unter den Taliban, denen niemand nachtrauert, in Pakistan, Indonesien und Afghanistan für Unruhen gesorgt. Politik führt zu Kriegen, und das ist während der gesamten Menschheitsgeschichte so gewesen: Die Sicherheit des Staatswesens wird verteidigt, das führt zum Erwerb neuer Gebiete, und das wiederum zu mehr Sicherheit. Doch wenn man kleine afrikanische Jungen versklavt, zwei Millionen Menschen aus dem Süden tötet und weitere 4,4 Millionen Menschen aus ihren Häusern und Dörfern vertreibt, dann sind das Gräueltaten, hinter denen mehr steckt als nur Politik; dahinter steckt Ideologie, eine Art irrationaler Fanatismus, und nichts scheint mehr geeignet, diese Art Radikalität zu entfachen, als die Religion. Wenn zu dem Gefühl der Überlegenheit des einen Volkes über das andere noch glühender Fanatismus hinzukommt, ist das Ergebnis verheerend – wie die Amerikaner seit dem 11. September wissen.

»Die Kamele kommen!« Das ist seit Jahrhunderten der angsterfüllte Schrei der Dinka im Sudan. Erstaunt stellte ich fest, dass Araber noch vor der Begründung des Islam durch Mohammed und noch vor der Errichtung des ersten islamischen Staates im 7. Jahrhundert Überfälle auf Dörfer im Südteil des Sudan durchführten und Frauen und Kinder fortnahmen und zu Sklaven machten. Jahrhundertelang wahrten die beiden Völker Distanz. Doch sogar unter der Herrschaft der Türken und der Ägypter war die Sklaverei noch erlaubt. Für die Moslems in der Gegend, die später einmal der Sudan werden sollte, taugten die Dinka zu weiter nichts als Sklaven, und so ist auch ihr Wort für »Schwarzer« und »Sklave« dasselbe: *abeed.*

Der moderne Staat Sudan war eine Erfindung der Briten, die das Ottomanische Reich besiegten und dessen Völker nach Nationen oder Stämmen oder einer Mischung aus beiden über den Nahen Osten und Afrika verteilten. Allzu oft schufen sie Nationen, die durch ethnische Feindseligkeiten bereits zerrissen waren; Bürgerkriege waren die unvermeidliche Folge, und dafür ist der Sudan ein unrühmliches Beispiel: Plötzlich fanden sich die Dinka aus dem Südteil des Sudan und die Araber aus dem Norden, die einander auch in den besten Zeiten als Verbündete höchstens voller Argwohn gegenüberstanden, als Bürger ein und derselben Nation wieder. Beide Seiten konnten die Überfälle der Vergangenheit nicht vergessen, und die Briten gaben sich alle Mühe, den Norden und den Süden räumlich und auch kulturell voneinander zu trennen – und das wohl eher aus strategischen als aus humanitären Gründen. Die Kolonialherren etablierten eine »Politik des Südens«, die kulturelle Kontakte und Vermischung zwischen Menschen aus dem Norden und aus dem Süden unterbanden, und sie erteilten christlichen Missionaren Erlaubnis, sich im Süden niederzulassen. Der Stolz der Dinka war legendär, sogar unter Europäern. Mein Volk war überzeugt, bereits im Paradies zu leben, und glaubte, dass Dinka, die in den Norden oder in andere Gebiete gingen, verrückt sein müssten. Schaut man in die Geschichte zurück, so stellt man fest, dass die Dinka ein friedliebendes Volk gewesen sind, doch wenn ihre Art zu leben bedroht war oder man ihnen ihr kostbares Vieh stahl, wehrten sie sich. Die Kolonialregierung empfand solche Unabhängigkeit und solchen Stammesstolz als Bedrohung.

Die Briten wussten nicht so recht, was sie mit den Völkern des Südsudan anfangen sollten.

»Je tiefer sie im Abgrund der Rückständigkeit stecken blieben, desto besser«, schrieb Francis Mading Deng, ein Historiker der Dinka, und bezog sich damit auf die Haltung der Briten gegenüber den Stämmen des Südens. Mading Deng ist der Sohn eines berühmten Häuptlings der Ngok Dinka; er wurde im Norden erzogen, wo er später auch Jura lehrte, und in den 60er-Jahren machte er mehrere Abschlüsse in Jura in Yale, ehe er seine Tätigkeit bei der Abteilung für Menschenrechte der UNO aufnahm. In seinem Buch *The Dinka* erklärt er, dass die Vorstellung vom »edlen Wilden« ein weiterer Grund dafür sei, dass es zu einer Politik der Bewahrung des Status quo gekommen sei. Obwohl einige Stämme des Südens als harmlos eingestuft wurden und in den Genuss von mehr modernen Annehmlichkeiten kamen als andere, sei doch der gesamte Süden ein einziges Naturkundemuseum geblieben. Mading Deng zufolge sahen die Briten die politische Zukunft des Südens irgendwo zwischen Anschluss an Uganda und völliger Unabhängigkeit. Für einen geeinten Sudan wurde keine Zukunft gesehen.

Aber genauso wenig gab es eine Zukunft für die Briten

in Afrika und im Nahen Osten. Nach dem Zweiten Weltkrieg wurde die Politik einer Trennung von Norden und Süden fallen gelassen. Doch die Briten standen der Regierung in Khartoum immer noch nah, während die Dinka und die Araber ein gemeinsames Ziel entdeckten: die Vertreibung der Kolonialherren. Inzwischen hatte sich auch Ägypten, der große Nachbar im Norden, von der britischen Kolonialherrschaft befreit und warf ein Auge auf den Sudan. Aber bald waren die Briten verschwunden, nachdem sie die Macht auf die Sudanesen aus dem Norden übertragen hatten. Im Januar 1956 entstand die Republik Sudan als unabhängiger Staat, und immer noch glaubten die Menschen aus dem Norden, sie könnten den Süden ignorieren, der auf ein föderales System drängte, das den nichtmoslemischen Sudanesen zum Mitspracherecht in der Regierung verhelfen würde. Bis heute ist diese Frage ungeklärt. Der Bürgerkrieg kam dazwischen.

Noch vor der Unabhängigkeit meuterte eine Gruppe von Soldaten aus dem Süden, was einen Bürgerkrieg entfachte, der sechzehn Jahre lang andauern sollte. Mading schreibt, die Dinka hätten eine Militärrevolte als »verfrüht« angesehen und arbeiteten weiter an einer Föderationspolitik. Doch die Bemühungen, den Süden zum Islam zu bekehren und die Kultur zu arabisieren, hielten weiter an, und »Regierungen wechselten, die Demokratie kam und ging«, so Mading. »Die Leute aus dem Süden hatten keine Stimme mehr.« Schließlich schlossen sich die Dinka den Rebellen an. Seit Anbeginn der Zeit hatte mein Volk das Leben und die Heimat als eine Art Paradies auf Erden gesehen, sie besaßen kostbares Vieh und Ackerland; doch nun sangen sie traurige Lieder über den Streit mit den Nordsudanesen: »... die Fehde zwischen Süden und Norden; unsere Fehde wird niemals enden«. Während der nächsten sechzehn Jahre hielten die Kämpfe an, genauso wie die Bemühungen des

Nordens, den Süden zu arabisieren. Und das führte dazu, dass die Bewohner des Südens, die bei Kampfhandlungen gut fünfhunderttausend Menschen verloren hatten, nur umso überzeugter waren, dass sie nie in ein und demselben Land mit Leuten leben könnten, die keinen Respekt vor ihrer Kultur und ihrer Religion hatten. Aber gerade diese kulturellen und sprachlichen Unterschiede – Experten gehen von der Existenz von gut sechshundert verschiedenen ethnischen Gruppen im Süden aus, die vierhundert verschiedene Sprachen sprechen – wurden zu einer politischen Belastung. Die Regierung in Khartoum hatte keine Mühe, Feindseligkeiten zwischen den Stämmen im Süden anzufachen und so jegliche Chance auf eine geeinte Front gegen den Norden zu untergraben. Die größte ethnische Gruppe im Süden sind die Dinka, und von dieser Volksgruppe haben hunderttausende von Menschen in benachbarten afrikanischen Ländern um Asyl ersucht.

Die erste Phase des Bürgerkriegs endete 1972 mit einer Vereinbarung, die dem Süden eine eigene Rechtsprechung und Kontrolle über die eigenen Bodenschätze gewährte – und zu diesen Bodenschätzen gehörte, wie die Regierung in Khartoum zu ihrer Bestürzung bald herausfinden musste, auch das Erdöl. Im Jahr 1983 widerrief General Ja'far Nimeiri, der 1969 nach einem Militärputsch an die Macht gekommen war, die Vereinbarung, beraubte die Rechtsprechung des Südens ihrer Geltung und verkündete, dass das Öl aus dem Süden im Norden raffiniert würde. Aber noch schlimmer war, dass Nimeiri, der ein strenggläubiger und extremer Moslem geworden war, in der gesamten Nation die Scharia einführte, die religiösen Rechtsvorschriften des Islam. Somit waren auch Christen und Animisten den traditionellen grausamen Strafen unterworfen; bei Ehebruch etwa wurden sie zu Tode gesteinigt, und das Trinken von Alkohol wurde zuweilen mit dem Abhacken eines Arms bestraft.

Wieder einmal wehrten sich Armeeoffiziere aus dem Süden, die entsprechend den Bedingungen des Vertrages von 1972 im Süden hätten bleiben sollen; die Regierung hatte nämlich Befehl gegeben, dass sie in den Norden kommen sollten; doch die Generäle verweigerten sich den Machtspielen der Regierung in Khartoum und meuterten. Khartoum entsandte den Dinka-Offizier John Garang, der damals in der Hauptstadt das Sudan Military Research Bureau leitete. Er sollte in dem Streit vermitteln, doch die Regierung wusste nicht, dass Garang Teil der Verschwörung war, die er niederschlagen sollte. Die Regierung entsandte fünfzehntausend Mann, um die Meuterei zu beenden, aber die Rebellen zogen sich in den Busch zurück. Sechs Monate später entstand unter Führung von Oberst Garang die Sudanese People's Liberation Army (SPLA), die Befreiungsarmee des sudanesischen Volkes. Folge davon war Phase zwei des Bürgerkriegs.

Das war der Sudan meiner Kindheit, der Süden, in dem Krieg und Hungersnöte wüteten und in dem mein Vater geschäftlich unterwegs war. Allerdings haben uns meine Eltern von den schlimmen Nachrichten, vor denen sie sich sicher nicht hatten verschließen können, fern gehalten. Ich weiß noch, dass ich gelegentlich Nachbarn und Leute im Dorf über *den* Krieg reden hörte; Bemerkungen über die *murahaliin* waren so häufig und üblich, dass ein kleiner Dinka-Junge die volle Bedeutung von diesen Arabern mit ihren Gewehren gar nicht erfassen konnte; denn das Denken dieses kleinen Dinka-Jungen kreiste vor allem um die Frage, womit er und seine Spielgefährten den Tag füllen würden. Aber wenn auch meine Familie wohlhabend zu sein schien, waren doch etliche Leute im Dorf arm und litten Hunger, und jetzt verstehe ich die Gründe dafür auch sehr viel besser. Unmittelbar nördlich von uns lebten ebenfalls Viehzucht betreibende Araberstämme, bekannt als

Baggara-Araber[9], zu denen auch Giemma und seine Nachbarn, die *Rizeigat*, gehörten. Und die Beziehungen zwischen den Dinka und diesen *Baggara* genannten Arabern verschlechterten sich zusehends und lösten sich dann ganz auf. In seinem Buch weist Jok Madut Jok darauf hin, dass die Baggara-Provinzen Darfu und Kordofan von einer Dürre geplagt wurden und dass die Araber daraufhin ihr Vieh über den Fluss Kiir brachten, sodass es auf dem Ackerland der Dinka grasen sollte. Mein Volk versuchte, die Araber vom Dinka-Land fern zu halten, aber die *Baggara* erschienen bewaffnet und waren gewillt, sich den Zugang nach Süden zu erzwingen. Auf beiden Seiten wurden Menschen getötet. Solche Zusammenstöße zwischen Dinka und Arabern hatte es seit Generationen immer mal wieder gegeben; und immer war es um Vieh und um Grasland gegangen, nicht um Politik und Religion. Die Regierung hätte den Konflikt beilegen können. Stattdessen entschlossen sich die Politiker in Khartoum, die illegale Anhäufung von Waffen unter den *Baggara* zu ignorieren und die Viehhirten bei ihren eigenen Bemühungen, im Süden wieder die Macht zu erlangen, als Verbündete zu benutzen.

Als die Feindseligkeiten in der Gegend des Dinka-Ackerlandes eskalierten, stationierte die SPLA Truppen am Ufer des Kiir und sorgte so dafür, dass die Grenze zwischen Nord und Süd, die seinerzeit die britische Kolonialregierung gezogen hatte, erneuert wurde. *Baggara*, die versuchten, auf das Weideland der Dinka zu ziehen, wurden vertrieben. Die Streitkräfte der Rebellen stellten sich auch gegen die sudanesische Armee und drangen vor in nichtarabische Gebiete jenseits der Grenze, ins Nuba-Gebirge und die Ingressana-Hügel am Blauen Nil im Süden, wo andere afrika-

---

[9] Wie die Dinka waren diese Moslems Viehzüchter. Das arabische Wort für Vieh ist *baggara*.

nische Stämme lebten. Plötzlich kam es zu einem historischen Ereignis. Traditionellerweise waren die Leute der Nuba und der Ingressana, neben den Beja aus dem Ost-Sudan und den Fur aus dem Westen, die Rekruten für die Armee des Sudan gewesen; sie alle hatten unter arabischen Offizieren gekämpft. Junge Männer und Frauen, die ebenfalls unter der Arroganz von Arabern und Moslems litten, schlossen sich allmählich der SPLA an. Jok Madut Jok schreibt:

»Eine derartige Geschlossenheit unter der nichtarabischen Bevölkerung des Sudan, wie es sie vorher noch nie gegeben hat, löste gewaltige Ängste unter den Arabern und Moslems aus, die in Khartoum regierten.«

Allmählich entwickelten sich die Rebellen zu einer ansehnlichen Streitmacht, und Garang nutzte den Radiosender der SPLA für Verlautbarungen, die in den gesamten Sudan ausgestrahlt wurden; so erhob er beispielsweise die Anschuldigung, dass die Regierung unter Nimeiri Rassismus und Stammeskonflikte dazu missbrauche, die Nation auszurauben. Den Berichten zufolge kostete der Krieg das Land eine Million Dollar pro Tag, und Nimeiris Macht geriet langsam ins Wanken. Im April 1985 wurde Nimeiri von einem von der Armee unterstützten Volksaufstand endlich entmachtet – zu einem Zeitpunkt, zu dem er sich in Washington befand, weil er die USA überreden wollte, die Regierung des Sudan weiterhin im Kampf gegen die Rebellen aus dem Süden militärisch zu unterstützen.

Diese Tatsache erstaunte mich. Ich hatte keine Ahnung gehabt, dass die Amerikaner die Regierung in Khartoum gegen den Süden unterstützt hatten und dass die Truppen, die gegen die SPLA kämpften, Waffen und Kampfjets und Transportflugzeuge der USA benutzten. Doch Berichte über Menschenrechtsverletzungen seitens der sudanesischen Regierung kursierten in Washington, und die USA zogen ihre

Unterstützung allmählich zurück. Nimeiri war in die USA gereist, um seine eigene Sache zu vertreten. Und während er außerhalb des Landes war, ergriffen seine Feinde die Gelegenheit, ihn durch eine Übergangsregierung in Form eines Militärregimes zu ersetzen. Und dieses Regime versprach, Wahlen für eine zivile Regierung vorzubereiten, und forderte die SPLA auf, sich an diesen Wahlen zu beteiligen, jetzt da der Diktator entmachtet worden sei. Aber davor schreckte Garang zurück, und so sah er nur zu, wie Saddik el-Mahdi zum Premierminister gewählt wurde; Mahdi führte eine Koalition aus Parteien, die seit der Unabhängigkeit bei vorangegangenen Wahlen wechselseitig immer mal wieder an die Macht gekommen waren. Mahdi weigerte sich, Nimeiris einengende islamische Gesetze zu widerrufen, obwohl er eben jene Gesetze des früheren Regimes noch vor kurzem als Oppositionspolitiker aufs Heftigste kritisiert hatte. Außerdem gab sich Mahdi alle Mühe, Garang als einen Mann hinzustellen, der »durch ausländische Quellen beeinflusst Hass gegen Araber und Moslems predigt«. Mahdi setzte also Nimeiris Politik fort und sah Waffengewalt als die einzig mögliche Form im Umgang mit dem Süden.

Die Regierung benötigte weitere Soldaten für den Krieg gegen den Süden. Da nun die traditionellerweise rekrutierten Nuba und Angehörige anderer afrikanischer Volksstämme in großer Zahl der SPLA beitraten, wandte sich die Mahdi-Regierung an die *Baggara*-Araber und wurde nicht enttäuscht. Für die Viehhirten aus dem Norden des Sudan war es die ideale Gelegenheit, unter dem Deckmantel eines Regierungsauftrags uralte wirtschaftliche Ziele auf Dinka-Land zu verfolgen. Bewaffnete *Baggara*-Stämme bildeten ihre eigenen Miliztruppen – die berüchtigten *murahaliin*. Vor Begeisterung darüber, dass die Regierung dem Süden den Dschihad, den heiligen Krieg, erklärt hatte, gingen Studenten und andere Zivilisten zum Militär; hinzu kamen Erwachsene, die zu einer sechs Wochen dauernden militärischen Grundausbildung zwangsweise rekrutiert worden waren und die sowohl mit Armeeeinheiten als auch mit den *murahaliin* kooperierten. Diese paramilitärischen Truppen wurden bekannt als Popular Defense Forces (PDF), Streitkräfte zur Verteidigung des Volkes. Die Angehörigen der PDF wurden mit Waffen, Geld und Militärinsignien ausgestattet und indoktriniert mit der Überzeugung, dass die SPLA ein Feind des Islam sei; und so nannten sich auch die Kämpfer der PDF *mudschahedin*, heilige Krieger. Routinemäßig begleiteten diese Streitkräfte Züge der Regierung durch den Süden, um sie vor Angriffen der SPLA zu schützen, wobei die *Baggara*-Miliz zu Pferde und zu Fuß die Gegend zu beiden Seiten der Bahngleise sicherte. Wenn diese *murahaliin* durch Dinka-Dörfer kamen, verübten sie auf die Schnelle einen Angriff und raubten Vieh und Menschen, die sie zu Sklaven machten. Joks Nachforschungen in diesem Bereich ergaben, dass die Aufgabe, die Sklaven in den Norden zu transportieren, in der Hauptsache der Miliz überlassen wurde, dass es aber auch Belege dafür gäbe, dass reguläre Armeeangehörige und PDF-Kämpfer Dinka-Kinder aufgriffen und sie zu ihren Militärbaracken und sogar in ihre Dörfer mitnahmen, wenn sie Urlaub bekamen, und das unter dem Vorwand, die Kinder vor den Auswirkungen des Krieges schützen zu wollen. Viele dieser Kinder sind dann nachgewiesenermaßen auf islamische Schulen geschickt und einer Gehirnwäsche unterzogen worden, denn sie sollten zu künftigen heiligen Kriegern erzogen werden, die für den Kampf gegen ihr eigenes Volk benutzt werden sollten.

Jok schreibt: »Die erste und verheerendste Serie von Überfällen auf Dinka-Gemeinden in den Regionen Aweil, Abyei und Tuic fand im Februar 1986 statt.«

Im Lauf der nächsten Monate überfielen und plünderten

Rizeigat-Miliztruppen beinahe täglich Dinka-Dörfer in Aweil und machten, so Jok, zweitausend Frauen und Kinder zu Sklaven und raubten tausende Stück Vieh.

Eines dieser Kinder war ich. Aber damals hatte ich natürlich keine Ahnung von dem Ausmaß der Miliz-Überfälle oder von der Anzahl der Opfer. Aber nach dem, was in Büchern und diversen Berichten von Menschenrechtsorganisationen zu lesen ist, kamen während dieser zweiten Phase des Bürgerkriegs, die streng genommen immer noch andauert, zwei Millionen Menschen aus dem Süden bei Kampfhandlungen oder durch Hungersnöte und Krankheiten ums Leben; und dazu kommen 4,4 Millionen Menschen, die aus ihren Häusern und Dörfern vertrieben wurden; etliche sind in den Norden gegangen, weil sie hofften, die Regierung würde ihnen Schutz gewähren. Nachdem die SPLA ihren Stützpunkt jenseits der Grenze im Nuba-Gebirge bezogen hatte, benutzte die Regierung diese Tatsache als Ausrede dafür, über die Nuba herzufallen, wobei einhunderttausend Nuba getötet und eine Million obdachlos wurden. Hunger ist in Kriegszeiten immer ein Problem, aber im Jahr 1988 verringerte eine Dürreperiode die ohnehin dürftigen Lebensmittelvorräte, und Berichten zufolge starben 250 000 Menschen.

Die Wirtschaftslage verschlechterte sich nur, aber die Überfälle auf den Süden, vor allem die Angriffe durch die *murahaliin*, wurden sogar gefördert, und zwar in der Hoffnung, dass die Kämpfe und das Elend den Süden demoralisieren würden, sodass die Leute sich womöglich gegen sie SPLA wendeten. Doch die Rebellen aus dem Süden wehrten sich unermüdlich. Bemühungen, Frieden zu schaffen, wurden von islamischen Hardlinern unterbunden, denn sie fürchteten die Wiederkehr eines weltlichen Staates. Im Jahr 1989 kam es durch eine Gruppe von Armeeoffizieren zu einem weiteren Putsch, durch den el-Mahdis Herrschaft beendet wurde. Aber nicht nur das. Mit Unterstützung durch die islamischen Hardliner wurde die bestehende Verfassung abgeschafft, jegliche politische Opposition wurde für illegal erklärt, und die Nationalversammlung wurde ersetzt durch den Revolutionary Command Council for National Salvation, den Revolutionsrat für nationale Erlösung. Und dieser Revolutionsrat machte sich gleich ans Werk, die Armee zu säubern und den Krieg gegen den Süden weiter voranzutreiben. Der Revolutionsrat wurde bald durch eine Zivilregierung ersetzt, deren Hauptziel darin bestand, einen radikalen islamischen Staat zu schaffen. Die Regierung erklärte den Christen im Süden sowie allen weiteren religiösen Gruppierungen, die nicht dem moslemischen Glauben angehörten, den Dschihad, den heiligen Krieg. Wer sich der Regierungslinie widersetzte, lief den Berichten internationaler Menschenrechtsorganisationen zufolge Gefahr, verhaftet, gefoltert und hingerichtet zu werden. Die Regierung in Khartoum gab den *Baggara* außerdem grünes Licht; sie durften die Feinde der Regierung töten, ausrauben, versklaven und durften deren Land für sich beanspruchen.

Und so fuhren die Araber zwischen 1983 und dem Ende des 20. Jahrhunderts durch wechselnde Regime in Khartoum damit fort, im Süden auf die schon traditionelle Sklavenjagd zu gehen und Vieh zu stehlen. Und das nicht nur mit Unterstützung der Regierung, sondern auch mit der zusätzlichen Rechtfertigung, dass sie ja eine wichtige Rolle in Khartoums Dschihad gegen die Nichtmoslems im Süden spielten. Die Dörfer des Südens überfielen sie mit solcher Vehemenz und Grausamkeit, wie sie vermutlich nur die Religion anfachen kann, und sie versklavten und töteten Menschen wie mich und meine Familie, als wären wir gar keine Menschen.

Fassungslos las ich einen Artikel im *New Yorker*, den mir

Jesse gegeben hatte und der vom, wie es hieß, »unsichtbaren Krieg« im Sudan handelte. Der Journalist hatte die Gegend von Aweil bereist und war auch auf dem Marktplatz gewesen, von dem ich entführt worden war. Darin stand: »Seit fünfzehn Jahren hat Nyamlell unter mehrmals jährlich stattfindenden Überfällen der Rizeigat und der Misseriya [eine weitere Gruppierung der Baggara-Araber] zu leiden, und die Verteidigung dieser Gegend durch die SPLA ist beinahe ohne jeden Erfolg geblieben, aber die hier ansässigen Dinka weigern sich bis heute, ihr Land zu verlassen. Doch in diesem Jahr waren sie heftigeren Angriffen ausgesetzt als je zuvor.«[10]

Das bedeutete, zwölf Jahre nach dem Überfall, dessen Augenzeuge ich geworden war, hatten die Araber diesem Artikel zufolge Nyamlell viermal in einem Jahr überfallen – zu Pferde, auf Kamelen, auf Eseln, zu Fuß, in Lastwagen, unter Benutzung von Maschinengewehren.

»Verantwortlich dafür waren die Armee und die PDF und die *murahaliin*, alle gemeinsam«, erklärte ein im Dorf ansässiger Amtsrichter namens Martin Mawiens Dut, ein gebildeter Dinka, der englisch sprach. »Sechs oder sieben Tage lang kamen sie immer wieder, eroberten den Ort, brannten ihn nieder und griffen sich Menschen, die sie zu Sklaven machten.« Die Angreifer fällten Mangobäume und zerbrachen die Tonkrüge, die die Einheimischen zur Aufbewahrung von Wasser benutzten. Außerdem trieben sie so viele Ziegen und Rinder, Frauen und Kinder wie nur möglich zusammen und nahmen sie mit in den Norden. Unter den Opfern befanden sich Martin Duts Frau und sein fünf Jahre alter Sohn.

Ich war bereits ein ehemaliger Sklave, lebte in Kairo und

[10] William Finnegan, *The Invisible War (Der unsichtbare Krieg), The New Yorker*, 25. Januar 1999.

durchlief das Annerkennungsverfahren als Flüchtling, und die *murahaliin* raubten immer noch kleine Jungen vom Marktplatz in Nyamlell. Der Journalist merkte an, dass es in Nyamlell nur wenige junge Männer gebe. Im Lauf der Jahre hatten die Angreifer mehrere Millionen Stück Vieh gestohlen, und damit hatten sie die Menschen ihres Wohlstands beraubt und das Volk seiner Kultur. Ohne Vieh gab es keinen Brautpreis, der traditionell der Familie der Frau gezahlt werden musste, und ohne Eheschließungen würde es immer weniger Dinka-Kinder geben, die diejenigen Männer hätten ersetzen können, die getötet worden waren, sowie die Frauen und Kinder, die man in den Norden verschleppt hatte.

Ich war über diesen kulturellen Schaden mindestens so bestürzt wie über die Gewalt gegen die Menschen. Ich hatte das Grauen von Vertreibung und Sklaverei erlebt. Nur der Traum, eines Tages nach Hause zurückzukehren, hatte mir geholfen, zu überleben. Je mehr ich las und je mehr ich von dem erfuhr, was seit meinem Fortgang aus dem Sudan mit meinem Volk geschehen war, desto mehr fragte ich mich, was von dem Leben der Dinka noch übrig geblieben sein wird, wenn ich in den Sudan zurückkehre. Ich war der Meinung, ich sei der Gewalt der Nordsudanesen entkommen. Doch aufgrund der verheerenden Konsequenzen der Überfälle und aufgrund des Krieges gegen mein Volk holte mich die Gewalt des Sudan sogar in Amerika ein. Der Krieg im Sudan mag für Amerikaner und andere Nationen auf der Welt »unsichtbar« sein, aber für uns Südsudanesen ist er ständig und schmerzlich präsent.

Ich weiß, dass nicht alle sudanesischen Moslems die Politik ihrer Regierung gutheißen. Denn schließlich verdanke ich mein Leben diesem einen Lastwagenfahrer aus Ed Daein, der überzeugt war, dass Sklavenhaltung den Grundsätzen seiner Religion widerspreche. Doch wie rechtfertigen die übrigen Moslems im Sudan die Tatsache, dass ich wie so viele andere versklavt wurde?

Es gibt dennoch Menschen, die behaupten: »Im Sudan gibt es keine Sklaverei!« Die Dinka habe es auf Grund von Krieg und Hungersnot in den Norden gedrängt. Sie seien arm und ohne Arbeit, und sie würden deshalb die niederen Arbeiten im Norden verrichten.

Dass es Dinka gibt, die im Norden arbeiten und die womöglich dafür auch einen Lohn erhalten, mag stimmen; und manche sind vielleicht auch bereit, für Kost und Logis zu arbeiten. Bei mir traf nichts davon zu. Denn wenn mir auch Giemma Kost und Logis gab, tat er das doch nur, damit ich kräftig genug blieb, um zu arbeiten, nicht etwa als Lohn dafür, dass ich mich um sein Vieh kümmerte. Zehn Jahre lang hatte ich keine andere Wahl, als für diese Familie zu arbeiten, und das ist ein großer Unterschied zu dem, was von manchen behauptet wird. Ich habe nicht vor Giemmas Tür um ein Almosen gebettelt. Gegen meinen Willen wurde ich dorthin gebracht, wurde gezwungen zu arbeiten, und die wenigen Male, die ich mich beklagte, wurde ich brutal geprügelt.

Die Nordsudanesen drohten uns Dinka damit, dass man demjenigen, der sich beklagte, Arme oder Beine abhacken würde. Auch Giemma drohte mir, als er an jenem Tag, als ich auf der Flucht aufgegriffen wurde, zu mir sagte: »Dies ist die letzte Nacht deines Lebens!« Ich war nicht zehn Jahre lang irgendein Gastarbeiter im Nordsudan. Ich war ein Sklave, der ohne Bezahlung schuftete und der immer die Peitsche und den Tod vor Augen hatte, und das an jedem Tag, an dem ich beschließen mochte, von dieser Schufterei genug zu haben. Wenn ich kein Sklave war, dann schuldet mir Giemma Abdullah stapelweise sudanesische Pfund für zehn Jahre härteste Arbeit.

Warum geschahen diese Überfälle? Jok Madut Jok zitiert die Erklärung eines *Baggara*-Arabers: »Unsere Überfälle haben nichts mit Sklaverei zu tun; wir wollen Vieh, wir wollen das Weideland der Dinka; wenn sie uns im Weg sind, dient das Gefangennehmen von Leuten der Einschüchterung.«

Diesem Zweck diente auch das Töten von Menschen auf dem Marktplatz in Nyamlell. Was ich gesehen habe, werde ich nie vergessen: die *murahaliin*, die ihre Schwerter gegen Dinka erhoben. Sie schüchterten uns ein. Das stimmt. Es schüchtert Menschen ein, wenn man ihnen ihre Kinder raubt und ihre Frauen zum Sex oder zu harter Arbeit zwingt. Mir fällt es schwer, einem Menschen zu glauben, dessen Volk seit über tausend Jahren Dinka versklavt und der dennoch behauptet, dass er nicht im Entferntesten an so etwas wie Sklaverei dächte. Immerhin sind die Leute, die so etwas behaupten, dieselben, für die das Wort *abeed* »Sklave« bedeutet.

Es mag Araber gegeben haben, die Dinka freigelassen haben, wenn sie nicht mehr zur Arbeit taugten. Und nicht alle Dinka sind zum Arbeiten eingesetzt worden. Viele Kinder wurden in ein moslemisches Leben gezwungen; sie wurden für die Miliz ausgebildet und gezwungen, bei den Überfällen auf ihre eigenen Dörfer mitzumachen.

»Das hat mit dem Krieg zu tun«, ist eine weitere übliche Erklärung für die Überfälle der Sklavenjäger. Die SPLA setzt sich hauptsächlich aus Dinka zusammen, wird von Dinka geführt und somit auch von Dinka unterstützt. Glauben denn etwa die Rebellen aus dem Süden, so die Argumentation, dass sie Regierungsstreitkräfte überfallen können, ohne dass es zu Vergeltungsmaßnahmen käme? Mein Vater hat nicht in der SPLA gekämpft, und wenn es auch Rebellen in der Nähe des Marktplatzes gegeben haben mag, so waren doch die entführten Frauen und Kinder nicht Mitglieder der SPLA. Und soll im Kriegsfall denn nicht zwischen Soldaten und unschuldigen Zivilisten, vor allem Frauen und Kindern, unterschieden werden? Diese Erklärung für die Überfälle der *murahaliin*, die angeblich nichts weiter als örtlich begrenzte Vergeltungsmaßnahmen in einem Bürgerkrieg sind, werden ebenfalls durch die Geschichte widerlegt. Viele Generationen lang haben die Vieh züchtenden Araber, aus denen sich die Miliz zusammensetzt, keinen von der Regierung sanktionierten Krieg gebraucht, um Dinka zu töten oder ihr Vieh oder ihre Frauen und Kinder zu rauben. Tatsächlich haben nach 1983 zunehmend radikale islamische Regierungen sie ermutigt, zu töten und unschuldige Zivilisten auszubeuten. Und zu dem Zweck haben sie den Bürgerkrieg in einen »heiligen Krieg« verwandelt, dessen Hauptziel darin bestand, die Vorherrschaft im Süden zu erlangen und die dortigen Bodenschätze zu plündern. Beweis dafür ist die Tatsache, dass Moslems aus dem Süden – Angehörige des Nuba-Volkes zum Beispiel – unverzüglich zu Ungläubigen erklärt wurden, als sie sich gegen diese neue extreme Form eines islamischen Staates wandten; somit wurden sie zur Zielscheibe desselben heiligen Krieges, der gegen Stämme geführt wurde, die dem christlichen Glauben oder ihren traditionellen Religionen anhingen. Und kaum jemand profitiert so sehr von dieser Politik wie die *Baggara*-Araber, die nun offiziell ihr uraltes Ziel verfolgen konnten, sich Dinka-Vieh und Dinka-Weideland anzueignen. Denn das konnten sie nun als ihre patriotische wie auch religiöse Pflicht rechtfertigen.

Die Dinka wissen, dass ihre arabischen Nachbarn aus dem Norden für sie nichts als Verachtung übrig haben – dass sie nur als Hindernis auf dem Weg zum Besitz von mehr Vieh und besserem Weideland angesehen werden. Und die *Baggara*-Araber ihrerseits haben sich keine Mühe gegeben, aus ihrer Antipathie für uns Menschen aus dem Süden ein Geheimnis zu machen. Nach allem, was ich gelesen habe, und nach allem, was Experten in der Frage internationaler Menschenrechte sagen, betrachten die Araber aus dem Nordsudan die Dinka und andere afrikanische Stämme aus dem Süden als Wesen, die zur Sklaverei geboren sind – als *abeed*.

Das erste arabische Wort, das ich als siebenjähriger Junge aus dem Lied von Giemmas Kindern heraushörte, während sie mich mit Stöcken schlugen, war *abeed*. Bald lernte ich, dass dies das nordsudanesische Wort für jemanden aus dem Südsudan war. Es war dasselbe Wort, das die Nordsudanesen für jemanden verwendeten, der gesellschaftlich und wirtschaftlich unter ihnen stand – arme Leute waren *abeed*, und das waren normalerweise alle schwarzen Sudanesen. Aber die Nordsudanesen benutzten dieses Wort auch zur Bezeichnung eines schmutzigen, üblen Menschen. Tatsächlich ist *abeed* eines der obszönsten Wörter in ihrer Sprache, und ganz automatisch wandten sie es auf mich und mein Volk an.

Jok Madut Jok erklärt dies ganz deutlich, und außerdem schreibt er etwas, das meine eigene Erfahrung ganz genau zum Ausdruck bringt:

»Ich will die tragische Erfahrung der Sklaverei nicht auf den Gebrauch eines einzigen Wortes reduzieren, aber die arabische Vorstellung, dass Südsudanesen Menschen sein sollen, die geborene Sklaven sind, geht über bloße Wortbedeutungen hinaus. Auch wenn man dem Argument folgen wollte, dass die Sklaverei im Sudan eine Folge des Krieges ist, so ist doch der Krieg selbst Produkt der menschenverachtenden Ansichten, mit denen die Leute aus dem Norden den Leuten aus dem Süden begegnen, und diese Ansichten sind verantwortlich für die Sklaverei.«

Auch Giemma rechtfertigte seine Grausamkeit mir gegenüber, indem er mich als »Tier« bezeichnete. Damals wusste ich noch nicht, dass es die vorherrschende Meinung vieler Sudanesen war, Dinka seien mit Tieren gleichzusetzen.

Nach meiner Erfahrung beruht diese Einstellung nicht auf Gegenseitigkeit. So sehr die Dinka jene *Baggara*-Araber, die uns das Leben zur Hölle machten, schließlich auch verabscheuen, so sehr die Dinka auch ihre eigene Kultur derjenigen der Moslems vorziehen, so habe ich doch noch nie gehört, dass einer meines Volkes behauptet hätte, wir seien den Arabern überlegen. Das stellt Jok in seinem Buch ebenfalls heraus, und meine eigene Erfahrung mag als Beleg dafür gelten.

Wenn mich in Amerika die Leute fragten, was mich abgesehen von der Grausamkeit am Leben im Norden besonders entsetzt hatte, antwortete ich immer: »Unsere Kulturen sind so anders, das Essen war so anders; wir haben eine ganz andere Religion.« Und während ich dies schreibe, fällt mir wieder ein, dass mir mein Vater, als ich eines Tages meine ersten Araber auf dem Marktplatz sah, erklärte, dass diese Männer Sudanesen aus dem Norden seien, die eine andere Religion und eine andere Lebensweise hätten, die sich von unserer Religion und Lebensweise unterscheiden würden.

Die Dinka haben alles Mögliche getan, um den Arabern zu helfen, sogar während des Krieges. Zu meiner Überraschung las ich in Joks Buch, dass es in der Zeit, in der ich bei Giemma lebte, Phasen des Waffenstillstands zwischen den Dinka und den *Baggara* gegeben habe. Im Jahr 1989 führte das Internationale Rote Kreuz eine Impfung des Dinka-Viehs durch, um die Tiere vor einer Krankheit zu schützen, die das Vieh auf beiden Seiten der Grenze befiel. Die *Baggara* dagegen verließen sich auf die Regierung in Khartoum, deren tierärztliche Dienste mit der Arbeit jedoch nicht nachkamen. Die Dinka fürchteten, dass die arabischen Rinder die Dinka-Herden womöglich erneut anstecken könnten, denn die Herden trafen sich manchmal auf dem Weideland nahe dem Fluss Kiir (des Bahr el-Arab, wie ihn die Araber nennen). Und so luden die Dinka die *Baggara* ein, an den Impfungen auf Dinka-Land teilzunehmen. Jok beschreibt, wie die Araber nach der Impf-Prozedur, statt friedlich nach Hause zurückzukehren, Dinka-Dörfer und Viehherden überfielen und den Waffenstillstand brachen.

Ein Jahr später, so Jok weiter, habe mein Volk den *Baggara* erlaubt, erneut Dinka-Land zu betreten und in der Trockenzeit auf drei großen Dinka-Märkten Handel zu treiben. Und als diese Zeit um war, »töteten sie Menschen, griffen andere auf und machten sie zu Sklaven und brannten die Märkte bis auf den Grund nieder«. Doch die Dinka zögerten nicht, beide Friedensabkommen für weitere acht Jahre zu erneuern, bis sie endlich begriffen, dass ein derart einseitiger Friede ihnen nichts als Blutvergießen und Raub brachte. Nicht nur *Baggara*-Händler waren auf die Märkte gekommen; Khartoum hatte außerdem Regierungsspitzel geschickt, die die SPLA ausspionieren und Schlägereien auf dem Marktplatz provozieren sollten, die sich zu Konflikten zwischen Dinka und *Baggara* ausweiteten. Kaum hatten die Dinka die Araber verscheucht, weil sie die Waffenruhe gebrochen hatten, da kamen sie auch schon wieder zurück und überfielen die Dörfer. »Sie halten einfach nicht Wort«, erklärte Awiel West, der Dinka-Kommissar, im Jahr 1999 dem Autor Jok in einem Interview in Nyamlell. »Die Regierung benutzt sie im Kampf gegen uns; also werden wir nicht länger kooperieren, bis sie zur Besinnung kommen und begreifen, was für uns alle am besten ist.«

Sie haben keinen Respekt vor uns. Während der vergangenen zwei Jahrzehnte war es für mein Volk vollkommen gleichgültig, wer den Sudan regierte. Die jeweilige Politik war im Wesentlichen dieselbe. Bürgerkriege, Überfälle durch die Miliz, Mord, Hungersnot, erzwungene Islamisierung veranlassten Millionen Menschen, in den Norden zu flüchten – gleichgültig wie sehr sich die Dinka auch bemühten, den Respekt der Nordsudanesen zu erlangen. Wieso sollten sie uns auch respektieren, wenn eintausend Jahre Rassismus und religiöse Überzeugungen sie gelehrt hatten, Dinka als minderwertige Menschen zu betrachten, als geborene Sklaven – *abeed.*

Kritiker, die die Sklaverei leugnen, fordern etwa »Zeigt uns doch schriftliche Belege, die die Existenz von Sklaverei beweisen.« Natürlich erwähnen diejenigen nicht die Tatsache, dass die sudanesische Regierung Menschenrechtsorganisationen verboten hat, diesbezüglichen Anschuldigungen in ihrem Land nachzugehen. Wenn ein Sudanese die Sklaverei nur erwähnt, läuft er Gefahr, inhaftiert zu werden, oder es erwartet ihn noch Schlimmeres. Nichts anderes habe ich in Khartoum erlebt. Jahrzehntelang hat es seitens internationaler Organisationen kaum Belege dafür gegeben, dass die Regierung die Sklavenjagd oder den Sklavenhandel im Sudan unterstützt. Sklavenaufstände hat es nie gegeben, denn den Sklaven war es nicht erlaubt, so viel Zeit miteinander zu verbringen, dass sie sich hätten organisieren können. Ich habe einiges über die Sklaverei in Amerika gelesen, über Gruppen, die auf den Feldern zusammenarbeiteten, und darauf war ich in gewisser Weise neidisch. Ich hatte mir sehnlichst Kontakt mit anderen Männern, Frauen und Kindern gewünscht! Stattdessen arbeitete ich einsam und ohne Bezahlung, zehn Jahre lang, in denen ich Gefahr lief, geprügelt zu werden oder ein Bein abgehackt zu bekommen, wenn ich mit einem anderen Dinka in unserer Muttersprache redete.

Die Dinka wissen von den Überfällen der Sklavenjäger;

es sind Tatsachen, die Teil im Leben von beinahe allen Dinka sind. Aber unsere Kultur ist eine mündliche. Meine Leute erzählten Geschichten über die Überfälle und über die Sklaven – sie sangen von der Sklaverei. Aber sie haben über ihre Leiden keine Bücher und keine Zeitungsartikel geschrieben. Und ganz bestimmt haben sie keine Berichte darüber an internationale Menschenrechtsorganisationen geschickt. Das ändert sich allmählich, da Dinka-Flüchtlinge verstärkt in die westliche Welt ziehen und sich organisieren. Im Jahr 1992 hat das britische Oberhaus das Thema der Sklaverei im Sudan zum Gegenstand einer Debatte gemacht. Ab Mitte der 90er-Jahre erbrachten unabhängige Untersuchungskommissionen allmählich Beweise für die Existenz der Sklaverei und für weitere Verstöße gegen die Menschenrechte im Sudan. Auch Gruppierungen wie Africa Watch, Amnesty International und die sudanesische Menschenrechtsorganisation haben Verstöße gegen die Menschenrechte im Sudan dokumentiert.[11] Im Jahr 1996 bezeichnete ein Kolumnist der Londoner *Times* das Regime des Sudan als »einen Sklavenstaat unserer Zeit«.[12] Spezielle Untersuchungskommissionen der Vereinten Nationen bestätigen die Existenz der Sklaverei sowie die Rolle, die die Regierung bei der Unterstützung der Sklavenjäger spielt.

Wenn es denn tatsächlich keine Sklaven gibt, wer sind dann diese Frauen und Kinder, die John Eibner mit seiner Organisation Christian Solidarity International aus dem Norden freikauft – für fünfzig Dollar pro Person? Die Organisation wurde im Jahr 1995 von Dinka-Führern gebeten, beim Freikaufen von Sklaven im Sudan behilflich zu sein,

---

[11] Allison Wiebalck, *Slavery in Sudan: a challenge to international law, Comparative and International Law Journal of Southern Africa*, XXXI (1998), S. 38-60. Zu Berichten über Sklaverei im Sudan und anderen Ländern vgl. iAbolish.com

[12] Bernard Levin, *The Times*, 31. Mai 1996.

und hat seitdem zur Freilassung von gut achtzigtausend Menschen beigetragen. Diese Freikauf-Aktionen sind umstritten, auch bei den Menschenrechtsorganisationen. Die Kritiker erheben den Einwand, dass das Freikaufen von Sklaven gegen Geld die *Baggara*-Araber nur noch darin bestärken wird, weitere Menschen zu entführen, um sie an die Christian Solidarity International weiterzuverkaufen. Die UNICEF hat die Freikauf-Aktionen als »völlig untragbar« bezeichnet. Und auch die im Jahr 2002 von den USA geleitete internationale Kommission, die die Existenz von Sklaverei im Sudan bestätigte, hat in Frage gestellt, ob Freikäufe von Sklaven die Lage wirklich verbessern. John Eibner argumentiert, es gäbe keine unumstößlichen Hinweise darauf, dass seine Arbeit den Sklavenhandel noch angekurbelt hätte. Dagegen stehe die Tatsache, dass die Freikauf-Aktionen vielen Menschen das Leben gerettet und das Leben tausender weiterer Menschen erträglicher gemacht hätten.

Mir persönlich wäre es auch lieber, wenn bei diesen Transaktionen kein Geld den Besitzer wechseln würde. Auch ich würde es vorziehen, dass der Kampf um Frieden und Freiheit im Sudan jenseits aller Kritik wäre. Charles besteht darauf, dass ich Unrecht hätte: Das Leben – und die Zukunft – der befreiten Sklaven sind die Kritik und ganz gewiss auch den Preis wert; wobei der Preis im Übrigen gleich bleibend niedrig ist. Charles meint, die Kosten von fünfzig bis siebzig Dollar pro Sklave, wie bereits erwähnt, der Gegenwert des Marktpreises für zwei Ziegen, zeigt, dass die *Baggara* es nicht nur des Geldes wegen tun, und weist darauf hin, wie wenig sie von den Dinka halten – so wenig, dass sie sich unmöglich vorstellen können, eine internationale Organisation würde noch mehr pro Person zahlen. Aber Charles und ich sind darin einig, dass ein Streit über die Freikauf-Aktionen nur Aufmerksamkeit und Kraft von der eigentlichen Frage ablenkt, nämlich der Sklaverei im Sudan. Sogar diejenigen, die in den USA und bei der UNO die Praxis des Freikaufs von Sklaven gegen Geld kritisieren, räumen ein, dass es Sklaverei im Sudan gibt. Auf der Grundlage der Muster von Überfällen während der vergangenen etwa fünfzehn Jahre und auf Grund der Beobachtungen von Reisenden schätzt die Christian Solidarity International, dass im Grenzgebiet in den Regionen Darfur und Kordofan etwa einhunderttausend Sklaven als »bewegliche Habe« gehalten werden. Und in dieser Zahl sind nicht einmal die Jungen mit eingerechnet, die man zwingt, Religionsschulen zu besuchen, wo sie als heilige Krieger zum Kampf gegen ihre eigenen Leute ausgebildet werden.[13]

Susan Rice, die Staatssekretärin für afrikanische Angelegenheiten, die ich in Washington kennen gelernt hatte, reiste im Jahr 2000 in den Sudan, um sich mit eigenen Augen von den Folgen der Menschenrechtsverletzungen durch die sudanesische Regierung zu überzeugen. Ihre Empörung angesichts des Vorgefundenen brachte Präsident Bill Clinton zum Ausdruck, als er »die Geißel der Sklaverei im Sudan« anprangerte. Nachdem Susan Rice ihr Amt niedergelegt hatte, schrieb sie einen Bericht in der *Washington Post* über Zivilisten, die bei der Bombardierung ihrer Dörfer durch Regierungstruppen verwundet wurden. Im Jahr 2001 forderte Colin Powell, der neue Außenminister der neuen Regierung, die Kongressabgeordneten bei einer Anhörung zum Thema Gesetzgebung auf, die USA zum Einschreiten im Sudan zu bewegen: »Vermutlich gibt es gegenwärtig auf der Welt keine größere Tragödie als die, die sich zurzeit im Sudan abspielt.«

---

[13] John Eibner beschrieb die Arbeit der Christian Solidarity International in einem Artikel mit dem Titel *My Career Redeeming Slaves (Meine Karriere als Freikäufer von Sklaven)*, in *Middle East Quarterly*, Dezember 1999.

Und doch haben die Vereinten Nationen – dieselbe Institution, die mir den Flüchtlingsstatus zuerkannte und mir Gelegenheit gab, in die USA auszureisen – erschreckend lange zu diesem Thema geschwiegen. Kofi Annan, Generalsekretär der UNO, hat die Rolle, die der Sudan beim Sklavenhandel spielte, nie öffentlich verurteilt. Erst als der Nachrichtensender CBS eine Sendung über sudanesische Sklaven und die Arbeit der Christian Solidarity International ausstrahlte, räumte die UNICEF zum ersten Mal in der Öffentlichkeit ein, dass es im Sudan Sklaverei gibt.[14] Dass ein Dinka *und* Wissenschaftler namens Jok Madut Jok, der an der Loyola Marymount University in Los Angeles unterrichtet, erst ein Buch mit dem Titel *War and Slavery in Sudan* (Krieg und Sklaverei im Sudan) schreiben muss, um glaubhaft zu machen, dass es so etwas wie Sklaverei tatsächlich gibt, ist für jemanden wie mich reichlich verwunderlich. Denn schließlich müsste doch mein Leben Beweis genug für das sein, was so lange schon Tatsache ist.

Ich habe dieses Buch geschrieben, um über mein Leben – und also das Bestehen von Sklaverei im Sudan – zu berichten.

---

[14] John Eibner, *Middle East Quarterly*, Dezember 1999

KAPITEL 20

ENDLICH GUTE NEUIGKEITEN AUS DEM SUDAN

Charles behandelte mich wie seinen eigenen Sohn. »Wie geht es dir, Francis?«, fragte er mich immer wieder. »Brauchst du etwas?« Wann immer ich eine Frage hatte oder einen Rat brauchte, ging ich zu Charles, und immer war er bereit, mir zu helfen. »Wir wollen, dass du dich wohl fühlst, Francis. Ich bin immer für dich da, wenn du irgendetwas brauchst. Ich helfe gerne.«

Und das tat er auch. So unabhängig ich auch sein wollte, so war vieles am Leben in Amerika doch immer noch ein Rätsel für mich, und Charles gab sich alle Mühe, mir dabei zu helfen, in Boston heimisch zu werden, während ich bei der AASL arbeitete. Er sorgte dafür, dass ich eine Unterkunft fand und dass ich für meine Arbeit bezahlt wurde. Er half mir, eine Schule zu finden. Ich konnte ihn zu jeder Tages- und Nachtzeit anrufen, wenn ich ein Problem hatte, und das hatte ich oft. Er half mir. Ein Blick in meine Augen, und Charles wusste ganz genau, ob es mir gut ging oder nicht. Vor allem aber sorgte er dafür, dass durch seine Kontakte und durch seine Freunde meine Geschichte an die Öffentlichkeit kam. Er demonstrierte mir, welche Wirkung die Geschichte eines Menschen tatsächlich haben kann, und damit bewies er mir schließlich, welche Wirkung auch ich haben konnte.

»Du leistest etwas für dein Volk«, versicherte er mir immer wieder, und ich arbeitete dann nur umso fleißiger, um zu beweisen, dass er Recht hatte. Charles wachte über mein neues Leben in Boston. Etwa vier Monate wohnte ich bei seinen Nachbarn, der Familie Bales. Außerdem hatte mich Charles in Kontakt gebracht mit der Baptistengemeinde in Roxbury und mit deren anregendem Pfarrer Gerald Bell. Seit meinem ersten Vortrag dort zog es mich in die Baptistengemeinde von Roxbury, zu dieser Gemeinde aus vorwiegend Schwarzen, die mich anerkannten, die mich anlächelten und mir die Hand schüttelten, die sich freuten, wenn ich zu ihnen kam. Pastor Bell kümmerte sich um mich und half mir dabei, mit dem Tod meiner Eltern fertig zu werden. Ab und zu kam er bei der Familie Bales vorbei, unterhielt sich mit mir und spielte mit mir Basketball in der Einfahrt, in der am Garagentor ein Korb angebracht war. Was für ein freundlicher Mann das war, offensichtlich intelligent und erfolgreich, und obwohl er eine große Gemeinde zu führen hatte und Mitglied etlicher Ausschüsse war, nahm er sich doch gern die Zeit, einem einsamen Teenager aus Afrika Gesellschaft zu leisten, der sich nicht allzu gut ausdrücken konnte und der sich alle Mühe gab, sich in einer fremden Stadt zurechtzufinden, in einem Land, das ihm wahrhaft unglaublich vorkam. Bell und seine Frau Cynthia luden mich zum Abendessen zu sich und ihren beiden Kindern nach Hause ein. Wenn jemand den Begriff »christliche Nächstenliebe« erwähnt, dann weiß ich genau, wovon derjenige redet. Sogar als ich in meine Wohnung in Boston zog, kam Pastor Bell in die Stadt, holte mich ab und fuhr mich zum Gottesdienst. Ich war nun einmal daran gewöhnt, für mich zu sein, und Charles fand eine kleine Wohnung für mich in einem Mehrfamilienhaus im Bostoner Stadtzentrum, in der Nähe des Fenway Park. Ich war im Haus der Einzige, der nicht Amerikaner war. Im Sommer zogen regelmäßig Studenten ein, die in Boston studierten oder arbeiteten. Der Lärm war furchtbar. Ich zahlte eintausend Dollar im Monat für die Wohnung, permanente Beschallung mit lauter Musik, allabendliche Partys meiner Nachbarn und meine Einsamkeit inbegriffen. Die Stadt Ames hatte mich verwöhnt. Ich sehnte mich nach der Nähe von Leuten, die wie ich waren. Ich stand wieder in Kontakt mit Franco, der mit Frau und Kindern in Lynn wohnte, einer Arbeitersiedlung nördlich des Flughafens, wo jetzt viele Dinka lebten. Ich bat ihn, mir eine Wohnung nahe der seinen zu suchen, und bald berichtete er mir von einer Frau aus seinem Bekanntenkreis, die womöglich in Kürze nach New Hampshire ziehen würde; ihre Wohnung mit den zwei Schlafzimmern ganz bei ihm in der Nähe würde dann frei. Ich traf mich mit ihr und erfuhr, dass sie erst in einigen Monaten wegziehen wollte. Sie stellte mich jedoch schon dem Vermieter vor und erzählte ihm, dass ich die Wohnung gern übernehmen würde, wenn sie wegzog. Er war einverstanden – unter der Bedingung, dass ich eine kleine Summe anzahlte und bereit wäre, fünfzig Dollar pro Monat mehr an Miete zu zahlen, sodass sich die Kosten für die Wohnung dann auf siebenhundert Dollar belaufen würden. Das war noch immer ein günstiger Preis, vor allem, wenn man bedachte, dass ich dann in der Nähe der stetig wachsenden Dinka-Gemeinde in Lynn wohnen würde, dem Ort, in dem Frederick Douglass seine Autobiografie geschrieben hatte.[15] Der einzige Nachteil der neuen Wohnung lag in der Entfernung zu Boston. Zu den Büros der AASL in der Bostoner Innenstadt wäre ich gut dreißig Minuten mit Bus und U-Bahn unterwegs; und auch den Gottesdienst in Roxbury würde ich wohl nicht mehr besuchen können.

Als ich einzog, kaufte ich mir einen Fernseher und eine

[15] F. Douglass, 1817-1895, war ein afro-amerikanischer Journalist und Kämpfer für die Abschaffung der Sklaverei; er war selbst Sklave, konnte entfliehen und schrieb 1844 seine Autobiographie mit dem Titel *Narrative of the life of Frederick D., an American slave*; durch zahlreiche Vortragsreisen in Nordamerika und in Großbritannien bereitete er den Boden für die Sklavenbefreiung von 1863. [Anmerkung der Übersetzerin]

Stereoanlage. Ich besorgte mir auch einen Computer und richtete mir das zweite Schlafzimmer als Arbeitsraum ein. Da könnte ich dann meine Hausaufgaben für die Schule machen und per Internet den Kontakt zur AASL halten. Inzwischen hatte ich noch mehr Vortragstermine wahrzunehmen, und Charles sorgte dafür, dass ich jeweils ein Honorar dafür bekam. Außerdem erhielt ich ein recht anständiges monatliches Gehalt von der AASL. Und obwohl mein Englisch immer noch reichlich holprig war und mir einige amerikanische Essgewohnheiten nach wie vor nicht zusagten, stellte ich doch bald fest, dass eine amerikanische Gewohnheit mir sehr gelegen kam: das Einkaufen. Für jede Gelegenheit schien ich ein Paar Turnschuhe zu haben. Gut auszusehen und schöne Dinge zu kaufen machte mich glücklich. Ich hatte in meinem jungen Leben schon zu viel gelitten, um mir diese Gelegenheiten, etwas Gutes für mich zu tun, entgehen zu lassen.

Manchmal meinte ich es zu gut mit mir und gab meinen Lohn allzu schnell aus; und wenn dann die Rechnungen kamen, hatte ich nicht mehr genug Geld, um sie zu bezahlen.

»Ich habe Probleme«, sagte ich dann immer zu Charles. Er streckte mir etwas Geld vor, aber er gab mir auch meist eine Ermahnung mit auf den Weg. »Denk daran, deine Rechnungen fristgerecht zu bezahlen.« Oder: »Gib dein Geld nicht so sorglos aus.«

Nur die eigenen Eltern sprechen in der Regel so mit einem. Nur Menschen, denen man etwas bedeutet, machen sich solche Sorgen. Ich weiß noch, dass ich einmal ein Problem mit Charles besprechen wollte, das ich gerade hatte, und in sein Büro ging. Die Tür stand immer offen, aber an dem Tag telefonierte Charles gerade. Kaum hatte er mich gesehen und wahrscheinlich meinen besorgten Blick entdeckt, da sagte er zu seinem Gesprächspartner: »Ich rufe später noch einmal an.« Er legte auf und fragte mich, was denn nicht in Ordnung sei. Ich bin sicher, es gibt Momente, da treibe ich den armen Charles zum Wahnsinn.

»Wie steht es denn mit deinen Finanzen, Francis?«, fragt er etwa, und zwar immer genau dann, wenn es mit meinen Finanzen gerade nicht so gut steht. Immer versucht er zu helfen, so wie ein richtiger Vater das tun würde. Etwas, das mir an Charles sofort aufgefallen war, ist die Tatsache, dass er sich nicht wichtig macht. Im Lauf meiner Reisen habe ich viele Männer kennen gelernt, die unbedingt den Boss rauskehren mussten. Charles war mein Chef, der Gründer und Präsident einer bedeutenden Organisation, ein Mann, dem Coretta Scott King einen Preis für seine Arbeit verliehen hatte, ein Mann, der jeden beliebigen Kongressabgeordneten in Washington ans Telefon bekam. Aber nicht ein einziges Mal scheuchte er mich herum, nicht ein einziges Mal bat er mich, ihm eine Tasse Kaffee oder ein Glas Wasser zu holen. In jenem ersten Jahr, wenn Charles und ich gemeinsam zu meinen Vortragsterminen reisten, versuchte ich immer, ihm mit seinem Gepäck behilflich zu sein. Immer bestand er darauf, sich selbst um sein Gepäck zu kümmern.

Als wir in jenen ersten Monaten im Flugzeug oder im Zug zusammensaßen, erfuhr ich einiges über sein Leben und seine Familie. Je mehr er mir erzählte, desto mehr bewunderte ich Charles, und desto mehr wusste ich mein Glück zu schätzen, dass ich ihm hatte begegnen dürfen. Er hatte eine Familie und sein eigenes Unternehmen. Er führte ein angenehmes Leben, aber eines Tages las Charles irgendwo, dass man sich im Sudan immer noch einen Sklaven kaufen konnte, und er gab seine Arbeit auf und plünderte seine Ersparnisse, um eine Organisation zur Bekämpfung der Sklaverei ins Leben zu rufen.

»Wieso hast du das getan?«, fragte ich ihn.

Seine Antwort war schlicht: »Was für einen Sinn hat

denn das Leben, Francis, wenn man anderen nicht helfen kann, wenn man Probleme nicht lösen kann? Und wie kann man tatenlos zusehen, wenn es so etwas wie Sklaverei gibt?«

Wir Dinka sind gesegnet, dass jemand wie Charles Jacobs sein ganzes Leben dem Bemühen gewidmet hat, die Probleme im Sudan zu lösen, und ich werde dafür sorgen, dass die Leute im Süden des Sudan nie vergessen werden, was er getan hat.

Als ich erfuhr, dass meine Eltern getötet worden waren, machte sich Charles große Sorgen um mich. Er überlegte, ob ich nicht vielleicht mit einem Psychologen reden sollte. Ich glaube, er dachte, dass sich zu viel in mir angestaut, dass ich zu viel durchgemacht hätte und dass die schlimmen Neuigkeiten über meine Familie mich womöglich dauerhaft geschädigt hätten. Aber ich wollte keine Hilfe. Ich wollte mit diesem jüngsten Kummer genauso umgehen wie mit all dem Elend davor. Vor langer Zeit habe ich in meiner kleinen Hütte ganz nah bei den Ziegen auf Giemmas Hof die Erfahrung gemacht, wie ein Traum Schmerz und Verlust wegwischen kann. Viele Leute haben mich gefragt, wie ich mich fühlte, als ich erfuhr, dass ich meine Eltern nie wiedersehen würde. Ich war natürlich völlig erschüttert. Dieser Anruf schmerzte mehr als die schlimmsten Prügel, die ich je von Giemma bekommen hatte. Die üblen Schmerzen, die mir seine Peitsche zufügte, verblassten in der Erinnerung allmählich. Aber nie werde ich aufhören, meine Eltern zu vermissen.

Doch sie sind tot, und daran kann ich nichts ändern. Es würde weder mir noch ihnen etwas nutzen, wenn ich, gleichgültig wie lange, in Therapie bei einem Psychologen wäre. Ich bin in meinem Leben schon mit vielem fertig geworden, und mit dem Tod meiner Eltern werde ich ebenfalls fertig werden: Ich denke an die Zukunft und bitte Gott um seine beständige Hilfe. Meine Eltern hatten viel für mich erhofft, und ich habe beschlossen, dass ich auf keine bessere Art ihr Andenken ehren könnte als durch den Versuch, Bedeutendes für unser Volk zu leisten.

Mein Leben hat mich auch gelehrt, dass jederzeit das Telefon klingeln und im nächsten Moment ein Wunder geschehen konnte.

Eines Morgens hatte ich einen Nachricht auf meinem Handy. Es war John Eibners Stimme. Er rief über Satellit aus dem Südsudan an, um genau zu sein aus der Region Aweil, und er wollte mich mit jemandem verbinden. Plötzlich hörte ich eine fremde Stimme, die Dinka sprach.

»Piol«, sagte der Mann, er nannte mich bei meinem Dinka-Namen, »hier spricht dein Bruder Buk Bol Buk. Ich bin hier bei deinen Freunden, der Organisation, bei der du arbeitest, und wir rufen dich morgen wieder an.«

Ich hörte mir die Nachricht noch einmal an. Die Stimme meines Bruders klang anders, als ich sie in Erinnerung hatte. Aber er war schließlich auch dreizehn Jahre älter als damals, mein großer Bruder musste inzwischen über dreißig sein. Ich konnte kaum glauben, dass er mich tatsächlich angerufen hatte. War er wirklich am Leben? Meine Familie wurde also doch nicht völlig ausgelöscht.

Ich habe immer noch einen Bruder, dachte ich glücklich.

Seit ich von der Ermordung meiner Eltern und meiner Schwestern erfahren hatte, traute ich mich nicht zu denken, dass mein Bruder noch am Leben sein könnte. An jenem schrecklichen Tag, als ich allein ohne meine Familie auf den Markt ging, war Buk Bol Buk nicht zu Hause. Ich wollte mich nicht an die Möglichkeit klammern, dass mein Bruder überlebt haben könnte. Natürlich fragte ich mich, ob die Miliz auch das Dorf überfallen hatte, in dem er sich damals aufhielt. Doch ich wusste nicht einmal den Namen dieses Dorfes. Während Millionen von Menschen gestorben waren, hatten viele andere Millionen von Menschen überlebt und waren jetzt verstreut über den ganzen Sudan und sogar in anderen Ländern. Und jeder Dinka, den ich kennen lernte, suchte nach vermissten Familienangehörigen, allerdings war diese Suche selten von Erfolg gekrönt. Die Abwesenheit von Verwandten, die Frage, ob sie überlebt hatten oder tot waren, nagte am Leben der Menschen; unbeantwortete Fragen, die die Vergangenheit betrafen, machten es für manche unmöglich, sich der Zukunft zuzuwenden. Kaum war ich in Khartoum, kaum hatte ich begriffen, dass meine Geschichte alles andere als einzigartig war, da wusste ich tief in meinem Herzen, dass die Wahrscheinlichkeit, noch lebende Familienmitglieder aufzufinden, äußerst gering war. Einerseits hatte ich so viele getötete Menschen gesehen und so viel Grausames durchgemacht, dass ich annahm, alle aus meiner Familie wären umgekommen, andererseits gab ich die Hoffnung nicht auf, dass mein Bruder noch lebte.

Doch wie hätte ich meinen Bruder suchen sollen? Und wenn ich erfahren hätte, dass er tot wäre? Dann hätte ich gar keine Familie mehr gehabt, dann wäre ich ein richtiges Waisenkind geworden, wie einer der »verlorenen Jungen« aus dem Kinderbuch *Peter Pan*.

Meine Lösung bestand darin, einfach nicht an meinen Bruder zu denken.

Erst Anfang 2001 sollte sich das ändern! Ich fuhr zu einem Freund in Manchester, der gerade Besuch von einer Frau aus Aweil hatte, einer ehemaligen Kämpferin der SPLA aus dem Südsudan.

Als wir einander vorgestellt wurden, sah sie mich lange und neugierig an. Sie erklärte mir schließlich: »Sie sehen genauso aus wie jemand, den ich im Sudan kennen gelernt habe, bei der SPLA«, sagte sie. »Er heißt auch wie Sie.« Sie führte weiter aus, dass dieser Mann ein Dinka Malwal aus West-Aweil sei und etwa dreißig Jahre alt.

Sollte das tatsächlich mein Bruder sein? War mein Bruder am Leben?

»Heißt er Buk Bol Buk?«, fragte ich sie.

»Ja, so heißt dieser Mann«, sagte sie. Sie kannte ihn gut.

Ich erzählte Jesse und Charles davon, und Charles rief John Eibner an und bat ihn zu überprüfen, ob es möglich sein könnte, dass mein Bruder noch am Leben war. Johns Organisation brauchte bei ihren Sklaven-Freikäufen den Schutz der SPLA, und es wäre ein Leichtes für ihn, den Namen meines Bruders von seinen SPLA-Quellen überprüfen zu lassen, wenn er jetzt wieder zum Freikaufen von Sklaven in den Sudan reisen würde. Das waren aufregende Aussichten, aber es würde eine Weile dauern, und in der Zwischenzeit arbeitete ich einfach weiter. Und dann hörte ich an jenem Morgen die Stimme meines Bruders Buk aus meinem Handy, und mein Bruder sagte, er würde noch einmal anrufen.

Das tat er dann auch.

»Ich freue mich so, dass du noch am Leben bist«, sagte er zu mir.

»Dreizehn Jahre lang haben wir uns nicht gesprochen. Ich kann kaum glauben, dass du am Leben bist«, sagte ich verwirrt. Die Freude darüber, dass ich tatsächlich mit meinem Bruder sprach, erfüllte mich.

Er erzählte, dass er bereits etwas über mich gehört hätte. Mitarbeiter internationaler Hilfsorganisationen lieferten regelmäßig Lebensmittel und Medikamente in die Region Aweil – er sprach von einem Satellitentelefon der Christian Solidarity International aus Ost-Aweil –, und einer dieser Leute hatte von einem Dinka namens *Francis Bok* gehört, einem entlaufenen Sklaven aus dem Sudan, der versuchte, die US-amerikanische Regierung dazu zu bewegen, etwas gegen den Krieg und die Sklaverei in seinem Land zu unternehmen. Buk Bol fragte sich, ob ich das vielleicht sein könnte, sein kleiner Bruder Piol Bol Buk, dessen christlicher Name *Francis* war. Natürlich konnte er nicht wissen, dass die Leute, die mir auf dem Schwarzmarkt einen Pass besorgen konnten, »Buk« zu »Bok« gemacht hatten. Er sagte: »Ich war nicht sicher, ob du es bist, von dem sie erzählten.« Aber selbst wenn er es gewusst hätte, wie hätte er mich erreichen können?

John Eibner spürte meinen Bruder auf und zeigte ihm ein Foto von mir in einer amerikanischen Zeitung. Er erkannte den siebenjährigen Piol in dem erwachsenen Francis Bok.

Nur etwa fünf Minuten lang unterhielten wir uns, bevor die Verbindung über Satellit abbrach. Aber ich schrieb ihm einen Brief, den ich ihm über die Christian Solidarity zukommen ließ. Er schrieb zurück und berichtete mir von seiner Frau und seinen Kindern, und als ich ihm darauf antwortete, schickte ich ihm etwas Geld.

»Ich möchte, dass du die Armee verlässt«, bat ich ihn.

Zu der Zeit gab es gerade heftige Gefechte zwischen den Regierungstruppen und den Soldaten der SPLA. Endlich hatte ich das einzige überlebende Mitglied meiner engeren Familie gefunden, meinen Bruder, den ich nicht gleich wieder durch eine Kugel der Regierung verlieren wollte. Ich wünschte mir, er solle in ein Nachbarland gehen – John schlug vor, Uganda sei sicherer als Kenia –, wo er bei der UNO den Flüchtlingsstatus und dann ein Visum für die Einreise in die USA beantragen könne, schließlich lebte auch ich hier.

Mein Bruder antwortete, es sei schwierig, aus der Armee wegzugehen, und praktisch unmöglich, die nötigen Papiere zu beschaffen, um mit seiner Familie die Grenze überqueren zu können. Er müsse weiter gegen den Norden kämpfen.

In meinen Briefen schrieb ich ihm, es gebe andere Wege zu kämpfen. Gewehre seien nicht die einzige Möglichkeit. Ich war erst seit einigen wenigen Jahren in Amerika, und doch hatte ich schon dazu beigetragen, dass Senatoren und vielleicht sogar der Präsident der Vereinigten Staaten ihre Meinung bezüglich des Sudan geändert hatten. Ich hatte über Martin Luther King und über Gandhi gelesen, und inzwischen war ich überzeugt, dass Gewaltlosigkeit im Umgang mit der Regierung des Sudan ein viel wirkungsvolleres Mittel sein könne als Schießen und Töten. Ich selbst hatte die Macht der Worte entdeckt – und wurde immer wieder daran erinnert, wie viel sogar ein Einzelner bewirken konnte, wenn er es nur versuchte.

Einige Wochen nach dem Gespräch mit meinem Bruder reiste ich nach Kalifornien. Perry Farrell, der Sänger der Gruppe *Jane's Addiction*, hatte mich bei unserem Kennenlernen in Washington zu einem Konzert eingeladen. Ich dachte, er hatte einfach nur höflich sein wollen. Aber Perry war offenbar ein Mann, der zu seinem Wort stand. Er hatte gesagt, dass auch er in unserer Sache etwas unternehmen wolle. Und das tat er dann auch. Er hatte angerufen und mich eingeladen, bei Konzerten aufzutreten, die er in Santa Barbara und Palm Springs geben wolle. Kalifornien war für mich gleichbedeutend mit Los Angeles – der Heimat der Basketballmannschaft Los Angeles Lakers. Von den beiden Städten, die er erwähnte, hatte ich noch nie gehört. Aber der Gedanke, nach Kalifornien zu reisen, gefiel mir, und dort bei einem Konzert aufzutreten schien die beste – und die amerikanischste – Art zu sein, Kalifornien kennen zu lernen. Außerdem versprach mir Perry, für iAbolish.com, die neue Website der AASL, Reklame zu machen. Wie hätte ich da ablehnen können?

Ich flog nach Los Angeles, besuchte Perry in seinem

Haus und begleitete ihn zu einem Interview beim KROQ, einem von L. A.'s größten Radiosendern. Santa Barbara, eine wohlhabende kalifornische Stadt am Meer, war der hübscheste Ort, den ich in Amerika bisher gesehen hatte. Zu der Zeit hatte ich schon keinerlei Probleme mehr damit, vor einer großen Menge Fremder zu stehen. In Washington und Boston war ich vor gut fünfhundert Menschen aufgetreten. In Santa Barbara begriff ich dann, das *Menge* ein relativer Begriff ist. Perry bat mich auf die Bühne und stellte mich zwanzigtausend kreischenden Jugendlichen vor. Ich starrte einfach nur in die Scheinwerfer und genoss ihren Applaus. Zwei Tage später stand ich vor weiteren vierzigtausend Jugendlichen bei einem Open-Air-Konzert in Palm Springs. Diesmal bat mich Perry, zu den Anwesenden zu sprechen.

»Ihr seid heute Abend alle hier, um euch zu amüsieren«, sagte ich. »Und deshalb tut es mir Leid, wenn ich euch sagen muss, dass entsetzliche Dinge auf der Welt vor sich gehen.« Ich erzählte ihnen Folgendes:

»Wir alle wissen, dass es bei Musik um Freiheit geht. Aber ihr solltet wissen, dass es viele Leute auf der Welt gibt, die gern so frei wären wie ihr und die gern auf solch ein Konzert gehen würden wie das hier heute Abend, die gern genau die Freiheit hätten, die ihr habt, heute Abend, morgen und übermorgen. Es gibt Leute, die träumen von der Freiheit. Ihr solltet eure Freiheit mit ihnen teilen.«

Ich erklärte, dass ich, wenn man mich im Jahr 1996 zu solch einem Konzert eingeladen hätte, nicht hätte kommen können, denn da war ich noch Sklave. Ich sagte:

»Gott sei Dank bin ich heute Abend hier. Ich möchte meine Geschichte mit euch teilen, und ich hoffe, dass alle, die diese Geschichte hören, nach Hause gehen und etwas unternehmen.«

Ich kündigte an, dass es eine neue Website gab,

iAbolish.com, und den Namen der Website wiederholte ich mindestens viermal. Sie applaudierten und johlten, so wie das nur eine Menge von vierzigtausend Teenagern bei einem Rockkonzert macht. Ich sah über ihre Gesichter hinweg zu den Palmen, die sich vor der über der kalifornischen Wüste untergehenden Sonne abzeichneten. Und ich dachte an jene Tage im Nordsudan, als ich versuchte, mit anderen Dinka-Jungen und sogar mit Giemma zu sprechen, und wie Giemma mir darauf nur sagte, ich solle den Mund halten. An jenem Abend in Palm Springs hatte ich zu vierzigtausend Leuten gesprochen, und sie hatten mir zugehört.

NACHWORT

FORTDAUERNDER KAMPF

Am Freitag, 18. Oktober 2002, erhielt Charles Jacobs einen Anruf: »Der Präsident möchte, dass Sie und Francis Bok am Montag im Weißen Haus bei der Unterzeichnung des Sudan-Friedensgesetzes zugegen sind«, sagte die Stimme am anderen Ende der Leitung.

Charles kam aus seinem Büro und überbrachte mir die Nachricht. Das würde mein zweiter Besuch im Weißen Haus sein. Im vergangenen Jahr, am 4. September, eine Woche vor den Anschlägen des 11. September auf das Pentagon und das World Trade Center, waren Charles und ich zu einer Zeremonie auf dem Rasen des Weißen Hauses geladen, bei der George W. Bush angekündigt hatte, er werde den früheren Senator John Danforth als Sondergesandten in den Sudan schicken. Danforths Aufgabe war es, den Frieden zwischen Norden und Süden voranzutreiben. An dem Tag habe ich Präsident George Bush nicht kennen gelernt, und deshalb freute ich mich sehr darauf, ein zweites Mal die Chance zu haben, dem mächtigsten Mann der Welt vielleicht die Hand schütteln zu dürfen. Doch über den Grund unserer erneuten Einladung ins Weiße Haus freuten Charles und ich uns noch viel mehr. Jahrelang hatte die AASL den Kongress, das Außenministerium und das Weiße Haus gedrängt, die amerikanische Regierung zu bewegen, sich gegen die Sklaverei im Sudan auszusprechen. Die Regierung blieb untätig – bis Präsident Clinton schließlich am Tag der Menschenrechte im Jahr 1999 »die Geißel der Sklaverei« im Sudan anprangerte. Aber Clinton war nur noch kurze

Zeit im Amt, und die zukünftige Regierung Busch hatte bereits in aller Deutlichkeit erklärt, sie wolle in der Außenpolitik eine andere Linie befolgen als die vorherige Regierung. Die AASL und ihre ungewöhnliche Koalition religiöser und politischer Gruppierungen der Rechten und der Linken übte weiterhin Druck auf den Kongress aus.

Ergebnis war das Sudan-Friedensgesetz, das im Repräsentantenhaus und im Senat mit überwältigender Unterstützung der beiden großen Parteien verabschiedet wurde. Das war ein großer Sieg für die AASL, und das Weiße Haus und der Präsident taten gut daran, Charles zu bitten, bei der offiziellen Unterzeichnung des neuen Gesetzes zugegen zu sein. Dass sie auch meine Anwesenheit wünschten, war eine große Ehre für mich – und ein weiteres Ereignis in meinem Leben, das ich mir nie hätte träumen lassen. Erst vor vier Jahren war ich als ehemaliger Sklave und als Flüchtling aus Afrika auf dem Kennedy Airport gelandet, voller Angst vor dem Beginn eines neuen Lebens in einem Land, dessen Sprache mir nicht vertraut war. Und jetzt befand ich mich als Gast des Präsidenten der Vereinigten Staaten auf dem Weg nach Washington. Die einzige mögliche Steigerung wäre die Tatsache, dass Giemma Abdullah erfahren mochte, was aus seinem ehemaligen Sklaven geworden war, aus dem Jungen, den er »Made« geschimpft hatte.

Im Flugzeug nach Boston besprachen Charles und ich, wie wir uns verhalten sollten, wenn wir tatsächlich Gelegenheit hätten, mit Präsident Bush zu reden. Charles ging davon aus, dass sich dreißig oder vierzig Leute zu dieser Zeremonie einfinden würden, die bestimmt alle versuchen würden, die Aufmerksamkeit des Präsidenten auf sich zu lenken.

»Vielleicht haben wir ja Gelegenheit, dem Präsidenten die Hand zu schütteln«, sagte Charles.

Wir schätzten, dass wir so etwa zwanzig bis dreißig Sekunden lang die Chance hätten, zu Wort zu kommen – Zeit für etwa vier Sätze. Was sollten wir dem Präsidenten sagen?

Darüber musste ich nicht lange nachdenken. Während meiner zehn Jahre als Sklave war ich zu der Überzeugung gelangt, dass es allen gleichgültig war, was mit mir geschah. Denn wenn das nicht der Fall gewesen wäre, wie kam es dann, dass so viele Dinka-Jungen wie ich gegen ihren Willen in der sengenden Sonne an Wasserstellen im Nordsudan stehen mussten? Wenn wir damals doch nur gewusst hätten, dass mächtige Menschen an anderen Orten auf der Welt sich bemühten, uns aus der Sklaverei zu befreien! Ich würde dem Präsidenten von den anderen Kindern erzählen. Charles und ich berieten uns, wie ich das in einigen wenigen Sätzen am besten zum Ausdruck bringen könnte.

Vom Reagan National Airport nahmen wir ein Taxi.

»Zum Weißen Haus bitte«, sagte Charles zum Taxifahrer, und dabei lächelten wir uns zu.

Der pakistanische Taxifahrer schaute uns an – einen Amerikaner und einen hoch gewachsenen, jungen Schwarzen – und fragte: »Was wollen Sie denn im Weißen Haus?«

»Den Präsidenten treffen«, antwortete Charles, und wieder lächelten wir uns zu.

Vor dem Eingangstor zum Weißen Haus wartete schon eine Reihe von Menschen. Ich erkannte einige Kongressabgeordnete, die ich im Lauf meiner Arbeit kennen gelernt hatte und die die Bemühungen der AASL unterstützten; sie alle hatten die amerikanische Regierung dazu gebracht, Druck auf den Sudan auszuüben. Da war zum Beispiel Donald Payne aus New Jersey, der Vorsitzende des Gremiums für die Belange von Afro-Amerikanern im Kongress, der die AASL tatkräftig unterstützt hatte. Joe Madison, der in

Washington eine eigene Radiosendung hatte, kam herüber und begrüßte uns. Auch er engagierte sich für unsere Sache, und ich war mehrfach in seiner landesweit ausgestrahlten Radiosendung zu Gast gewesen. Das Warten schien niemandem etwas auszumachen. Die Nummer unseres Sozialversicherungsausweises hatten wir bereits eingereicht, und man hatte uns aufgefordert, ein Passfoto mitzubringen, das wir einem der Sicherheitsbeamten des Weißen Hauses übergaben. Während wir auf das Ende der Sicherheitskontrollen warteten, stellte mich Charles dem Senator Danforth vor, einem distinguiert aussehenden Herrn, der fast so groß war wie ich. Schließlich erschien ein Sicherheitsbeamter mit den Namensschildchen, die uns als Gäste des Weißen Hauses auswiesen und die wir an einem Band um den Hals tragen sollten. Dann bat man uns, durch eine Metalldetektorschleuse zu gehen, danach durften wir weiter über den Rasen zum Westflügel. Als wir auf die Eingangstür zukamen, schien sie sich wie von Zauberhand zu bewegen, allerdings stellte es sich gleich darauf heraus, dass ein junger Mann von den Marines in Uniform der Türöffner war.

Dann wurden wir zum Roosevelt-Saal gegenüber dem Oval Office geleitet, in dem die Gesetzesunterzeichnung stattfinden sollte. Hier wimmelte es von Gästen, die gerade ihre Plätze einnahmen. Charles und ich warfen uns einen Blick zu: Unsere Chancen, mit dem Präsidenten reden zu können, schienen in diesem Moment wie Seifenblasen zu zerplatzen. Überall im Saal verteilt standen Sicherheitsbeamte mit wachsamen Augen und mit Mikrofonen im Ohr, so wie man das aus Filmen kannte. Als wir uns setzten, zeigte Charles auf Condolezza Rice, die Sicherheitsberaterin des Präsidenten, die gerade den Saal betrat und sich auf ihren Platz in der vordersten Reihe setzte. Nur Minuten später erschien der Präsident in Begleitung von Außenminister Colin Powell und von Senator John Danforth. Der Präsident trat ans Mikrofon und machte einige allgemeine Bemerkungen zum Krieg im Sudan und zu den US-amerikanischen Bemühungen, beide Seiten zu einer Einigung zu bewegen, und er führte aus, welch große Bedeutung das Sudan-Friedensgesetz, das er jetzt unterzeichnen wolle, für den Friedensprozess im Sudan haben würde. Dann sagte er etwas, das für Charles und mich sehr bewegend war: »Dieses Schriftstück«, so der amerikanische Präsident, »zielt auf die Übel, die das Volk des Sudan von Seiten der Regierung zu ertragen hat – unter anderem die Sklaverei.«

Das hatte die sudanesische Regierung jahrzehntelang geleugnet. Arabische Studenten hatten mich während meiner Vorträge attackiert, weil ich angeblich Lügen erzählte, was die Sklaverei im Sudan betraf.

Internationale Kommissionen, darunter eine von den Vereinigten Staaten geführte, hatten den Sudan wegen der Überfälle der Sklavenjäger verurteilt, und Senator Danforth hatte dem Weißen Haus einen Bericht überreicht, in dem erklärt wurde: »Die Tatsache ist nicht zu leugnen. Marodierende Sklavenjäger ziehen in den Süden, verwüsten Dörfer und entführen Frauen und Kinder, die als Leibeigene, Viehhirten und zur Feldarbeit eingesetzt werden. Und mit Waffen und Direktiven werden sie von der Regierung ausgestattet.«

Und jetzt hatte es noch ein Präsident der Vereinigten Staaten bestätigt: Es gibt Sklaverei im Sudan, und die Vereinigten Staaten waren bereit, etwas gegen die Übel, unter denen wir litten, zu unternehmen. Nur schon zu hören, wie Bush diese Worte sagte, war die Reise wert gewesen.

Aber es kam noch besser. Präsident Bush unterzeichnete das Gesetz und ließ sich mit Kongressabgeordneten fotografieren, die diesem Gesetz den Weg geebnet hatten. Und eigentlich hatten wir erwartet, dass er uns dann zuwinken und sich wieder ins Oval Office begeben würde, doch stattdessen kam er auf die Menge zu, schüttelte den Anwesenden die Hand und begrüßte sie. Charles schubste mich in Richtung des Präsidenten, da er wohl davon ausging, dass Bush Mühe hätte, an einem zwei Meter langen Dinka einfach vorbeizugehen. Ich gelangte in die Nähe des Präsidenten. Bush sah mich, streckte die Hand aus, und ich hielt ihm meine Hand hin – die er nahm, als ich mich bei ihm für die Unterzeichnung des Gesetzes bedankte; und dann sagte ich schnell, was ich vorbereitet hatte:

»Wenn die Jungen und Mädchen, die sich immer noch in Sklaverei befinden, nur wüssten, dass Sie heute ein Gesetz unterzeichnet haben, das dazu beitragen wird, ihnen die Freiheit zu schenken, würde die Hoffnung ihre Gesichter zum Strahlen bringen. Wenn sie mir außerdem noch erlauben wollen, Sie auf etwas aufmerksam zu machen, möchte ich hinzufügen, dass Sie seit einhundertundfünfzig Jahren der erste Präsident sind, der einen ehemaligen Sklaven trifft – mich.«

Überrascht von meiner kleinen Rede schüttelte Bush den Kopf, und dann sagte er: »Es ist mir eine Ehre, helfen zu dürfen.« Er hielt immer noch meine Hand und schaute zu mir auf. »Sie sind so groß«, sagte er. »Sehen Sie mich an, und dann vergleichen Sie uns beide.«

Ich lachte, er drückte mir die Hand; dann ließ er mich los und ging weiter, um auch die anderen Gäste, darunter Charles, zu begrüßen. Ich ging zu Condolezza Rice und bedankte mich bei ihr für ihre Hilfe und dafür, dass sie das Sudan-Friedensgesetz in die Wege geleitet hatte.

»Bitte«, erwiderte sie lächelnd.

Danach zog ich den Fotoapparat aus der Tasche, den Charles und ich aus unserem Büro mitgebracht hatten, und fragte, ob sie mir erlauben würde, ein Foto von uns zu machen.

Nun lachte sie. »So viele, wie Sie wollen.«

Ich drückte den Apparat jemandem in der Nähe in die Hand und bat ihn, ein Foto von mir und der Sicherheitsberaterin des amerikanischen Präsidenten zu machen.

Es war ein bedeutender Tag für Charles und für mich – mit der Aussicht auf Frieden in meinem Land. Im Sudan-Friedensgesetz wird explizit erklärt, dass sich das sudanesische Regime ansonsten des »Völkermordes« schuldig mache; das Gesetz sieht außerdem vor, dass eine Finanzhilfe in Höhe von dreihundert Million US-Dollar zur Verfügung gestellt wird, und zwar für den Wiederaufbau der Infrastruktur im Südsudan, die durch Jahrzehnte des Krieges und der Überfälle von Sklavenjägern zerstört worden war. Ferner ist in dem Gesetz vorgesehen, dass der Außenminister über Kriegsverbrechen im Sudan, einschließlich der Sklaverei, Bericht erstattet. Es werden auch schärfere Töne angeschlagen: Sollte der Präsident beschließen, dass Khartoum sich nicht gutwillig um den Frieden bemühe, so verleiht ihm das gerade unterzeichnete Gesetz die Macht, für ein Waffenembargo der UNO gegen den Sudan zu stimmen; ferner ist er ermächtigt, alle westlichen Erdölfirmen, die im Sudan tätig sind, vom Handel an den US-amerikanischen Börsen auszuschließen.

Zwei Wochen nach Unterzeichnung des Sudan-Friedensgesetzes durch Bush erklärte die Talisman Energy, eine kanadische Erdölfirma, die mit ausdrücklicher Genehmigung der Regierung in Khartoum im Südsudan operierte, dass die Firma sich aus dem Sudan zurückziehen wolle; die Anteile von fünfundzwanzig Prozent an der Greater Nile Petroleum Operating Company im Wert von 758 Millionen US-Dollar würden sie an eine indische Erdöl- und Erdgasgesellschaft verkaufen. Ein weiterer Triumph für Charles und die AASL. Drei Jahre lang hatten wir an der Spitze einer Bewegung gestanden, die verschiedene Institutionen, darunter die Texas Teachers Association, die Staaten Kalifornien, New Jersey und New York und die TIAA-CREF, den weltgrößten Rentenfonds, davon überzeugen wollte, ihre Talisman-Anteile zu verkaufen. Ein Anwalt aus dem Vorstand der AASL hatte bereits ein Gerichtsverfahren gegen die Firma Talisman angestrengt; Hauptargument der AASL dabei: Die Geschäftsbeziehung der kanadischen Ölfirma mit der sudanesischen Regierung sowie alle Firmentätigkeiten, die mit den Ölfeldern im Südsudan zu tun haben, hätten die kanadische Firma zum Komplizen im Völkermord gemacht.

Der Oktober des Jahres 2002 hat sich in der Tat als außerordentlicher Monat für die AASL erwiesen. Einen Großteil der 90er-Jahre hatte Charles daran gearbeitet, eine Koalition von Organisationen und Einzelpersonen zu Stande zu bringen, die unter ganz anderen Umständen um nichts in der Welt im selben Raum miteinander hätten sein wollen; zu diesen unwahrscheinlichen Paarungen gehörten: das Gremium für afro-amerikanische Angelegenheiten im Kongress und der konservative Republikaner Jesse Helms, die Urban League und die Heilsarmee, Barney Frank, der liberale Kongressabgeordnete aus Massachusetts, und Reverend Pat Robertson, Gründer der christlichen »Moral Majority«, außerdem Kenneth Starr und Johnnie Cochran, die in diesem einen Fall zusammenarbeiten wollten, um dafür zu sorgen, dass einige Anti-Sklaverei-Aktivisten, die sich vor der sudanesischen Botschaft in zivilem Ungehorsam geübt hatten, aus dem Gefängnis entlassen würden. Diese Zusammenarbeit brachte ihnen in der Presse den Beinamen »Dream Team« ein. Und diese eher unwahrscheinliche Teamarbeit drückt besser als alles andere aus, wofür wir stehen: In der Frage der Sklaverei geht es nicht um rechts oder links, sondern um richtig oder falsch. Bei meiner ersten Begegnung mit Charles in Boston erzählte er mir, dass er versuche, Washington auf die

Gewalt, die Grausamkeit und den Völkermord im Sudan aufmerksam zu machen. Zwei Millionen Menschen seien getötet, weitere 4,4 Millionen vertrieben worden, und niemand schien sich daran zu stören. Aber ich könne das ändern, so Charles, indem ich der Sklaverei im Sudan ein Gesicht verlieh. Immer wieder sagte er mir, dass ich tatsächlich etwas bewirken könne. Damals hatte ich so meine Zweifel gehabt. Aber an dem Tag im Weißen Haus schwanden diese Zweifel.

Ich hatte dazu beigetragen, dass die USA Druck auf den Sudan ausübten, mit dem Ziel, den Krieg gegen mein Volk zu beenden und die Regierung Bush dazu zu bewegen, Hilfe für den Wiederaufbau des Südens anzubieten, falls Khartoum wirklich den Frieden wollte. Aber darüber hinaus hatte ich Charles dabei geholfen, etwas aufzubauen: »eine Menschenrechtsbewegung aus der amerikanischen Gesellschaft heraus – deren Mitglieder sich zusammensetzen aus gewöhnlichen Amerikanern, Studenten, Kirchen- und Synagogen-Mitgliedern, Führungspersonen der Heilsarmee sowie afro-amerikanischen Aktivisten und weißen Abolitionisten« –, wie sie Charles beschreibt. Mit vielen dieser Menschen hatte ich persönlich gesprochen, und zahlreiche weitere erreichte ich mit meinen Interviews in Zeitungen, im Fernsehen und bei lokalen Radiosendern. Als ich mit meinen Vortragsreisen durch das Land begann, wussten nur wenige Amerikaner etwas über den lang andauernden Bürgerkrieg im Sudan, ganz zu schweigen von der Tatsache der Überfälle auf Dörfer und der Versklavung von Menschen.

»Ich hatte keine Ahnung, dass so etwas heute noch auf der Welt passieren kann.« Diese Worte fielen häufig, wenn ich über die Sklaverei berichtete. Inzwischen wissen mehr Menschen Bescheid. Die Website der AASL, iAbolish.com, die ich im Jahr 2001 bei dem Rockkonzert bekannt gegeben hatte, wird inzwischen von etwa zweihunderttausend Leuten monatlich besucht. Es gibt mehrere Tausend Leute, die regelmäßig Geld spenden, und weitere fünfzigtausend aktiv Mitarbeitende im E-Mail-Netzwerk von iAbolish.

Eine Frage, die mir häufig gestellt wird, ist folgende: »Weshalb haben die Vereinigten Staaten, Europa und die Vereinten Nationen das Morden und die Sklaverei im Sudan so lange überhaupt nicht beachtet?«

Diese Frage ist nicht einfach zu beantworten. Während meiner Zeit in den Flüchtlingslagern wurde mir zum ersten Mal bewusst, dass die Gewalt und die Grausamkeiten, die ich erlitten hatte, verantwortlich dafür waren, dass das Leben mehrerer Millionen Südsudanesen zerstört worden war; und seit dieser Zeit habe auch ich mir diese Frage häufig gestellt:

Wie konnte der Rest der Welt zulassen, dass meinem Volk solche schrecklichen Dinge passiert sind?

Während meines Aufenthaltes in Kairo erfuhr ich viel von der Tragödie des Südsudan, und später fand ich diese Schreckensgeschichten bestätigt in all den Berichten und Forschungsunterlagen, die Charles und Jesse für die AASL zusammengetragen hatten; und immer noch stellt sich die Frage:

Wieso schwiegen die internationalen Organisationen, denen die Menschenrechte in Palästina, in Bosnien und im Kosovo so am Herzen lagen, wo doch die Menschenrechtsverletzungen im Südsudan so umfassend dokumentiert sind?

Die Sorge dieser Organisationen um die Rechte unterdrückter Haitianer und um das Morden in Somali und in Burundi zeigt, dass Rassismus nicht die Antwort auf diese Frage sein kann.

Also weshalb hat die Welt zu den Menschenrechtsverletzungen im Sudan geschwiegen?

Charles hatte eben diese Frage bewogen, seinen Beruf an den Nagel zu hängen und ein moderner Abolitionist zu werden. Vor kurzem präsentierte er seine eigene These als Erklärung für diese moralische Blindheit gegenüber Sklaverei und Völkermord im Sudan, die ich versuche zusammenzufassen:

Zunächst einmal gab es das heikle Problem der Religion. Die sudanesische Regierung ist ein islamisches Regime ähnlich den Taliban, das sich vorgenommen hat, das gesamte Land gemäß der Scharia, den rigiden Prinzipien des Korans, zu regieren. Die Dinka im Südsudan sind entweder Christen oder hängen den traditionellen afrikanischen Religionen an und sind genauso wenig geneigt, den Grundsätzen der moslemischen Religion zu folgen, wie es bei den meisten Amerikanern der Fall wäre. Im Gegensatz zu anderen nichtmoslemischen Bewohnern moslemischer Länder – zum Beispiel den christlichen Kopten in Ägypten und den Juden im Jemen – lehnten es die Südsudanesen ab, zu Bürgern zweiter Klasse degradiert zu werden, nur weil sie die ›falsche‹ Religion haben. Khartoums Antwort darauf war ein heiliger Krieg gegen die nichtmoslemischen Stämme des Südens und gegen jeden afrikanisch-moslemischen Stamm, wie die Nuba, die die Rebellen unterstützten. Das Morden im Süden, die Flüchtlinge, die Vergewaltigungen, die Sklaverei und all die anderen Menschenrechtsverletzungen im Sudan waren Folge dieses heiligen Krieges.

»Wer will es denn schon mit der Religion aufnehmen?«, fragte Charles.

Das ist einer der möglichen Gründe dafür, dass die Menschenrechtsorganisationen vor der Tragödie im Sudan zurückschreckten. Ein weiterer Grund ist das, was Charles den »Menschenrechtskomplex« nennt. Charles meint damit Folgendes: »Die Menschenrechtsgemeinde, die sich hauptsächlich aus mitleidigen Weißen zusammensetzt, empfindet es vor allem als Pflicht, gegen Taten, die das Menschenrecht verletzen, zu protestieren, die von Leuten begangen werden, die so sind wie ›wir‹.«

»Um vorhersagen zu können, auf was sich die Menschenrechtsgemeinde (und die Medien) besonders konzentrieren«, so schrieb Charles im Bostoner *Globe* vom 5. Oktober 2002, solle man nicht auf die Unterdrückten sehen, sondern auf diejenigen, die als Unterdrücker ausgemacht werden können. So solle man sich vorstellen, wie die Berichte in den Medien und die Reaktionen der Menschenrechtsorganisationen ausfallen würden, wenn es *Weiße* wären, die im Sudan Schwarze versklaven. Mein Volk, so hat Charles immer wieder zu mir gesagt, wäre von den Menschenrechtsorganisationen nicht der Sklaverei und dem Abgeschlachtetwerden überlassen worden, wenn die arabischen Moslems weiße Christen oder Juden wären. Den *richtigen* Unterdrücker zu haben, das allein würde schon alles ändern. Als Beleg dafür führte Charles an, dass es keine Proteste der internationalen Gemeinschaft gab, als die jordanische Regierung tausende Palästinenser tötete, die im »Schwarzen September« des Jahres 1970 auf die Straßen von Amman gingen. Als Moslems in Bosnien von weißen Christen getötet wurden, schritt der Westen ein, aber als Moslems in Pakistan christliche Dorfbewohner töteten, herrschte nur Schweigen.

»Woher kommt dieser Komplex bei Menschen, die ihr Leben der Aufgabe widmen, anderen zu helfen, deren Rechte man mit Füßen tritt?«, fragte ich Charles.

»Wir haben Angst, der Heuchelei bezichtigt zu werden«, erklärt er dieses Phänomen. »Wir westlichen Nationen haben schließlich selbst einmal Sklaven gehabt. Wir haben Napalmbomben auf Vietnam geworfen. Wir Amerikaner leben auf Grund und Boden, der den indianischen Ureinwohnern gehört. Wer sind wir denn, dass wir über andere richten dürfen? Und deshalb treten wir nicht für die gesamte Menschheit ein.«

Die traurige Konsequenz ist, dass christliche Sklaven im Sudan, moslemische Sklaven in Mauretanien, Tibeter, Kurden, Christen in Pakistan, Indonesien und Ägypten Opfer im doppelten Sinn werden – zunächst Opfer von Völkermord, religiöser Verfolgung und Versklavung im eigenen Land, und dann Opfer des Desinteresses der fortschrittlichen Nationen des Westens. Mehr Südsudanesen wurden von Regierungs- und Miliztruppen getötet als Menschen in Bosnien, im Kosovo, in Somalia, auf Haiti, in Ruanda und Burundi zusammengenommen. Die Menschenrechtsverletzungen im Südsudan sind erheblich, und außerdem sind sie hinreichend dokumentiert, und wer sich auf der Welt für die Menschenrechte einsetzt, sollte derartige Gräuel nicht ignorieren dürfen.

Die Amerikanische Anti-Sklaverei-Liga hat sich der Aufgabe gewidmet, die allgemein gültigen Standards der Menschenrechte wirklich allgemein gültig zu machen. Die kleine gemeinnützige Organisation mit sechs Vollzeitkräften AASL ist eine überaus wichtige Menschenrechtsbewegung geworden. Die Verabschiedung des Sudan-Friedensgesetzes und der Rückzug der Firma Talisman aus dem Sudan hat bewiesen, wie wirkungsvoll eine Bürgerinitiative sein kann, deren Mitglieder sich aktiv für die Menschenrechte einsetzen. Unser Erfolg bedeutet auch eine wichtige politische Botschaft, die deutlich sichtbar war für alle, die sich an jenem Vormittag, als Präsident Bush den Sudan-Friedensvertrag unterzeichnete, im Roosevelt-Saal des Weißen Hauses umgesehen haben. So sehr es mir auch gefiel, dem Präsidenten der Vereinigten Staaten die Hand zu schütteln und mit ihm zu reden, war für mich doch die Erkenntnis genauso befriedigend, dass ich dazu beigetragen hatte, so viele verschiedene Amerikaner zu mobilisieren, die, nachdem sie einmal von der Sklaverei im Sudan erfahren hatten, unablässig an das Leid von Millionen von Dinka dachten.

Es war nie meine Absicht gewesen, in der Öffentlichkeit zu sprechen und ein Menschenrechtsaktivist zu werden. Und ganz gewiss habe ich mir nie vorgestellt, sudanesischer Politiker zu werden. Und doch bin ich während der vergangenen zwei Jahre all das geworden, während ich gleichzeitig immer noch versuche, meinen High-School-Abschluss zu machen. Es ist nicht einfach, alles zu vereinen und auch noch ein Privatleben und Freizeit zu haben. Einige Sudanesen fragen sich, weshalb ich das alles mache, sie glauben, ich sei zu jung, um Sprachrohr für unsere Sache zu sein. Einige Freunde fragen sich, weshalb ich mich nicht mehr um mich selbst kümmere. Aber ich sage ihnen immer, dass wir Dinka in Amerika die Amerikaner auf das Elend im Südsudan aufmerksam machen müssen. Als ehemaliger Sklave habe ich eine Verpflichtung denen gegenüber, die immer noch Sklaven sind. Ich bin stolz darauf, dass Gott mir diese Fähigkeit verliehen hat, anderen Menschen zu helfen. Die AASL stellte mir eine landesweite Plattform zur Verfügung, um die Misere des Südsudan ans Licht der Öffentlichkeit zu bringen. Vielleicht ist das auch der Grund dafür, dass es mir gelang, mich aus der Sklaverei zu befreien – um der Welt von der Sklaverei zu erzählen.

Die AASL arbeitet mit meiner Unterstützung daran, die Sklaverei im Sudan zu beenden, wendet sich aber gleichzeitig gegen Sklaverei überall auf der Welt. Gegenwärtiges Hauptaugenmerk der Organisation richtet sich auf Mauretanien, auch ein islamischer Staat, im Nordwesten Afrikas (südlich von Marokko, nördlich des Senegal), wo die arabische und die afrikanische Kultur aufeinander treffen. Überfälle von Sklavenjägern, wie sie heute auf mein Volk stattfinden, hat es in Mauretanien schon vor eintausend Jahren gegeben. Schätzungen gehen davon aus, dass etwa einhunderttausend Schwarzafrikaner in Mauretanien als Sklaven leben. Als Sklaven werden sie in den Islam hineingeboren und glauben, ihr Lebenszweck bestehe ausschließlich darin, ihren arabischen Herrn getreu zu dienen.

Charles hat mir deutlich zu verstehen gegeben, dass ich meine Stimme nicht nur gegen die Sklaverei im Sudan, sondern auch gegen die Sklaverei überall auf der Welt erheben soll. Also führe ich in meinen Vorträgen aus, dass die Sklaverei in der heutigen Form nicht etwa eine merkwürdige Praxis ist, die es einzig und allein im Sudan gibt. Und dass nicht etwa nur einige hunderttausende aus dem Dinka-Volk betroffen sind, die heute im Sudan als Leibeigene leben. Menschenrechtsorganisationen gehen davon aus, dass heute auf fast allen Kontinenten mindestens siebenundzwanzig Millionen Menschen als Sklaven leben. Ich spreche über Mauretanien. Und über Indien, den größten demokratischen Staat der Erde, in dem Schätzungen zufolge zehn Millionen Menschen in unterschiedlichen Formen der Sklaverei leben. »Ich spreche im Namen der siebenundzwanzig Millionen, die keine eigene Stimme haben«, sage ich zu meinen Zuhörern. Und ich werde weiterhin für deren Freiheit arbeiten.

Aber ich habe auch den Traum, eines Tages in mein eigenes Land zurückzukehren, in das Dorf, in dem ich mit meiner Familie gelebt habe. Wenn die Amerikaner dazu beitragen können, dem Sudan Frieden zu bringen, will ich zurückgehen und beim Wiederaufbau des Südens helfen. Über die zukünftige politische Struktur des Sudan wird gegenwärtig debattiert: Im Süden wollen manche einen geeinten Sudan; andere argumentieren, dass im Norden und im Süden zwei verschiedene Völker leben; und die Leute, die das sagen, sind der Meinung, dass ein unabhängiger Staat Südsudan die einzige Möglichkeit sei, Gleichheit und Frieden zu gewährleisten. Gleichheit ist meiner Meinung nach der wesentliche Aspekt einer wie auch immer gearteten politischen Struktur im Sudan. Einige Jahrzehnte Krieg und Islamisierungsbestrebungen im Süden haben die Kultur mehrerer Generationen von Südsudanesen bereits zerstört. Mein Volk und die anderen nichtmoslemischen Stämme des Südens müssen dieselben Rechte haben, ihre Religion zu praktizieren und ihre eigene Sprache zu sprechen und ihren eigenen Traditionen zu folgen wie die Moslems im Norden. Wenn wir wirkliche Bürger des neuen Sudan sein sollen, dürfen wir uns nicht mit dem Status von Menschen zweiter Klasse zufrieden geben.

Vor gar nicht allzu langer Zeit, als mein Martyrium im Sudan mir noch sehr lebhaft im Gedächtnis war, kam mir der Gedanke, dass Araber wie Giemma und seine bewaffneten Nachbarn friedlich und gleichberechtigt mit den Dinka zusammenleben könnten, völlig abwegig vor. Unsere unterschiedlichen Religionsauffassungen, ihr Rassismus, ihre Verachtung für uns, ihre Überzeugung, dass wir als Menschen minderwertig seien, hatten eine hohe Mauer aus Hass zwischen den beiden Völkern errichtet, die mir unüberwindbar schien. Aber seit ich in den USA lebe und dank meiner Ausbildung – vor allem dank der Bücher über amerikanische und südafrikanische Geschichte – habe ich gelernt, dass sogar hohe Mauern eingerissen werden können. Die Schwarzen in Amerika waren früher einmal Sklaven, und sogar nachdem sie befreit wurden, nachdem sie freie Bürger des Staates geworden waren, wurden sie als minderwertige Mitglieder der Gesellschaft behandelt. Sie arbeiteten hart, sie kämpften für Freiheit und Gleichheit, und es kam zu Gesetzesänderungen. Und jetzt stehen Schwarze neben Präsident Bush, haben Mitspracherecht im Kongress und am Obersten Gerichtshof. Diese Tatsache war eine ungeheuerliche Entdeckung für mich, eine richtige Offenbarung. Und als ich Mark Mathabanes Erinnerungen über seine Kindheit und Jugend in Südafrika las, erschien mir der Hass zwischen Schwarzen und Weißen dort so vertraut, dass das Ende der Apartheid und die Integration südafrikanischer Schwarzer in diese Gesellschaft großen Eindruck auf mich machten und sich mir als ganz reale Möglichkeit für mein eigenes Land anboten. Wie die Schwarzen in Amerika kämpften die Südafrikaner für ihre Freiheit und für politische Gleichheit.

Aus diesen historischen Beispielen habe ich gelernt, dass niemand einem seit Generationen unterdrückten Volk Freiheit und Gleichheit kampflos überlässt. Man muss dafür kämpfen. Aber ein armes Volk wie die Südsudanesen kann das nicht allein. Die Menschen dort brauchen Hilfe. Und das ist auch der Grund dafür, dass meine Arbeit bei der AASL mir so wichtig geworden ist. Ich bin in der Lage, die Amerikaner zu bitten, uns beim Kampf um Freiheit und Gleichheit zu unterstützen. Und wenn diese Ziele erreicht sind, gehe ich in den Sudan zurück und hole nach, was ich verloren habe, als ich im Norden als Sklave aufwuchs: die Kultur und die Traditionen meines Volkes. Für mich wird das der Beweis sein, dass ich endgültig frei bin. Natürlich bin ich auch hier in Amerika ein freier Mann. Aber trotzdem bin ich nur Gast. Die wahre Freiheit ist für mich die Möglichkeit, nach Hause zurückgehen zu können.

Bis dahin werden, so vermute ich, noch Jahre vergehen. In dieser Zeit werde ich weiterhin für die AASL und für mein Volk arbeiten. Außerdem muss ich meinen High-School-Abschluss schaffen, und anschließend will ich aufs College gehen. Das wird harte Arbeit werden, aber ich bin ja erst vierundzwanzig Jahre alt und habe noch genug Zeit und Kraft. Und immer wenn es schwierig wird, werde ich an meinen Vater denken; der hatte mir einmal gesagt, dass ich, wenn ich erst erwachsen wäre, etwas Bedeutendes vollbringen würde. »Du bist *Muycharko*«, hatte er gesagt. Zwölf Männer.

DANKSAGUNG

Ich wäre nichts ohne meine Eltern Bol Buk Dal und Adut Al Akok. Ich vermisse sie an jedem einzelnen Tag, und dieses Buch ist ihnen gewidmet. Während der ersten sieben Jahre meines Lebens haben sie mich zu dem Mann gemacht, der ich heute bin. Großen Einfluss hatten auch mein Bruder und meine Schwestern: Buk, Achol und Amin, meine Stiefmutter Marial und meine Stiefgeschwister Buk, Piol, Atong und Ajok. Ich hatte angenommen, dass auch sie bei dem Überfall der Miliz, bei dem meine Eltern getötet wurden, ums Leben kamen. Aber über Kontakte in Kairo erfuhr ich, dass Marial und ihre Kinder in einem der Flüchtlingslager außerhalb von Khartoum lebten. Jetzt stehen wir in Verbindung, und ich widme dieses Buch auch ihnen. An all die Verwandten, die ich nie kennen lernte oder an deren Namen ich mich nicht mehr erinnere: Dieses Buch ist auch für euch.

Außerdem möchte ich mich bei meinem *amerikanischen* Vater Charles Jacobs bedanken, dem Vorsitzenden der Amerikanischen Anti-Sklaverei-Liga. Charles hat mich unterstützt, mich erzogen und mir beigestanden, und das seit dem Tag, an dem wir uns kennen lernten. Er hat sein Leben der Aufgabe gewidmet, meinem Volk zu helfen, und im Namen aller Menschen im Süden des Sudan ernenne ich ihn zu einem Dinka ehrenhalber und zu einem Nationalhelden. Das Beispiel, das Charles gibt, sollte alle Amerikaner daran erinnern, dass ein gerechter Mensch die Welt tatsächlich verändern kann.

Dieses Buch wäre nicht entstanden ohne die Amerikanische Anti-Sklaverei-Liga und deren Mitarbeiter, die mir die Möglichkeit gaben, an die Öffentlichkeit zu gehen, und die mich tagtäglich unterstützen. Jesse Sage, Verwaltungsratsmitglied der Anti-Sklaverei-Liga, hat mich in Ames, Iowa, ausfindig gemacht und ist verantwortlich dafür, dass ich zu einem Aktivisten und Vortragsredner wurde. Jesse war eine Inspiration für mich – selbst als er irrtümlich meinte, er könne mich im Basketball schlagen. Laura Barrett führt mit ruhiger Hand die Geschäfte der Anti-Sklaverei-Liga, und ich arbeite immer gern zusammen mit Tommy Calvert, Jr., dem Leiter unserer Veranstaltungsreihen. Joyce Koo leistet fantastische Arbeit bei der Koordinierung meiner Vortragstermine und unterstützt mich bei meinen Reisen durch das Land, und Liz Gould ist ebenfalls eine unentbehrliche Stütze für mich. Danken möchte ich außerdem Holland Webb, Emma Reinhardt, Kathleen Kilgore, Vaishali Joglekar, Lexi Dew, David Moore, Sarah Rial und Christine O'Brien.

Viele Verwaltungsratsmitglieder der Anti-Sklaverei-Liga haben mir während der vergangenen drei Jahre wertvolle Hilfestellung gegeben. Reverend Gerald Bell hat mich in seine Kirche eingeladen, als ich noch ganz neu in Boston war, lud mich zu sich und seiner Familie ein und gewährte mir geistliche Hilfe. David Ross stellte mich einigen ausgezeichneten Schriftstellern in San Francisco vor – die überhaupt erst die Idee hatten, dass ich ein Buch über die Geschichte meines Lebens schreiben sollte. Dr. Gloria White Hammond hat dreimal ihr Leben aufs Spiel gesetzt, um meinem Volk im Südsudan medizinische und mentale Hilfe zukommen zu lassen. Es ist mir eine große Ehre, mit ihr und ihrem Mann Ray zu arbeiten. Mein Dank gilt außerdem Rick Mann, Steve Rothstein, George Lewis und Carey D'Avino. Die vielen bei der Anti-Sklaverei-Liga volontierenden Studenten haben mir unglaublich geholfen. David

Rossini hat mich in Washington, D. C., herumgeführt und hat fantastische Arbeit bei der Organisation der Sudan-Kampagne geleistet. Jay Williams, der zweimal im Sudan war, um bei der Rettung meines Volkes mitzuarbeiten, hat Nachrichten zwischen meinem Bruder Buk und mir befördert. Auch bei Kenny Wang, Chara Itoka und Rebecca Griffin möchte ich mich bedanken.

John Eibner von der Christian Solidarity International hat dazu beigetragen, meine Verwandten ausfindig zu machen, und hat so viel geleistet, um meinem Volk zu helfen, als der Rest der Welt sich von meinen Stammesbrüdern abgewandt hatte. Mein Dank gilt auch Johns Kollegen Gunnar Wiebalck, der den Kontakt zwischen mir und meinem Bruder Buk vermittelte. Außerdem habe ich etliche andere Anti-Sklaverei-Aktivisten kennen gelernt, die mein Leben bereicherten, darunter einige, die wie ich die Sklaverei überlebt haben: Abuk Bak, Moctar Teyeb, Khalifa Hamadi, Jean-Robert Cadet und Vasantha Gedara. Auch Abdel Nasser Ould Yessa, Mitarbeiter von SOS Slaves, ist als arabischer Moslem ein Menschenrechtsheld. Er wurde in eine mauretanische Familie hineingeboren, die Sklaven besaß; dagegen rebellierte er schon als Teenager und wurde dann Abolitionist. Ich bin froh und dankbar dafür, dass er mit mir daran arbeitet, die Sklaverei überall auf der Welt abzuschaffen. Außerdem schlossen sich unserer Sache die vielen Mitglieder der Sudan-Koalition an, denen ich zu Dank verpflichtet bin: Nina Shea, Joe Madison, Reverend Walter Fauntroy, Rabbi David Saperstein, Faith McDonnell, Jimmy Mulla, Mariam Bell, Michael Horowitz, Reverend T. D. Jakes, Roger Winter, Professor Eric Reeves, Maria Sliwa, Curtis Sliwa, Bischof Macram Gassis, Martha Townley und dazu alle, die ihre Zeit geopfert haben, um meinem Volk zu helfen.

Nach einem Vortrag, den ich in New York City hielt, kam

der Literaturagent Jim Levine auf mich zu; er ermutigte mich, ein Buch über mein Leben zu schreiben. Er hat mich unterstützt, war immer voller Verständnis und geleitete mich durch die Abenteuer einer Buchproduktion. Mein Dank gilt ebenfalls seiner Assistentin Melynda Bissmeyer. Jim machte mich mit dem Schriftsteller Ed Tivnan bekannt, der unter meinen Zuhörern war, als ich am Skidmore College sprach. Ed und ich verstanden uns vom ersten Moment an, und ich bin dankbar für die Art und Weise, wie er meine Gedanken zu Papier brachte und mir Worte gab, meine Geschichte zu erzählen. In dem Augenblick, als ich den Konferenzraum im Verlag St. Martin's Press betrat und Verleger George Witte und sein Team kennen lernte, wusste ich, dass ich mich geborgen fühlen konnte. Alle hörten mir geduldig und voller Respekt zu; sie schienen tatsächlich sehr bewegt von meiner Geschichte und freuten sich offenbar schon darauf, ein Buch mit mir zu machen. Die Art Mr. Wittes, des Lektors des Manuskripts, half mir dabei, meine Geschichte klarer zu gestalten, und seine Fragen und Vorschläge während des Entstehungsprozesses trugen reichlich Früchte.

Da ich mit der Schule erst vor ein paar Jahren begann, haben meine Lehrer sehr zu meiner Erziehung und Bildung beigetragen. Die Mitarbeiter der Jewish Vocational Services und die Lehrer an der Boston Evening Academy haben meine Sicht der Welt geprägt und mir wichtige Fertigkeiten vermittelt. Mein besonderer Dank gilt den Schulleitern Fred Fontaine und Meg Maccini, außerdem danke ich Margie Samp, Ryan Oliver, Michelle Goldin, Sam Del Pina, Mr. Martyn, Jennifer Pastano und Frank Garcia. Da ich auf meinen Vortragsreisen durch das ganze Land komme, besuche ich auch zahlreiche Schulen – und ich möchte mich bei allen Schülern bedanken, die ich im Lauf der Jahre kennen gelernt habe, die zu meiner Erziehung und Bildung beitrugen und mich motivierten, mit meiner Arbeit weiterzumachen. Sie alle berechtigen zu der Hoffnung, dass diese Generation von amerikanischen Abolitionisten der ganzen Sache wirklich eine Wende geben wird. Vor allem Barbara Vogel und ihre Schüler und Schülerinnen an der Highline Elementary School in Aurora, Colorado, haben viel für mich und mein Volk getan. Und mein Dank auch an alle Schüler von Grundschulen, High Schools und Colleges, die mir Briefe geschrieben haben. Ich habe nicht alle beantworten können, aber die Absender sollten wissen, dass jeder einzelne Brief für mich etwas Besonderes war.

Von meinem ersten Besuch in Washington an haben mir Kongressabgeordnete viel Unterstützung gewährt. Mein ganz besonderer Dank an die Senatoren Sam Brownback, Jesse Helms und John Kerry, und auch an die Abgeordneten Tom Tancredo, Donald Payne, Frank Wolf, Eleanor Holmes Norton, Barney Frank, Joe Pitts und Barbara Lee. Dank auch an Condolezza Rice, Madeleine Albright und Susan Rice, die sich alle die Zeit genommen haben, mir zuzuhören. Viele Journalisten haben mich interviewt und über Sklaverei im Sudan geschrieben. Ganz besonders möchte ich mich bei Nat Hentoff bedanken, der seit so vielen Jahren schon über den Sudan schreibt; bei Liz Walker vom Nachrichtensender WBZ-CBS, die bei einer Reise in den Sudan ihr Leben aufs Spiel setzte; und bei Juan Williams von National Public Radio, der mich geduldig befragte. Herzlichen Dank auch an Perry Farrell, Aaron Cohen, Leigh Vogel Kevens, Coretta Scott King, Bürgermeister Thomas Menino, Frederick Douglass IV, Al Sharpton und Russell Simmons. Mein Dank auch an die Spieler von den Boston Celtics, die mir ihren »Held-unter-uns«-Preis verliehen, und an Paul Pierce, Antoine Walker, Ed McCarthy, Kenny Anderson und Jalen Rose.

Die Gemeinde der Südsudanesen hat Lebenswichtiges für mich geleistet. Pyo hat mich wie einen Sohn behandelt; Franco Majok hat mir geholfen, bei der UNO den Flüchtlingsstatus zu beantragen, und auch dadurch meinem Leben eine Wende gegeben, als er mich Jesse Sage vorstellte; Adel, ihr Bruder Dau Dau und alle anderen in Ames haben mich sehr unterstützt; Ibrahim Kuol Deng ist wie ein Bruder für mich. Ganz besonderer Dank auch an Bona Malwal, der meine Geschichte bestätigte, als ich nach Boston kam, und der im Südsudan ein Held ist, und an Sunia Achol Arak, die mir so viel bedeutet. So viele haben mir in Kairo, in Khartoum und im Südsudan geholfen, und ihnen allen möchte ich danken. Mein Dank auch an die Leute von den Lutheran Social Services, besonders an meine Sozialarbeiterin Latetia in Fargo und meinen Mentor Barry Nelson. Dank auch an Dr. Dick Bales und seine Frau Lynn, die mich während meiner ersten Tage in Boston in ihr Haus aufnahmen.

Unzählige Menschen haben mir geholfen, und ich erinnere mich nicht mehr an alle Namen. Das bedeutet aber nicht, dass ich auch nur einen Moment lang vergessen könnte, dass ich ohne deren Hilfe nicht hier wäre. An alle, deren Namen ich vergessen oder die zu erwähnen ich versäumt habe, meinen herzlichen Dank.

Schließlich möchte ich Gott dafür danken, dass er mich gesegnet hat und mich leitete durch die schlechteste und die beste aller Zeiten.

Für alle Leserinnen der »Wüstenblume«

Gegen den Willen des Vaters heiraten – undenkbar für Mireille. Sie liebt Joseph, doch der Vater ist gegen eine Verbindung der beiden. Statt dessen hat er Michel ausgesucht, der aus demselben Dorf stammt wie er. Mireille beugt sich dem Willen des Vaters. Doch schon bald nach der Hochzeit muss sie sich seltsamen Ritualen unterziehen, die ihr zutiefst zuwider sind.

ISBN 3-404-61510-7

BASTEI LÜBBE

»Man nennt sie die ›weiße Königin‹.«
Elle

Sie hasst Regeln und Befehle. Lebt in einer Lehmhütte, bestellt ihre Felder, war die 27. Frau eines Stammesfürsten. Claude Njiké-Bergeret findet, dass die Menschen in Europa viel von Afrikanern lernen können: Solidarität und gegenseitige Achtung. Die Menschen in ihrem Dorf urteilen nicht nach dem Äußeren, für sie zählen die inneren Werte. Sie nehmen sich Zeit zum Leben und füreinander. »Das Paradies ist, wenn jeder genug zu essen hat und ansonsten machen kann, wozu er Lust.«, lautet ihr Lebensmotto.

ISBN 3-404-61522-0

BASTEI
LÜBBE